本书的出版得到
强生（中国）投资
有限公司资助

Intellectual Property Right Law Research

第13卷
Volume 13

知识产权法研究

黄武双　主编

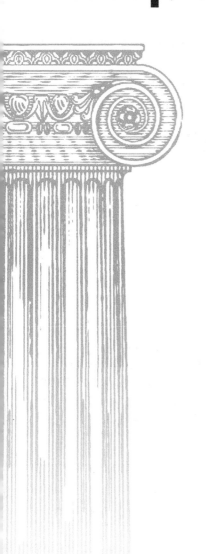

知识产权出版社
全国百佳图书出版单位

图书在版编目（CIP）数据

知识产权法研究. 第13卷/黄武双主编. —北京：知识产权出版社，2017.1（2018.8重印）
ISBN 978 - 7 - 5130 - 4553 - 7

Ⅰ.①知… Ⅱ.①黄… Ⅲ.①知识产权法—文集Ⅳ.①D913.04 - 53

中国版本图书馆 CIP 数据核字（2016）第 257341 号

内容提要

本卷共收录3篇学术专论和9篇沙龙纪要，对当前的网络环境、合理使用、侵权赔偿等热点问题进行了论述，也包括知名学者、法官对热点案例的探讨和思考，为研究知识产权的人员提供了很好的借鉴和学习机会。

读者对象： 法官、律师、学者及相关从业人员。

责任编辑：卢海鹰　王玉茂　　　　　　责任校对：潘凤越

执行编辑：王瑞璞　　　　　　　　　　责任印制：刘译文

知识产权法研究（第13卷）
ZHISHICHANQUANFA YANJIU

黄武双　主编

出版发行：**知识产权出版社**有限责任公司	网　　址：http：//www.ipph.cn
社　　址：北京市海淀区气象路50号院	邮　　编：100081
责编电话：010 - 82000860 转 8122	责编邮箱：wangyumao@cnipr.com
发行电话：010 - 82000860 转 8101/8102	发行传真：010 - 82000893/82005070/82000270
印　　刷：北京中献拓方科技发展有限公司	经　　销：各大网上书店、新华书店及相关专业书店
开　　本：720mm×960mm　1/16	印　　张：16
版　　次：2017 年 1 月第 1 版	印　　次：2018 年 8 月第 2 次印刷
字　　数：302 千字	定　　价：50.00 元

ISBN 978-7-5130-4553-7

目　录

学术专论

沙龙纪要

学术专论

澳大利亚版权法改革与合理使用新趋势

王红珊[*]

内容摘要

　　数据时代，版权法正在由传统上保护作者权向平衡使用者、社会和国家利益方向发展。本文通过观察澳大利亚版权法改革，解读版权例外合理使用及其发展，指出版权的最终目的不只保护表达形式，而且促进知识创新和传播、关注公共利益保护。合理使用范围的扩张和新形式的发展将成为现代版权法所必需。

关键词

　　版权　合理使用　公共领域

一、澳大利亚版权法改革背景、主要内容

（一）背景

1. 普通法的历史源流

在经历英国殖民统治后的 1905 年，澳大利亚联邦政府制定首部本土版权法。

＊　作者单位：上海商学院。

因长期的英国海外领地传统，统一实施英国普通法体制，澳大利亚首部版权法源于19世纪英国普通法。1912年澳大利亚修订的版权法，宣布不再适用英国1911年版权法，奠定了20世纪初澳大利亚版权法基础，直到被1968年版权法取代。1968年版权法经过历次修改，其中2000年、2006年修改主要涉及版权侵权例外和数字形式代理问题。2006年修订规定侵权例外增加的研究和学习、批评和评论、新闻报道、专业咨询、模仿和讽刺五大目的，主要指合理使用（Fair Dealing）例外规定。

合理使用被规定在澳大利亚现行版权法第40~43条中，不同于美国版权法中的合理使用（Fair Use），其呈开放式，声明列举项为非排他。澳大利亚版权法规定5种特别情形，于特殊目的或范围的行为表现为合理。合理使用作为抗侵权措施，必须符合特定目的。该5种目的是研究和学习，批评和评论，新闻报道，律师或专利、商标代理人的专业咨询，以及模仿和讽刺。研究和学习，包括文学、戏剧、音乐和艺术作品及这些作品的运用，如以研究、学习为目的的录音、电影、广播和作品的出版编辑，除大学教学和学生学习复制外，不以复制为目的的使用；批评和评论指以评论、论文、短文为表达的，对文学、艺术作品质量的艺术分析和判断；新闻报道指在报纸、杂志、广播、电视媒体中的各类作品；律师或专利、商标代理人的专业咨询为合理使用，不构成侵权；模仿和讽刺倾向于以幽默方式讽刺、嘲笑，以引起注意，模仿与讽刺直接相关，是对作品的直接评论。除符合上述目的外，还要求是合理的，该条款长期被认为很难被证实。英国丹宁勋爵认为，除非结合案例实际，不可能定义合理使用，先考虑引用的目的、数量和范围，在什么程度和数量上使用是合理的，若为竞争目的将相同信息传递他人，这就是不合理的；再是必须考虑使用比例。❶

由于合理使用被认为是复杂、模糊的，因此，澳大利亚在1980年对1968年版权法进行修改，增加了指导性的第40条第3款至第4款［S40（3）（4）］。第40条第2款［S40（2）］规定了合理使用的考虑因素：（a）行为性质和目的；（b）作品或改编的性质；（c）在合理时间内以普通商业价格获得作品或改编作品的可能性；（d）对版权物潜在市场、价值的影响；（e）被复制部分占整部作品比例。2006年修订第40条第3款［S40（3）］，规定研究、学习目的的复制包括：以此为目的的期刊复制，排除不同教学、研究中的复制，要求指出出版期刊的文章和用在同一研究、学习中，同一出版期刊的多份复制；并增加了第40条

---

❶ Leanne Wiseman, M. Davison, A. Monotti. Australian Intellectual Property Law ［M］. Cambridge: Cambridge University Press: 2012: 273－280.

第 5 款［S40 （5）］，规定因研究、学习目的在合理比例内复制不构成侵权。该合理比例被认定为所编辑页数的 10%，或独立章节的 10%。该款还规定文学作品的电子形式适用该比例，计算机软件除外。❶ 在英国，合理使用则考虑作品是否出版，如何获取作品，使用数量，作品利用目的、动机、结果，目的的有无则可能产生不同定义。❷ 在澳大利亚情况则有所不同。

2006 年，澳大利亚联邦政府修订版权法，规定不同时间转换使用不构成侵权，其中，第 111 条第 1 款［S111 （1）］规定，行为人便利时使用视听作品不构成侵权；并允许不同格式的转换，包括报纸、杂志、书籍之间的数字复制，照片电子格式复制，CD、录音下载到其他数字格式，电影转化为数字格式；同时还须满足限于私人、家庭使用的复制，限于合法购买或拥有原创的复制，不用于销售、出租或分销的复制，在所给格式内限于复制一份。❸

在澳大利亚版权法的合理使用项下，图书馆、档案馆也是例外规定之一。图书馆、档案馆在收集、保持、存储信息以及传播信息到广大社区方面起到重要作用。澳大利亚 1963 年版权法对此作了大量例外规定，以第 49 条、第 50 条对图书馆、档案馆非营利使用不构成侵权加以明确；2006 年修订的版权法增加了新例外要求：用于图书馆、档案馆保存、运作的材料，排除商业目的，有关法的特别规定，不与作品正常开发相冲突并合乎版权人的法定利益。其中，后三者被称为"三步检验法"，见于版权国际保护的《保护文学和艺术作品伯尔尼公约》（以下简称《伯尔尼公约》）。❹

2. 问题的提出

对于版权权利的限制，教育机构总有优越的使用版权例外，极大地源于学校、大学在社会中的重要公共角色。澳大利亚 1968 年版权法第 200 条规定，学校考试、答案或问题、课堂展示、教育机构的广播使用不构成侵权，作品简短概要包括在阅读等教育过程中，即允许师生在教学过程中例外使用版权。艺术作品，特别是建筑作品和视听作品允许二维平面复制；2006 年修订增加了新形式，允许照片转化为电子格式或互相转换，并规定独立的电影制作权。该法第 47B 条

---

❶ Leanne Wiseman, M. Davison, A. Monotti. Australian Intellectual Property Law ［M］. Cambridge: Cambridge University Press, 2012: 280 – 282.

❷ Leanne Wiseman, M. Davison, A. Monotti. Australian Intellectual Property Law ［M］. Cambridge: Cambridge University Press, 2012: 283.

❸ Leanne Wiseman, M. Davison, A. Monotti. Australian Intellectual Property Law ［M］. Cambridge: Cambridge University Press, 2012: 284 – 285.

❹ Acticle 9 （2） of Berne Convention for the Protection of Literary and Artistic Works （1886）.

第1款［S47B（1）］规定，为防止丢失，在电脑中使用、存储、复制行为不构成侵权，但须用于下列目的：原始程序中的纠错、测试、安全程序、程序的指导、使用、经许可的程序。关于暂时和偶然复制，该法规定，用于技术过程或取得交流的临时复制不构成侵权，如网上浏览、存储版权作品，在不影响权利人使用的条件下不侵权，作为一个技术流程一部分的偶然使用亦被允许。但2006年修订的版权法依然对合理使用项下所要求的非商业使用未作规定，不仅给研究和学习带来困惑，❶ 尤其给数字环境下的版权使用造成阻碍，导致消费者、版权相关团体对澳大利亚版权法的滞后提出批评。

澳大利亚消费者保护团体 CHOICE 研究结论为：约有8%澳大利亚人把音乐从一种设备如 iPod 转移到另一设备如 iPad，并未意识到依据现有澳大利亚版权法构成侵权行为。而且几乎59%澳大利亚人认为该行为合法。他们认为现行版权法尚停留在盒式录音录像时代，只有改革才能跟上数字式发行步伐。该组织倡导对数字形式内容的购买和传播适用合理使用条款。澳大利亚版权法审查委员会（Copyright Law Review Committee，CLRC）早在1998年就推荐使用开放式合理使用，认为其应与使用的目的、性质、一般商业价值（合理期限内以普通价格获得版权物的可能）及版权物潜在市场有关。该委员会认为，版权应给予充分弹性以适应未来技术发展。在2000年，澳大利亚知识产权与竞争审查委员会认为，交易价值是合理与否的重要因素。2012年8月，澳大利亚版权协会发布题为《澳大利亚版权工业的经济贡献》的报告，突出版权对经济的推动作用。2012年9月，版权评论高级法务人员亮相媒体，对版权改革报告展开讨论；2012年10月，法务人员组织许可协会、大学律师协会在墨尔本、堪培拉等地展开讨论；2012年11月，特别邀请美国版权专家到澳大利亚与法学院教授研讨版权合理使用。2012年8月，"版权与数字经济议题报告"首发；2013年6月，在收纳相关各界讨论成果的基础上，第二次发布该报告（DP79）；2013年12月，报告第三版（ALRC 122 Summary）发布；2014年2月，版权与数字经济最终报告（ALRC Report 122）出版。

（二）主要内容

该次版权改革内容详见已出版的报告。根据该报告，版权改革围绕版权与创新、研究和经济发展的关系，通过比较、评论2013年美国版权法，英国、爱尔

---

❶ Leanne Wiseman, M. Davison, A. Monotti. Australian Intellectual Property Law ［M］. Cambridge：Cambridge University Press，2012：295.

兰新近修订的版权法，意在澳大利亚建立一个适应数字经济变化的，既保护权利人利益，又促进使用者权益保障的更广泛、更易懂的版权法体系。该报告列明了版权改革规则的构架：确认并尊重作者关系与创作、维护并激励创作与传播、促进版权内容的公平获取、规定弹性、清晰和适用的规则、提供与国际义务对接的规则。

2014年2月，澳大利亚法律改革委员会（Australian Law Reform Commission，ALRC）的报告明确，该次改革主要讨论澳大利亚现行版权例外与法定许可是否与数字经济相符，核心则是讨论版权法中的合理使用例外在数字经济环境下的使用。合理使用成为该次版权改革的中心。自2012年起，ALRC官方推荐在澳大利亚适用美国的合理使用，包括6点：用更具弹性的合理使用替代具体的版权例外；限制简化一些具体例外，如用于图书档案馆保存的复制，以及政府和司法使用的例外；对政府和教育法定许可进行改革；限制使用孤儿作品的补偿；保存图书馆例外；建议政府考虑实行广播媒体商业政策。❶ 经过2年多努力，在1000多份提交意见和100多份利益相关方讨论基础上，出炉400多页的最新报告。❷ ALRC意在尊重作者利益的同时，鼓励公共利益和转化使用，以促进创新。根据该推荐框架，决定是否合理要求平衡下列4要素：使用目的和性质、版权物性质、使用部分占版权物的数量和质量比例、对版权物价值和潜在市场的影响。依美国版权法，更大的非排他表现如下目的：研究、学习、批评、评论、模仿、讽刺、新闻报道、专业咨询、引用、非商业私人使用，附带或技术使用，图书、档案馆、教育使用和残疾人使用。❸ 这些新例外包含合理使用所有种类，但取消基于合理使用例外的目的要求，以说明性目的广泛涵盖合理使用规定目的。若该推荐不被立法认可，ALRC已推荐修订合理使用，使其覆盖更宽泛目的。该新推荐的合理使用包括：研究和教学、批评和评论、模仿和讽刺、新闻报道、专业咨询、引用、非商业性私人使用，附带或技术使用，图书馆、档案馆、教育使用，以及残疾人使用，并规定在决定是否合理时，除这些因素外，不排除其他相关因素。简单地说，ALRC力促使用更宽泛的版权合理使用范围，加大法官自由裁量权，更多限制作者权而扩大版权使用者权。由此引发各界对版权法律价值的广泛讨论，该讨论尤以支持或反对推广美国合理使用为分野。

---

❶ Brief：Infojustice. org：Australia Commits to Overhanl of Copyright Act ［EB/OL］. （2014 - 02 - 18）. http：//www. ip - watch. org/2014/02/18/infojustice - org - australia - commits - to - overhaul - of - copyright - act/.

❷ Copyright and the Digital Economy, ALRC 122 Summary.

❸ ALRC Report 122, 161 - 167.

二、澳大利亚版权法改革对合理使用的争论

自 2012 年 ALRC 出版版权与数字经济议题报告以来，澳大利亚版权法改革的中心是对 ALRC 推荐将美国合理使用引进澳大利亚版权法所引发的激烈争辩。ALRC 认为，更弹性的合理使用规定将使版权法适应技术变化和使用，澳大利亚版权法现有的合理使用缺乏美国版权法合理使用的有利原则；对此，引起反对方争议。

（一）正方——版权通过限制权利人垄断来推动创新

ALRC 考虑推荐美国的合理使用立法有益于澳大利亚吸引更多的技术投资和创新。美国的合理使用是标准，不是规则，它要求以公平合理为考虑要素，而不是给出一个精确的例外情形，表明美国的合理使用更具弹性以更好地适应新技术和新商业实践。一些人认为通过立法而不是司法确定合理使用例外，由议会决定合理的新目的，立法过程的公众参与、讨论，比仅仅是相关当事方参与的司法庭审更民主。美国合理使用的好处，是当有人希望利用版权作品创作新品时，只要合理使用，无需经过法院、权利人认可同意；目前的澳大利亚，若侵权程序启动，使用者将不能通过主张合理使用来对抗侵权。若版权权利人不能确定是否能够开发他的专有权，这可能阻止创新和转让；而美国合理使用足以确保权利人有信心开发其权利。世界上首部版权法——《安娜法》（Act of Anne，1709）就认为，授予垄断不仅保护出版者财产，而且要确保有用的书提供给公众阅读。诸多相关国际条约均确认，需保持作者权和公共利益的平衡。美国的合理使用表现利益平衡，它保护版权人利益，以创新为目的，不鼓励有害传统市场的不公平行为。许多人认为未经许可的合理使用是变相的使用，是开发、改变、改革市场。美国的合理使用指不损害权利人利益市场地利用版权物，不侵犯版权，符合消费者要求。美国的合理使用对版权物潜在市场、价值的考虑有助于确定创新者和权利人不因合理使用受到损害。

（二）反方——美国的合理使用缩小权利范围，损害作者、出版商利益

也有许多人认为将美国的合理使用引进澳大利亚，将缩小权利范围，降低控制版权能力，可能损害作者、出版商利益。现行澳大利亚版权法的合理使用规定列有特定目的或使用形式，美国的合理使用则无此严格要求，使其有更大的不确定性，允许法院在具体案件中通过裁量来定夺，影响成文法稳定性。艺术界则认为将美国的合理使用引入澳大利亚，可能弱化道德权利。

在将美国的合理使用作为标准还是规则的争论中，来自大学法学院教授的讨

论无不充满学理的思辨。他们认为，规则和标准通常在法理中规定，规则更多的是说明和规定，标准更多的是弹性并允许应用时作规定，并尊重核心事实。当某行为类型被简单规定时，确定并不包含经济利益的规则比抽象的原则更具确定性；当行为（被规定）复杂时，变化、涉及经济利益时，以原则来规范比规定更具确定性，以禁止性原则比独立性原则规定更具确定性；如果是导致分担责任的争议性规则，相对禁止性规则的禁止性原则也更确定。如此说来，将充满弹性的美国合理使用引进澳大利亚版权法，作为规则缺乏确定性，有违版权法维护权利人利益的第一要务，是对权利人利益的损害。

在 2014 年 3 月，前美国版权办公室首席顾问大卫·卡尔森（David Carson）在澳大利亚参加悉尼版权研讨会时说，美国合理使用给予美国法官过多许可裁量，希望澳大利亚不要步美国后尘；美国版权法中的合理使用定义正在被误解，并正在掏空知识产权。大卫·卡尔森认为，美国合理使用曾经用于对书、电影的批评、评论，现在已经改变了；他认为，给予法官对作者作品是否滥用更多裁量权是非常危险的，与版权法对著作权保护的基本价值相背离。对此，澳大利亚司法部长乔治·布兰迪斯（George Brandis）曾表示，他还没认可扩大合理使用是个好主意，不过对于 ALRC 提出采纳这一条款的建议，他表示会持开放的态度进行考虑；并强调版权法以保护权利人利益为首要任务。针对互联网公司谷歌和易趣（eBay）在澳大利亚的分公司号召政府进行改革的要求，乔治·布兰迪斯回应说，合理使用例外是一个颇具争议的提议，尤其关注的是，要确保不会对权利人和创造者的利益造成损害。

上述讨论虽主要发生在普通法国家，但对同样在数字环境下的其他国家版权法发展提供了更多思考空间。

三、版权合理使用与公共领域保护

无论在大陆法国家，还是普通法国家版权法中，版权合理使用都是以权利限制或例外为主要内容，更为版权国际条约、协定必不可少，成为专有版权的例外。但是，大陆法国家通常做法是通过成文法列举这些例外，如我国《著作权法》第 2 章第 4 节规定的权利限制；普通法更多是通过司法案例适用版权例外，成文法规定一些法律原则居多，如英国版权法规定的合理使用（Fair dealing）和美国版权法规定的合理使用（Fair use）。实际上，无论是被称为 Fair dealing 还是 Fair use，更多的是普通法下的合理使用法律原则，都以维护公共利益为目标价值。

（一）版权例外项下的合理使用

合理使用是知识产权领域权利限制的概念，由于版权客体作为思想表达的文化因素，使其成为知识产权领域专有权限制最多、最复杂部分，主要指允许人们无需征求版权权利人的同意，可以自由使用版权作品，意在版权权利人的利益和公众利益之间取得平衡，兼顾原创者利益的同时又鼓励以此为基础的再次创新。

早在1886年，《伯尔尼公约》首次规定为研究、教学目的使用出版物中一定比例内容作为版权例外。后续的相关立法相继包括该规定，如1948年，欧洲国家规定文学、艺术作品作为例外使用已出版作品须符合正当目的。1967年，《伯尔尼公约》作出重大修订，首次包含研究、教学使用例外，引用则作为强制性例外使用。1967年的修订对例外所规定的目的允许有自己的标准，以"三步检验法"加以区分。"三步检验法"规定见《伯尔尼公约》第9条第2款。❶ 该条规定，成员国内立法规定，在不与作品一般使用和权利人利益相冲突的条件下，允许复制使用作品，但公约未对此作详细说明。❷ 后来该条成为TRIPS第13条的来源。TRIPS第13条规定，各成员针对具体案件，在不与作品一般使用和对权利人利益相冲突的条件下，规定专有的例外或限制。

在版权法起源的英国，自1911年版权法为使用者利益规定了版权例外和限制以来，在1988年《版权、外观设计和专利法》中相关章节占了相当篇幅。❸ 版权国际规则认可这些例外规定。最主要是1967年《伯尔尼公约》第9条、第10条、条13条相关规定，❹ 即著名的"三步检验法"，该例外允许在特定案件中使用、不与一般的版权开发相冲突并不损害作者的合法利益。❺ 这些开放式规定，既影响又始终与各国版权例外相区别，但已成为版权法国际发展的核心。此后，"三步检验法"又成为TRIPS、1996年《世界知识产权组织版权条约》第90条的指导性标准。值得注意的是，《伯尔尼公约》讲的"三步检验法"是对该例

---

❶ Article 9 (2) of the Berne Convention.

❷ Statement of the CSC at SCCR 26, on copyright exceptions for education in the Berne Convention and the Three – step test (20/12/13).

❸ CDPA 1988 Part I Chapter III (ss 28 – 76, also including ss 31A – F, 40A, 44A and 50A – D.

❹ Berne Convention, arts 2bis (political and legal speeches, lectures, addresses), 10 (quotations, illustration for teaching), 10bis (news reporting), 13 (musical works once recording authorised).

❺ Edinburgh School of Law Research Paper No. 2014/24, Hector Lewis MacQueen, Appropriate for the Digital Age? Copyright and the Internet, 13 – 15.

外的承认，被后来的制度加以限制利用。❶ 各国立法表现为：在版权法中的版权例外项下，规定合理使用，并加以不同的限制条件。版权例外除合理使用外，还有法定许可等，合理使用则构成例外的核心。

（二）普通法体系中的版权合理使用（Fair dealing 和 Fair use）

Fair dealing 是为抗辩侵权而规定的版权法例外，存在于诸多英联邦国家和地区的普通法裁判中，如澳大利亚、加拿大、英国、新加坡、新西兰、南非、印度、中国香港等国家或地区均作了规定。在英国，根据1988年《版权、外观设计和专利法》（CDPA），Fair dealing 限于下列目的：非商业性研究和私人所用，批评、评论、新闻报道；同时，该法第29条规定，不限于研究人员、学生对文学、戏剧、音乐、艺术作品非商业性研究、私人学习以合理比例的复制。澳大利亚版权法中的合理使用在英国版权法基础上，融合了美国版权法的合理使用部分元素，构成版权合理使用制度，因而有繁复、模糊之嫌。

与 Fair dealing 同源的 Fair use 源于美国，同样是对作者版权的例外或限制，是平衡权利人利益和公共利益的传统安全阀。美国1976年版权法承认未经版权人许可的合理使用版权作品不构成侵权。这里合理使用例子包括：评论、批评、模仿、新闻报道、教学、图书档案和学术研究。Fair use 例外被规定在美国1976年版权法第107条 ❷"专有权的限制"部分。该条规定，用于诸如批评、评论、教学、学术研究目的的复制、录音不侵犯版权；除上述目的外，决定是否合理使用时，还须考虑下列因素：是否商业使用或非教育目的、版权物的性质、使用版权作品具体数量和实质内容的比例、对版权价值和潜在市场的影响，而不论作品出版与否。该4项因素可独立适用，不同于"三步检验法"累计要求。❸

Fair dealing 与 Fair use 虽源自不同国家，但本质都是版权权利限制、利益平衡制度，简称为合理使用。但从英国、美国两国各自版权法规定上的差异看，Fair use 更具弹性，法官在判定复制行为是否合理使用时，须查看版权物性质、使用数量和价值、使用可能对版权作品销售的侵害程度、版权利益的减少以及版权标的可替代性❹；Fair dealing 则较为固化于研究学习、私人所用等非商业使用

---

❶ Edinburgh School of Law Research Paper No. 2014/24, Hector Lewis MacQueen, Appropriate for the Digital Age? Copyright and the Internet, 16 – 17.

❷ Copyright Act of 1976, 17 U. S. C. § 107.

❸ M. Ficsor, Santiago de. Report Workshop on Copyright Limitations and Exceptions, Asia – Pacific Economic Corporation 2012.

❹ Benedict Atkinson, Brian Fitzgerald. A Short History of Copyright [M]. Springer, 2014: 38 – 39.

版权作品。可以看到，版权合理使用就是在保护版权权利人专有权的同时，确保科学研究、文化传承、持续创新等公共利益免受损害的制度保障，是版权制度奇妙又科学的标志。

（三）版权法发展对公共领域的关注

传统上，版权是私权，以保护版权人利益为根本。近年来，无论是国际版权法研究与发展，还是国内著作权法改革，均反映出对保护公共利益的关注；澳大利亚格里菲斯大学法学院教授布拉特·希尔曼（Brad Sherman）在2014年初发表了研究知识产权公权性质的题为"重塑知识产权以促进食品安全"（*Reconceptualizing Intellectual Property to Promote Food Security*）的专门文章，❶深入研究知识产权被淡化了的公权历史，认为作为公共利益重要内容的食品安全自始是知识产权保护的前提，对知识产权属性提出深层考问。布拉特·希尔曼教授在该文中，试图通过全球农业研究合作体（A Global Agricultural Research Partnership）发展史说明知识产权从私人利益为目标向关注公共利益发展。文章回顾了英国知识产权历史，说明知识产权从起初就是私人利益外表下的公共资源，也就是说其实是公共产品，知识产权制度是将私人成果推向公众的机制，即知识产权的目的应是公共利益，如技术推广与文化传播，而非垄断。有限垄断则是对创新的回报或激励，是创新成果公共化过程中的副产品。该研究结果表明，如同其他知识产权类型一样，版权法在数字环境下的发展离不开对公共利益的维护，避免表现为私权的膨胀。

上文所述澳大利亚版权法改革引发的争论，实质就是私权保护与公益维护之争。在澳大利亚，版权研究聚焦于对创意产业贡献，以及驱动、促进创意社会及制度的构成。英国版权研究主要是寻找创意经济中版权有关的使用模式。美国则认为，不是所有的版权政策都服从于经济分析，虽在某些案件中可能决定政策变化，但为数不多；版权政策研究可有多种方式，包括案例研究、国际和部门比较、经验和调研等。❷即使形式多样，近年美国版权发展多以经济发展为导向，使版权法呈现出由专有、垄断权向利于商业发展、权利均衡分配方向发展的趋势，直接表现为关注公共利益保护与加强权利限制。

---

❶ Charles Lawson, Jay Sanderson. The Intellectual Property and Food Project：From Rewarding Innovation and Creation to Feeding the World ［M］. Ashgate, 2013：23 – 39.

❷ Philip Griffith, Judith Bannister, Adam Liberman. Intellectual Property in Australia ［M］. 5th ed. Sydney：LexisNexis, 2014：20 – 25.

1. 版权专有与公共领域

版权对创新作品授予垄断权，赋予所有权，以排除他人对受保护作品的使用。对此而言，公共领域由除存在专有权信息外的全部可用信息组成。任何人可以从公共领域获取材料以创作新作品，进而通过对公众集体创造成果的收集、合并和挖掘继续循环再创作。公共利益是存在于公有领域的公众福利，其范围之广泛，通常难以概括，但相对专有的知识产权而言，公有领域包含两大类：不受保护物和已过保护期的物。第一类排除于知识产权之外，指不符合有用、创新要求的物，既不受专利保护，也不是可以概括的思想、事实、科学原理、必要的表达、自然法则和自然现象。版权法不保护事实、非原创的陈词滥调的表达，也不保护非固定形态表达介质和思想本身。第二类包括曾经被保护，但保护期已过不再受保护的物。专利与版权在保护期过后，即进入公有领域。❶

法律给予技术创新、文学、艺术创作者有限垄断权，排除使用者无偿使用，鼓励为公众提供新的创作成果。给予作者有限垄断权、保障公共利益的哲学解读是：培育创新。激励创作新作品的规定首先是为学习和知识的传播。❷ 版权专有鼓励作者创作和出版新作以丰富公共领域。❸ 版权法首要的承诺是丰富文化知识成果，其次才是创造有形产品的物质受偿。❹

版权赋予创作者用于商业发展和权利分配专有权的同时，新作品的产生也是对人类知识的丰富。专有权的存在，创作者可以因此出售新作品以免于竞争，有助于创作成本的回归。知识产权专有权鼓励创造公众喜爱的作品，在作品进入公有领域时，公众从公有领域自由运用、合并资源以创作新作品。只有在激励创新程度上保护版权才是公正的。版权保护应该激励创新而不是过多地信息私有或过久保护。❺ 概括地说，版权法规定的专有权限于对创作的鼓励，排除对公共领域信息的垄断，涉及公共利益的信息不受版权保护。

---

❶ Russell W. Jacobs, In Privity With the Public Domain: The Standing Doctrine, the Public Interest, and Intellectual Property, Santa Clara High Technology Law Journal, Volume 30 | Issue 3 Article 3, 2014, 420.

❷ Golan v. Holder, 132 S. Ct. 873, 889, 2012.

❸ Wendy J. Gordon, The Constitutionality of Copyright Term Extension: How Long is Too Long? 18 Cardozo Arts & Ent. L. J. 651, 683, 2000.

❹ Pre – 1978 Distribution of Recordings Containing Musical Compositions; Copyright Term Extension; and Copyright Per Program Licenses: Hearing Before the Subcomm. on Courts and Intellectual Property of the H. Comm. on the Judiciary, 105th Cong. 5 (1997).

❺ Russell W. Jacobs, In Privity with the Public Domain: The Standing Doctrine, the Public Interest, and Intellectual Property, Santa Clara High Technology Law Journal, Volume 30 | Issue 3 Article 3, 2014, 422.

2. 扩充合理使用，培育知识创新

版权合理使用是版权限制的主要制度。在数据时代下，信息数据使用的数量和方式发展到前所未有的程度，海量的数据和多变的使用方式已使传统版权难以企及，与此相伴的则是创造、创新速度的成倍增长。因此，作为鼓励创新制度的版权法，激励新创作包含两方面：一是赋予创作者专有权；二是加快信息流转，扩大新作品使用，以引领新一轮知识创新加速形成。要求改革传统版权制度，吸收合理使用新形式，限制版权专有范围，才能使得权利人、使用人包括消费者、商户等各方利益实现平衡，从而更大限度地发挥版权制度效应，优化版权法制，培育知识创新环境。

2015 年 5 月 6 日，欧盟适用其数字单一市场战略，一些创新举措将在 2016 年底呈现，其中的目标之一是修订版权法，使其简明清晰，以适应新技术并赋予更好的数字内容。该战略认识到商业和非商业创新研究的必要；并且，2015 年底提出了相关立法建议，包括协调涉及用于特定目的跨境使用版权内容的版权例外。❶ 可见，欧洲国家关注版权法的修改，酝酿扩充合理使用，保障数字环境下在公共领域合法使用版权作品。

我国《著作权法》第三次修改正在进行，其中，表现执法者、权利人利益的法条居多，代表作品使用者、社会公共利益的法条相对较少。使用者和社会公共利益集中表现为公民个人目的使用、教育目的使用、图书馆使用等，构成传统版权法中的合理使用主干部分。在数字环境下，版权的使用出现众多新形式，传统版权法难以涵盖；而且，数字技术日新月异，新媒体、新兴载体不断涌现，版权法遭遇前所未有的挑战。该情形从我国自 2011 年启动《著作权法》第三次修改至今，历时数年，三易其稿，终未完成的艰难过程可见端倪。其中，版权合理使用始终是版权法修改挥之不去的堡垒，更是决定版权改革能否适应数字经济的核心板块，既挥之不去也绕不过去。澳大利亚版权法改革的争论也正反映了这样的事实。在此，我国修订《著作权法》可加入合理使用抽象性判断标准，作为列举式法定例外的补充，以应对新技术条件下新媒介、新使用形式不断涌现对版权保护带来的挑战，凡涉及公共利益使用作品的排除在版权保护之外。

四、结　语

版权例外的弹性模式已被普通法和大陆法的大多数国家版权法所接受。在

---

❶ Current Copyright Policy Tendencies in 2015：Further Weakening of Limits and Exceptions and the Ever Reducing Public Domain，4.

此，建议将除商业利用外的再创作使用、服务社会公益使用、行为障碍人士使用受保护的版权物均归于合理使用范围。在立法模式上，规定一些通用原则，保持适当弹性，不仅为数据时代所要求，也是各国履行知识产权国际义务的必然。但是，在保持弹性的把握上，需要结合知识产权地域性，根据本国经济、文化特征，而非照搬或照抄别国模式。

该模式可以以独立的例外包含在版权法之中，或加入现有的版权例外和限制中。它有两个主要部分，核心是将概括条款加到现有例外或限制中，用以总体平衡各方利益，可以规定为：除法律明确授权使用外，只要使用的特征和程度符合它的目的，并且不过度对版权人利益有偏见，也顾及创作者、使用者、第三方和公共利益的，促进社会经济、文化进步的使用不构成侵权。另一部分是规定一些适应总条款的平衡元素，作为解释或履行版权法的指南。❶

综上所述，数据时代下的版权法，面临巨大挑战，孕育着版权法律新变化，突出在于版权的权利限制与例外制度的变革，即作者权专有与公共利益的平衡，也是版权制度的核心所在。在当前的数据时代，海量的信息不断涌现，创新周期大为缩短，版权专有限制必然加剧。为公众提供充足的创作源泉，激发新作品的产生，与版权激励文化创新的基本价值相一致。同时，作者权限于作者投入劳动的回报，凡属合理使用的受法律保护。在此，新的合理使用形式成为数据时代版权法发展的焦点，该新形式又以新技术进步带来的文化创新与知识传播而展开。

---

❶ ［EB/OL］. http：//infojustice. org/flexible－use；Global Network on Copyright Users' Rights；Model Flexible Copyright Exception.

美国《通信规范法案》对网络环境中形象权保护的限制

刘建臣[*]

内容摘要

　　美国通过州法层面的形象权法对人格权财产利益赋予保护，权利人对基于其人格产生的商业利益具有排他的权利。然而，网络环境中的形象权保护却受到作为联邦法的《通信规范法案》（CDA）的限制，其所规定的避风港原则可以阻却原告基于州知识产权法的诉请，排除网络服务提供者可能具有的侵权责任。但是，美国联邦巡回上诉法院的观点并不一致，形成了互相对立的两种观点。应从文义解释出发，认定该避风港原则对基于州知识产权法的诉请并不适用，因而不能豁免被告在网络环境中侵犯形象权的责任。形象权保护的法理基础之一为基于不正当竞争法的禁止仿冒原理，这为我国对人格权财产利益的保护提供了较好的借鉴。

关键词

　　通信规范法案　　形象权　　限制　　联邦法　　州法

---

　　* 作者单位：华东政法大学知识产权研究中心。

一、形象权的保护

美国通过形象权来保护基于人格而产生的财产权益，其所对应的英文为 Right of publicity，因此也被翻译为与隐私权（Right of privacy）相对的公开权，更广泛地被称为形象权，其含义为"自然人有控制自己姓名、肖像、声音或其他身份信息被商业化的权利"。[1] 换言之，形象权最本质的内容是权利人有权决定是否可以被出于商业目的而使用其身份信息。形象权并非一项财产权，而是基于自然人人格利益所产生的附带性权益。[2] 任何人均对自己身份信息享有形象权，并不因名人和普通人而异。对于形象权的侵权认定，美国学界的主流意见为"在未经许可的情形下，被告使用了原告的身份信息或扮演的角色，该使用有可能给原告身份的商业价值带来损害"。[3] 由此可见，形象权所保护的不限于人格权所产生的商业利益，还包括权利人在各种平台中所扮演的虚拟角色。

在美国并没有联邦法层面上的形象权，对形象权的保护散见于各州的成文法和判例法中。如纽约州成文法禁止在未经他人（尤其是名人）许可的情形下，对其姓名、肖像、照片、声音或其他身份信息为广告目的或交易目的而使用，然而普通法却不承认肖像权；而在加利福尼亚州，成文法和普通法均承认形象权，其中，后者禁止未经授权对任何身份信息的使用。[4] 形象权是由州知识产权法所创设[5]，形象权侵权本质是一种不正当竞争的商业侵权行为，因此权利人在诉讼中提起诉请时，往往依据的是各州的知识产权法。但形象权是独立的法律范畴，并不属于商标、版权、虚假广告或虚假指示来源等。

由于权利往往会受到限制，形象权亦不例外，如美国在判例法中发展出了基于宪法"言论自由"规定的形象权限制[6]，但其并不在本文讨论范围内。本文所

[1] J. Thomas McCarthy, The Rights of Publicity and Privacy §1：3（2d ed. 2011）.

[2] J. Thomas McCarthy, The Rights of Publicity and Privacy §10：3－10：5（2d ed. 2011）.

[3] J. Thomas McCarthy, The Rights of Publicity and Privacy §3：2（2d ed. 2011）.

[4] See Czarnota P. The Right of Publicity in New York and California：A Critical Analysis［J］. Vill. Sports & Ent. L. J., 2012（2）：481.

[5] 尽管美国联邦层面的知识产权法范围相对确定和统一，但各州对知识产权法的认识并不完全相同，因此形象权法可能散见于不同的法律中。然而，将形象权法视为知识产权法的组成部分，是美国学界的主流观点，且已获得相当数量的法院支持。See J. Thomas McCarthy, McCarthy on Trademarks and Unfair Competition §28：7（4th ed. 2014）.

[6] 公民对国家和社会的各项问题有自由发表意见的权利，如果公民在表达自己意见时使用了他人的形象，并不构成侵权。See Tan D. Beyond Trademark Law：What the Right of Publicity can Learn from Cultural Studies［J］. Cardozo Arts & Ent. L. J. 2008, 25：913, 924－925.

要讨论的是来自美国《通信规范法案》对网络环境中形象权保护的另一种限制。

二、《通信规范法案》的避风港原则

美国《宪法》第 6 条规定了最高权力条款，即"本宪法及依照本宪法所制定之合众国法律以及根据合众国权力所缔结或将缔结的一切条约，均为全国的最高法律；即使与任何州的宪法或法律相抵触，各州的法官仍应遵守。任何州宪法或法律中的任何内容与之抵触时，均不得违反本宪法"。❶ 按照这一条款，州法不得介入应当由宪法和联邦法律规范的领域，凡是与宪法和联邦法律冲突的州法，都必须让位于宪法和联邦法律。❷《通信规范法案》（*Communications Decency Act*，CDA）即为依据宪法制定的联邦法，法案规定了两种用于网络平台上的避风港，基于"最高权力条款"的庇护，可以屏蔽掉来自州法的侵权诉请。

（一）立法目的

CDA 的立法目的在于，控制避免将未成年人暴露在网络平台上的不宜信息中。为有效实现该法案的整体立法目的，在该法案规定避风港原则的条款中细化了整部法案的立法目的，将其分为 5 项子目的：第一，促进互联网和其他交互式计算机服务或交互媒体的持续发展；第二，保持现行高速有竞争力的网络和其他交互式计算机服务自由市场的发展，免受联邦法和州法规定的制约；第三，鼓励将用户控制最大化的技术的发展，使得适用互联网和其他交互式电脑服务的个人、家庭、学校能对其所接收到的信息有所控制；第四，去除对屏蔽、过滤技术的发展和利用的抑制因素，而该技术使得父母能够限制他们孩子访问令人反感的或不合适的网络材料；第五，保证联邦刑事法律的有力执行，以震慑和惩罚涉淫秽、猥亵和骚扰等网络非法交易。❸ 其中，前两项子立法目的作为网络服务提供者（Internet Service Provider，ISP）避风港的基础，第三项和第四项子立法目的又使得用户和软件提供者获得了广泛的豁免。

（二）避风港内容

为保证以上立法目的的实现，CDA 规定了分别为网络服务提供者和实用工具提供者或用户提供了两种避风港，使其免担民事侵权责任。其中，第一种避风港（网络服务避风港）是指"对于由其他网络内容提供商（Internet Content Pro-

---

❶ U. S. C. A. Const. Art. VI cl. 2.

❷ 李明德. 美国知识产权法 [M]. 北京：法律出版社，2014：8.

❸ 47 U. S. C. A. §230（b）.

vider, ICP）所提供的信息，任何交互式计算机服务提供者或用户均不能被视为发表人或演讲人"。❶ 法案同时在该节对 ICP 和交互式计算机服务作出了界定，❷但未对 ISP 的定义予以说明。根据美国《千禧年数字版权法》的规定，ISP 是指"提供网络传输、发送服务的实体，或为数字通信网络提供连接服务的实体，或者在用户指定的时间点提供用户自己选择的内容，而不对其发送或接收到的内容作任何更改的实体"。❸此外，在 *Columbia Ins. Co. v. Seescandy. Com* 案中，法院进一步对 ISP 的作用作出了界定。❹ 第二种避风港是指"如果是出于善意而自愿采取的任何行动，以限制材料的访问通道或获得这些材料的可能性，提供者或用户并不因提供了限制访问淫秽、下流、色情、污秽、过度暴力、骚扰或其他令人讨厌的材料的技术手段而承担法律责任"。❺

　　从立法史来看，国会曾在报告中指出，制定 CDA 第 230 条的明确目的之一就是推翻"将 ISP 和用户视为对第三方内容提供者提供内容的发表人或演讲人，因为他们限制了对有异议材料的访问"。❻ 国会此项说明的言下之意，即第 230条第（c）款第（1）项的规定是针对 *Stratton v. Prodigy* 案（以下简称"*Stratton* 案"）判决所反映出来的问题。在 *Stratton* 案中，法院认为，提供在线 BBS 服务的 ISP 对其他人在该平台上发表的诽谤性内容可承担法律责任。因此，有人认为，该条规定的豁免仅仅是 ISP 对他人提供的诽谤或淫秽内容免责。❼然而，国会在此份报告中进一步指出，豁免条款对第 230 条第（f）款第（4）项定义的所有"软件通道提供者"（All Access Software Providers）均适用。❽因此，CDA 第 230

---

❶　47 U. S. C. A. §230（c）（1）.

❷　根据定义条款，"交互式计算机服务"是指"任何信息服务、系统或者软件通道提供者为多类型的用户提供或使其获得计算机服务器通道，特别是包括提供网络接入的服务或系统并且这些操作系统或服务是由图书馆或教育机构提供的"；ICP 是指"任何个人或实体对通过互联网或其他交互式计算机服务提供信息的产生或发展，负全部或部分的责任"。See 47 U. S. C. A. §230（f）（2），（3）.

❸　17 U. S. C. A. §512（k）（1）.

❹　该案将 ISP 的作用界定为：为客户提供接入服务和存储服务。前者是向客户提供一个账户商业合约，客户可以通过该账户连接到网络和发送电子邮件；后者是为客户提供硬盘存储空间，供其经营网站或实现文件传输。如果想用自己的域名经营网站，而非使用服务提供者的域名，那么有两个实现途径：其一，对计算机硬件、网络硬件和高速网络接入等方面进行大量投资，以使网站可被他人登录和使用；其二，租借网络服务提供者的存储空间和服务。Columbia Ins. Co. v. Seescandy. Com, 185 F. R. D. 573, 578 n. 1（N. D. Cal. 1999）.

❺　47 U. S. C. A. §230（c）（2）.

❻　H. R. Rep. No. 104－458, at 194（1996）.

❼　See Zango, Inc v. Kaspersky Lab, Inc, 568 F. 3d 1169（9th Cir. 2009）.

❽　H. R. Rep. No. 104－458, at 194（1996）.

条存在两种含义不同的避风港。鉴于与形象权法相关的是网络服务避风港，因此本文对第二种避风港不予讨论。

（三）美国司法实践对网络服务避风港的适用

自 CDA 创设网络服务避风港以来，法院在判决中对针对 ISP 提请的侵权诉请大量适用该项豁免。联邦巡回上诉法院层面上的判决比较一致，均认为"该法案为网络服务提供商提供了联邦法层面上的豁免，不会为使用服务的第三方所提供的信息承担责任"。[1] 这在一定程度上促进了网络服务的发展，然而 CDA 对网络服务提供商规定的避风港原则较美国《千禧年数字版权法》的标准要宽松，因为前者并未科以 ISP 任何义务，而后者规定了基于"通知—移除"规则的 ISP 免责制度，确立了过错责任归责原则，只有在明知网络用户上载信息的行为已构成侵权，即著作权人提供的证明文件符合法律要求时，ISP 仍不采取措施删除信息或者阻止他人再次访问，此时的 ISP 才需要承担侵权责任。[2] 在涉及 CDA 的诉讼中，原告提起的诉请种类涵盖了侵害合同、侵犯形象权、隐私权、知识产权、虚假指示来源、诽谤、不当得利等，ISP 往往提出 CDA 网络服务避风港的抗辩并且屡试不爽，下文将从法律适用角度说明 CDA 网络服务避风港规则对网络平台上形象权保护的限制。

三、联邦巡回上诉法院对 CDA 与州知识产权法适用的争议

为了协调与美国其他联邦法或州法的适用，作为联邦法的 CDA 在第 230 条第（e）款里作出了明确的规定，同时该款第（c）款规定的避风港原则应受法律适用条款的限制。其中，具体到与美国知识产权法的适用关系，该款第（2）项规定"本法案第 230 条的内容不能作出限制或扩张任何知识产权法的解读"[3]。从字面上看，该条规定的避风港原则对来自知识产权法的诉请并不适用，但问题是在美国存在联邦法和州法两个层面上的知识产权法并行的制度，何况规定反不正当竞争、虚假和误导广告以及公开权的法律均只存在于州法层面上。区分联邦法和州法两个层面的原因在于，该条对 CDA 与州法的适用同样作出了规定，该款第（3）项规定："对州法与本法案第 230 条内容规定一致的，不能作出对州

---

[1] See Zeran v. America Online, Inc., 129 F. 3d 327, 331 (4th Cir. 1997); See also Batzel v. Smith, 333 F. 3d 1018, 1026 – 1027 (9th Cir. 2003); See also Carafano v. Metrosplash.com, Inc., 339 F. 3d 1119, 1122 (9th Cir. 2003).

[2] See 17 U. S. C § 512 (c).

[3] 47 U. S. C. A. § 230 (e) (2).

法限制的解读；对州法与本法案内容规定不一致的，州法或地方法规定的法律责任并不适用"。❶ 因此，CDA 的避风港对于来自州知识产权法的诉请是否适用，在美国司法实践中存在两种完全不同的解读。其中，美国联邦第九巡回上诉法院（以下简称"第九巡回法院"）辖区和美国联邦第一、第二巡回上诉法院（以下简称"第一巡回法院"和"第二巡回法院"）辖区的判决最具代表性。

（一）第九巡回法院辖区

1. Perfect 10 v. CCBill 案

在该案中，原告是一家成人娱乐杂志的出版社，同时拥有 Perfect10. com 的网络域名。原告在杂志和网站上提供了大约 5000 张模特图片，图片中的模特将形象权的商业化利用转让给了原告，因此原告同时拥有版权和形象权。此外，原告还注册了自己的商标。被告为各种网站提供虚拟主机服务和网络接入服务，以及为消费者提供使用信用卡或支票支付订阅费或电子商务的会员资格费的服务。原告发现有网站在未经原告许可的情况下，使用了原告享有权利的图片，要求被告对网站停止提供网络接入服务和电子支付服务。在被告未及时断开服务的情形下，原告对被告提起联邦法层面的版权侵权和商标侵权，以及州法层面的形象权侵权、不正当竞争、虚假和误导广告等诉请。加利福尼亚中区联邦地区法院（以下简称"地区法院"）认定被告符合美国版权法规定的避风港豁免，因此并不构成版权侵权。此外，对于原告州法层面的不正当竞争和虚假广告诉请，地区法院认为被告满足 CDA 第 230 条规定的网络服务避风港的豁免，因此阻却州法的此两项侵权，但判决被告对同样来自州法的形象权侵权承担责任。❷ 原告、被告均不服一审判决，提起上诉。

第九巡回法院经审理后认定，对于版权侵权的认定尚需相应事实证明，因此对地区法院的此项判决发回重审。然而，第九巡回法院基于同样的理由维持了地区法院对州法层面的不正当竞争和虚假广告的判决。此外，对于地区法院对形象权侵权的判决，第九巡回法院予以推翻，其理由是公开权来源于州法，CDA 第230 条第（c）款规定的网络服务避风港原则对联邦法层面的知识产权法诉请并不适用，但对州法而言，无论是否落入州知识产权法的范围，都将适用。❸

该案确立了 CDA 网络服务避风港原则对联邦法层面的知识产权法诉请并不适用，但对于州法层面的知识产权法诉请而言，将会起到排除侵权的豁免作用。

---

❶ 47 U. S. C. A. §230（e）（3）.

❷ See Perfect 10, Inc. v. CCBill, LLC, 340 F. Supp. 2d 1077,（C. D. Cal. 2004）.

❸ See Perfect 10, Inc. v. CCBill, LLC, 488 F. 3d 1102, 1108, 1118 – 1119（9th Cir. 2007）.

第九巡回法院辖区内的后续判决，起到了很大的指引作用。因此，下文即将介绍的 *Evans v. Hewlett - Packard* 案和 *Part. com v. Yahool* 案均是沿袭了这一判决思路。

2. *Evans v. Hewlett - Packard* 案❶

该案的原告是一名绰号为"Chubby Checker"的传奇音乐舞台剧表演家，并就其绰号申请了商标。被告是一家网络应用软件销售商，在其 APP 商店中出售各类应用软件，并对进入商店内销售的软件名称和商标具有主要的控制权，及准许与否均在被告的权限内。在未得到原告许可的情形下，被告将名为"Chubby Checker"的软件放置于该商店中销售，并对其做推广型的商业广告。原告认为被告的行为侵犯了其合法权益，因此向法院提起了以下诉请：（1）基于联邦法的商标侵权、商标淡化和不正当竞争；（2）基于普通法的商标侵权及不正当竞争；（3）基于宾夕法尼亚州法商标侵权和不正当竞争；（4）基于宾夕法尼亚州法、加利福尼亚州法的形象权侵权及精神损害。

审理该案的加利福尼亚州北区法院援引了第九巡回法院在 *Fair Hous v. Roommates* 案中对 ISP 的认定，即"网站经营者在展示由第三方提供的内容时应当被认定为服务提供者"。❷ 而该案中，被告因其 APP 商店中的应用程序来源于第三方而落入了服务提供者的范围内，受到了 CDA 第 230 条避风港的豁免。具体到 CDA 与州知识产权法的适用关系时，法院援引了第九巡回法院在 *Perfect* 10 v. *CCBill* 案中的观点，沿袭了"CDA 第 230 条规定的豁免可以阻却任何基于州法的诉请，知识产权法亦不例外"，❸ 因此驳回了原告基于州法的全部诉请（包括不正当竞争、商标侵权、形象权侵权及精神损害）。由于法院的该项决定是在原告修正诉请的听证程序中，因此并未对基于联邦法的诉请进行评论，留在以后的开庭审理程序中作出判决。

3. *Parts. com v. Yahoo*! 案❹

在该案中，原告是一家拥有 Part. com 商标的汽车配件网络销售商，为全球 40 多家汽车制造商提供零部件；被告是雅虎的搜索引擎，出售搜索关键词的广告。当用户使用雅虎的搜索引擎输入被投放广告的关键词进行检索时，赞助商的链接就会出现在搜索结果页面的显著位置。被告将 Part. com 出售给第三方作为搜索关键词，当用户使用该关键词进行检索时，赞助商链接与自然搜索结果的链接

---

❶ Evans v. Hewlett - Packard Co. , 2013 WL 5594717, at *2 (N. D. Cal. 2013).

❷ Fair Hous. Council of San Fernando Valley v. Roommates. Com, LLC, 521 F. 3d 1157, 1162 (9th Cir. 2008).

❸ See Perfect 10, Inc. v. CCBill, LLC, 488 F. 3d 1102, 1108, 1118 – 1119 (9th Cir. 2007).

❹ Parts. com, LLC v. Yahoo! Inc. , 996 F. Supp. 2d 933, (S. D. Cal. 2013).

同时出现在结果页面上。原告认为，这会让消费者对原告、被告和购买 Part. com 作为关键词从而链接到自己商品或服务的第三方的关系产生混淆。因此，原告对被告提出以下诉请：（1）联邦法层面上的商标侵权、虚假指示来源和不正当竞争；（2）联邦法层面上的商标淡化；（3）州法层面上的商标侵权、不正当竞争；（4）州法层面上的不正当竞争和欺骗性做法；（5）州法层面上的商标淡化及商誉侵害。被告对此申请了简易判决，最终法院作出了部分支持、部分驳回的判决。

审理该案的加利福尼亚州南区法院对联邦法层面上的诉请进行了详细的分析，然而，对于原告来自州法层面上的所有诉请，与 *Evans v. Hewlett - Packard* 案一致的是，法院全部予以了驳回，支持了被告对原告全部来自州法诉请的简易判决。法院认为，对于原告的州法相关诉请，被告可以享受 CDA 网络服务避风港的豁免。由于该案中雅虎并未提供广告实质内容，而是出售广告位置，而原告并未提供实质证据证明被告参与创造了广告内容。因此，法院认为，雅虎的地位与 *Jurin* 案中谷歌的地位相同，应享受 CDA 第 230 条第（c）款第（1）项的豁免。

（二）第一、第二巡回法院辖区

与第九巡回法院辖区清一色地认为"CDA 第 230 条规定的豁免阻却基于州知识产权法的诉请"的观点相左，第一巡回法院和第二巡回法院辖区内将 CDA 第 230 条对知识产权法的适用解读为"既包括联邦知识产权法，也包括州知识产权法"。因此，辖区内法院在适用 CDA 第 230 条的避风港原则时，均不能阻却联邦和州两个层面上的知识产权法诉请。下文所述判决，即为适例。

1. *Gucci America v. Hall & Associates* 案❶

该案的原告是一家知名奢侈品商，对"GUCCI"享有商标权和商业名称权，并将其在珠宝、时尚配件和服装等商品及相关服务上使用。被告 Mindspring 是一家网络服务提供商，为 Hall（另一共同被告）经营的网站提供虚拟主机服务，为其提供服务器空间，允许其上传信息，以供其他网络用户浏览或下载。原告发现 Hall 在未经其许可的情形下，在网站上销售带有"GUCCI"商标的珠宝、配饰和衣服等商品，因此，原告向 Mindspring 发出了该网站的商标侵权通知，在后者未采取断开侵权链接、停止提供主机服务等措施的情形下，原告将两被告诉至法院，并提出了以下诉请：（1）基于《兰哈姆法》的商标直接侵权与共同侵权；

---

❶ Gucci Am., Inc. v. Hall & Assocs., 135 F. Supp. 2d 409, 413（S. D. N. Y. 2001）.

（2）基于《兰哈姆法》的虚假指示商品来源与虚假描述；（3）基于纽约州普通法的商标侵权与不正当竞争。Mindspring 援引 CDA 第 230 条规定的第一种避风港进行抗辩，对以上诉请向法院提出驳回动议的申请。

纽约南区法院从文义解释的角度阐释了 CDA 避风港原则与知识产权法的适用。该法院援引了第二巡回法院对文义解释的一系列说明，如"法律条文的文义决定着对其解读的方向，只有在法律条文中的术语模糊不清时，立法史或其他解释方法才能派上用场"❶、"在进行文义解读时，法院必须假定法律条文已经说明了其欲表达的含义"❷、"除非另有规定，否则单个法律条文被认为是已经承载了通常的、现代的和普遍的意思"❸ 以及"确实，当法律条文的词语清晰地表达了其含义时，对文义的朴素认知就是司法调查完成的首要步骤和最后步骤"❹。基于此，该法院认为，CDA 规定的网络服务者避风港应受制于第 230 条第（e）款第（2）项规定的法律适用条款，即"避风港的适用不能限缩或扩张任何关于知识产权法的适用"❺。在成文法和判例法对网络服务提供者规定了共同侵权责任的前提下，如果在该案中对 Mindspring 适用 CDA 的豁免，就会因限缩知识产权法的适用从而违反该法"不能限缩或扩张任何关于知识产权法的适用"的规定。因此，该案的诉请在涉及知识产权法的基础上，并不适用 CDA 第 230 条规定的避风港。

从该案的判决来看，法院虽然并未对知识产权法进行联邦与州层面的区分，但是从法院解释法律条文的逻辑来看，其并不认为存在这个歧义，因为 CDA 第230 条第（e）款第（2）项的条文"已经清晰地说明了其所要表达的含义"，即 CDA 避风港原则对于无论是联邦层面还是州层面的知识产权法诉请均不能适用。作为解释 CDA 避风港原则与知识产权法适用的第一案，该案对辖区其他案件的判决无疑产生了重大影响作用，该案中法院未明确解释的适用规则也在下文的 *Atlantic* 案和 *Doe* 案得以进一步诠释。

2. *Atlantic v. Project* 案❻

该案的原告是六大唱片公司，拥有美国绝大多数声音唱片的版权。被告是一

❶ Lee v. Bankers Trust Co. , 166 F. 3d 540, 544（2d Cir. 1999）.

❷ Aslanidis v. United States Lines, Inc. , 7 F. 3d 1067, 1072 – 1073（2d Cir. 1993）.

❸ Greenery Rehabilitation Group, Inc. v. Hammon, 150 F. 3d 226, 231（2d Cir. 1998）.

❹ Perrin v. United States, 444 U. S. 37, 42（1979）.

❺ 47 U. S. C. A. §230（e）（2）.

❻ Atlantic Recording Corp. v. Project Playlist, Inc. , 603 F. Supp. 2d 690, 90 U. S. P. Q. 2d 1799（S. D. N. Y. 2009）.

家网站，通过搜索引擎的爬虫技术对网络上的歌曲制作目录链接，访问该网站的用户既可以选择播放歌曲，也可以下载歌曲；当用户选择下载时，会弹出"该内容来源于第三方的提示"。此外，用户也可以将喜欢的歌曲制作成收藏名单，并对其进行上传和分享。由于被告网站上大量的歌曲均未经过原告的版权授权，因此原告对被告提起了联邦法层面上的版权侵权，以及来自州法的版权侵权和不正当竞争诉请。被告认为自己能享受基于 CDA 网络服务避风港的豁免，因而对原告来自州法层面的诉请提起驳回动议。

　　该案再次落入审理过 *Gucci* 案的纽约南区法院管辖范围内，在面对同样的法律适用问题时，法院作出了更为清晰的解释，将州知识产权法明确排除在 CDA 避风港原则的适用范围之外，这与 *Gucci* 案中法院委婉的态度形成鲜明对比。法院在该案中经典地阐述道："对于 CDA 第 230 条第（e）款第（3）项特别规定了州法的适用，并不意味着其他项仅意指联邦法。因此，'任何关于知识产权法'同时意味着联邦法和州法。"基于此，法院驳回了被告的动议。

　　3. *Doe v. Friendfinder* 案❶

　　该案的被告是一家管理着很多网络社区的公司，网络用户可以通过张贴个人启示相互结识。在注册成为社区用户时，需要填写较多个人信息以及创建供他人可见的个人面部侧照，该照片可被其他用户通过搜索引擎检索到，也会出现在第三方网站上被告所张贴的广告中。在原告不知情的情形下，他人冒用原告的个人身份信息及照片注册了某用户名，并实施了对原告不利的行为。在原告通知被告后，被告删除了原告的账户信息。然而时隔不久，该账号又出现在被告经营的其他网络社区中。基于此，原告对被告提起了以下诉请：（1）基于《兰哈姆法》的虚假指示来源；（2）基于州法的形象权侵权以及诽谤。对此，被告对原告基于州法的侵权诉请提出适用 CDA 第 230 条规定的网络服务避风港予以豁免，原告则主张其诉请涉及州知识产权法，因此避风港并不适用。

　　审理该案的新罕布什尔州地区法院批判了第九巡回法院在 *Perfect 10* 案中认为的"CDA 第 230 条第（e）款第（2）项中的知识产权法仅限于联邦层面"❷的判决，援引了第一巡回法院在 *Universal v. Lycos* 案中委婉地表示的 CDA 规定的豁免并不适用于基于联邦和州层面上知识产权法的诉请的观点。❸ 更为难得的是，法院从对法律条文的文义解释出发，适用第一巡回法院"文义解释应当是对

---

❶　Doe v. Friendfinder Network, Inc., 540 F. Supp. 2d 288 (D. N. H., Mar 27, 2008).
❷　Perfect 10, Inc. v. CCBill, LLC, 488 F. 3d 1102, 1108, 1118 – 1119 (9th Cir. 2007).
❸　See Universal Comm'n Sys., Inc. v. Lycos, Inc., 478 F. 3d 413, 418 (1st Cir. 2007).

法律条文解释的首要途径，如果法条本身含义清晰明了，则无需再行解释"❶ 的判决思路，援引了先例中对"任何"一词的解释❷，指出"任何"与"联邦"并非可以相互替换，有力地回击了第九巡回法院自我推测的判决思路。最终法院得出，CDA 第 230 条第（e）款第（2）项同时包括联邦与州两个层面上的知识产权法。

四、对 CDA 与知识产权法适用条款的解读

（一）对第九巡回法院观点的驳斥

诚然，CDA 本身并未对知识产权法的范围作出界定，而在美国目前的司法实践中，无论是联邦法层面还是州法层面上的很多诉请，还介于可被归为知识产权法诉请或不可被归为知识产权法诉请的尴尬境地中。在这种情形下，第九巡回法院在 *Perfect 10* 案中认为：

> "尽管联邦层面上的知识产权法范围已经相对固定地建立了起来，但是各州对知识产权法的归类并不统一，甚至是各州对知识产权的保护散落在不同名称的法案中，还具有不同的案由、救济方式和立法目的。对于 CDA 提供豁免的网络平台，互联网信息在传输的过程中可能同时经过数州。将 CDA 规定的联邦法豁免让步于各州具有不同保护标准的知识产权法，并不符合国会明确提出的'将互联网的发展从各州不同法律制度的藩篱中摆脱出来'的立法目的。"❸

然而，第九巡回法院的观点是有待商榷的。首先，在解读法律条文时，首当适用文义解释，在文义解释不能得出结论时，立法史、立法目的等解释方法方得适用。诚然，国会制定该法案的立法目的之一是"促进互联网、交互式计算机服务或其他交互式媒体的发展"❹，但是国会并未对知识产权法进行联邦与州层面的区分。在规定 CDA 法律适用的条文中，国会在知识产权法前用的限定词是

---

❶ Ruiz v. Bally Total Fitness Holding Corp., 496 F. 3d 1, 8（1st Cir. 2007）.

❷ 如联邦最高法院 Harrion 案中对《清洁空气法案》解释的"任何最终其他行为"，Harrison v. PPG Indus., 446 U. S. 578, 589, 100 S. Ct. 1889, 64 L. Ed. 2d 525（1980）；又如联邦最高法院在 Ali 案中对《联邦侵权诉请法案》解读的"任何其他法律规定的执法官员"，Ali v. Fed. Bureau of Prisons, 552 U. S. 214（2008）.

❸ See Perfect 10, Inc. v. CCBill, LLC, 488 F. 3d 1102, 1108, 1118－1119（9th Cir. 2007）.

❹ See 47 U. S. C. A. §230（b）（1）.

"任何"，而非"联邦"。❶ CDA 第 230 条第（e）款的各项规定中，国会已对该法是否对联邦法、州法或地方法予以适用作出了说明，如第（1）项带有"任何联邦刑法规定"、第（3）项带有"任何州法或当地法"、第（4）项带有"任何相似的州法"等限定。因此，如果国会要将第（2）项中的"任何关于知识产权法"的含义限定为"任何联邦知识产权法"，那么会在其后加以界定，但是国会并未对此限制，这意味着包括"联邦和州两个层面的知识产权法"。此外，联邦最高法院的观点也是如此。在 *Barnhart v. Sigmon Coal* 案中，联邦最高法院认为"在同部法案中，国会在某节使用了特定的语言而在另一节未使用时，应当推定国会是有意对前者适用而对后者排除，这是制定法解释的一个通常原则"。❷ 在 *United States v. Gonzales* 案中，联邦最高法院的解释更为直观："'其他任何监禁的术语'既包括联邦法对监禁作出的术语，也包括州法对监禁作出的术语。因为，国会并未对监禁一词的范围作出限定，我们应当将其解释为所有关于监禁的术语"。❸

其次，审理 *Perfect 10* 案的第九巡回法院审判庭的意见与该法院以前的先例并不一致。在 *SEC v. Gemstar* 案中，该法院认为"在国会未对概念进行界定时，应遵循法条通常的、同时期的、普遍的含义"。❹ 此外，在 *Bonnichsen v. United States* 案中，该法院亦承认"不言自明的是，在解读法条含义时，法院应当通常是赋予未明确定义的词语以通常含义或自然含义"❺。因此，第九巡回法院在适用 CDA 第 230 条时选择主观推测而未进行文义解释的做法，从应遵循其自身先例的方面来看，自相矛盾。

最后，正如在 *Doe* 案中法院指出的那样，*Perfect 10* 案判决的另一难以立足之处在于：虽然各州的知识产权法不同，但并不会给网络服务提供者在遵守联邦法的同时带来额外的负担，❻ 因为从总体上来说，联邦与州的知识产权法可以共存，如联邦和州的商标法与不正当竞争法就可以没有冲突地共存。❼ 其实，在绝大多数州，知识产权法条文的含义和解释与判例法以及联邦普通法的主流原则相

---

❶　47 U. S. C. A. §230（e）（2）.

❷　Barnhart v. Sigmon Coal Co. , 534 U. S. 438, 452（2002）.

❸　United States v. Gonzales, 520 U. S. 1, 5（1997）.

❹　SEC v. Gemstar - TV Guide Int'l, Inc. , 367 F. 3d 1087, 1095（9th Cir. 2004）.

❺　Bonnichsen v. United States, 367 F. 3d 864, 875（9th Cir. 2004）.

❻　Doe v. Friendfinder Network, Inc. , 540 F. Supp. 2d 288（D. N. H. , Mar 27, 2008）.

❼　See J. Thomas McCarthy, McCarthy on Trademarks and Unfair Competition §22：2, at 22 - 28（4th ed. 1992）.

一致。❶ 正如在审理 *Doe* 案的新罕布什尔州，其知识产权法就是在吸收联邦法的基础上制定的。❷ 不仅如此，州知识产权法还对联邦知识产权法保护不周延的权益进行附加性保护，如达不到版权法作品所要求的创作、《兰哈姆法》规定以外的不正当竞争行为甚至完全靠州法来保护的形象权。❸ 因此，第九巡回法院在 *Perfect 10* 案中在未对联邦与各州知识产权法含义进行比对的情形下，就得出"各州知识产权法迥异"的结论，进而将知识产权法进行联邦与州孤立地二元性区分，的确有失偏颇。

（二）历史性回避的贫困

此外，有观点认为，"由于在 ISP 援引 CDA 的避风港豁免时，商标侵权的责任从未施加给 ISP，因此未对知识产权法造成限缩。此外，在第230条第（e）款其他项均没有'或扩张'限定的前提下，如果该案对于 ISP 施加商标侵权的责任，那么将会使'或扩张'的限定失去意义，从而有违该条的规定"。❹ 然而，这种以既往案件发生史来回避侵权责任的观点根本站不住脚。根据联邦最高法院在 *Almendarez – Torres v. United States* 案的判决，"对于法条含义疑问的解决，法案每节的标题与每个法条的起始部分，是可以用来解读的方法"。❺ CDA 第230条第（e）款的标题是"对其他法律的影响"，第（2）项规定"对知识产权法没有影响"。因此，第230条第（e）款第（2）项包括"扩张"一词，而其他项并未包括，这并不能必然地得出这样一个结论：第（2）项不能被理解为在所有商标侵权的情形中，都禁止了第230条规定的豁免。正如原告推理的那样，语言上的差异可以被理解为"国会担心对第230条的解读可能限缩或扩张知识产权法，而几乎没有理由去认为对第230条的解读会扩张其他项规定的刑法或隐私法"。

（三）CDA 与州知识产权法适用的理性回归

综上，即便在联邦巡回上诉法院各自理解适用而联邦最高法院未予表态的前提下，理性地评判两种观点孰是孰非的道路并没有被封锁，文义解释就提供了一条行之有效的路径，何况这也是法院解释法律的首要工具，并得到了联邦最高法院的高度认可。因此，CDA 规定的避风港原则对联邦与州层面的知识产权法诉

❶ See J. Thomas McCarthy, McCarthy on Trademarks and Unfair Competition §22：1, at 22 – 27 (4th ed. 1992).

❷ Doe v. Friendfinder Network, Inc. , 540 F. Supp. 2d 288 (D. N. H. , Mar 27, 2008).

❸ 李明德. 美国知识产权法 [M]. 北京：法律出版社，2014：8.

❹ Gucci Am. , Inc. v. Hall & Assocs. , 135 F. Supp. 2d 409, 413 (S. D. N. Y. 2001).

❺ Almendarez – Torres v. United States, 523 U. S. 224, 234 (1998).

请均不适用，否则会导致对后两者的限缩。换言之，对于原告基于州知识产权法提起的诉请，法院应结合案情与法律所确定的规则，进行实质性审理，而非以 CDA 避风港原则笼统予以回避。基于此，对于包括形象权在内的州知识产权法诉请而言，CDA 避风港原则并不能豁免被告的侵权责任。

五、结语：对中国保护人格权财产利益的反思

美国的大量实例还说明，未经授权对他人身份信息的使用会造成误认或错误推断，使得他人误以为形象权人与该商品或服务有赞成、认可或赞助的关系，因此会构成《兰哈姆法》项下的虚假指示来源与侵犯形象权的竞合，即原告均可提起此两项诉请。❶ 这与形象权得以保护的法理依据有关，因为在美国形象权的基础存在禁止仿冒原理、激励原理和自然权利原理三种支撑性说法。❷ 其中，禁止仿冒原理即为"对形象权的保护主要是防止消费者认为某商品或服务得到了权利人的赞成或认可"。《兰哈姆法》第 43（a）（1）（A）条的规定是美国联邦层面反不正当竞争法，该条是禁止仿冒原理的有力表达："任何关于或涉及商品、服务或任何商品包装的人应对在商业活动中使用任何词语、名字、标志、设计或这些东西的组合，或者任何来源的错误标识、对事实的虚假或误导性描述、对事实的虚假或误导性的呈现，对某些人（指侵权人）与他人（指权利人）的附属、关系或联系，或者对于他人商品、服务或他人的商业行为的来源、赞助或认可可能导致混淆、引起错误或欺骗承担责任。"❸ 美国形象权法研究领域的权威 Mc-Carthy 教授并不认同禁止仿冒原理，其认为"形象权是人格自然属性的附带权益，因此自然权利原理更为贴切"❹。本文亦认同自然权利原理，但就对我国的可借鉴性而言，禁止仿冒原理更具启示意义。

我国并没有类似于网络服务避风港原则对人格财产利益的限制，现行《民法通则》与《侵权责任法》对人格利益的保护侧重于精神层面，救济手段局限在停止侵权、赔礼道歉和赔偿损失等。导致的结果是，侵权人未经许可就使用他人形象进行获益时，所获得的利益并不像知识产权法规定的赔偿责任般可以全额返还侵权利润，多为在证明存在精神损害的基础上，法院酌情予以裁量，这是现行中国法律对人格权财产利益予以保护的失位。可行的建议是，在现行法未修改的

---

❶ J. Thomas McCarthy, The Rights of Publicity and Privacy §5：19（2d ed. 2011）.

❷ 阮开欣. 电子游戏的形象权问题研究 [J]. 电子知识产权, 2014 (5)：75.

❸ 15 U. S. C. §1125（a）.

❹ J. Thomas McCarthy, The Rights of Publicity and Privacy §10：3（2d ed. 2011）.

基础上，适用反不正当竞争法对人格利益予以保护。

《反不正当竞争法》第5条规定的混淆❶、第9条规定的虚假广告❷基本涵盖了《兰哈姆法》第43（a）（1）（A）条的规定，并且反不正当竞争法司法解释（以下简称"司法解释"）对以上规定作出了进一步细化❸，可作为形象权禁止仿冒原理的基础。此外，司法解释还特别规定了对反不正当竞争适用赔偿损失的责任承担方式时，可参照知识产权法的赔偿方法。司法解释第17条规定，"确定反不正当竞争法第10条规定的侵犯商业秘密行为的损害赔偿额，可以参照确定侵犯专利权的损害赔偿额的方法进行；确定反不正当竞争法第5条、第9条、第14条规定的不正当竞争行为的损害赔偿额，可以参照确定侵犯注册商标专用权的损害赔偿额的方法进行"。❹ 这意味着对不正当竞争的判罚可以是权利人损失、侵权人获利、法定赔偿及许可使用费的合理倍数等方式。❺ 这对解决我国现行民事法律对人格权财产利益的缺失问题，无疑裨益良多。

---

❶ 该条规定："经营者不得采用下列不正当手段从事市场交易，损害竞争对手：（一）假冒他人的注册商标；（二）擅自使用知名商品特有的名称、包装、装潢，或者使用与知名商品近似的名称、包装、装潢，造成和他人的知名商品相混淆，使购买者误认为是该知名商品；（三）擅自使用他人的企业名称或者姓名，引人误认为是他人的商品；（四）在商品上伪造或者冒用认证标志、名优标志等质量标志，伪造产地，对商品质量作引人误解的虚假表示。"

❷ 该条规定，经营者不得利用广告或者其他方法，对商品的质量、制作成分、性能、用途、生产者、有效期限、产地等作引人误解的虚假宣传。广告的经营者不得在明知或者应知的情况下，代理、设计、制作、发布虚假广告。

❸ 参见《最高人民法院关于审理不正当竞争民事案件应用法律若干问题的解释》（法释〔2007〕2号）第1条至第8条的规定。

❹ 同上，第17条。

❺ 2014年实施的《商标法》第63条中规定，侵犯商标专用权的赔偿数额，按照权利人因被侵权所受到的实际损失确定；实际损失难以确定的，可以按照侵权人因侵权所获得的利益确定；权利人的损失或者侵权人获得的利益难以确定的，参照该商标许可使用费的倍数合理确定。对恶意侵犯商标专用权，情节严重的，可以在按照上述方法确定数额的一倍以上三倍以下确定赔偿数额。赔偿数额应当包括权利人为制止侵权行为所支付的合理开支。权利人因被侵权所受到的实际损失、侵权人因侵权所获得的利益、注册商标许可使用费难以确定的，由人民法院根据侵权行为的情节判决给予300万元以下的赔偿。

论"实际损失"在版权侵权损害赔偿计算中的适用

——以美国判例法为视角

金 莹[*]

内容摘要

准确认定版权损害赔偿数额是我国司法实务面对的难题。"实际损失"作为确定赔偿数额的基本方法,却因难以证明而被束之高阁。本文旨在通过梳理美国运用利润损失、假想许可费损失等理论确定原告实际损失的若干判例,希冀为我国运用"实际损失"方式计算赔偿数额提供思路。

关键词

实际损失 销售损失 假想许可费损失 作品价值贬损 利润损失

纵观各国法律,版权损害赔偿的计算大体上包括实际损失、侵权获利、法定赔偿、正常许可费的合理倍数等方式。虽然存在多种可供选择的计算方式,但如何准确计算版权损害赔偿数额一直是各国面临的难题。本文旨在通过梳理美国有关计算"实际损失"的相关判例和立法规定,希冀为我国在实务中运用"实际损失"方式确定版权人赔偿数额提供可行的思路。

---

* 作者单位:华东政法大学知识产权学院。

一、问题的提出——走进版权损害赔偿

停止侵权和赔偿损失是版权人最常用的两大救济手段。停止侵权"面向未来"，旨在防止损失的进一步扩大；损害赔偿"指向过去"，旨在弥补版权人既受损失。禁令的颁发可以使侵权行为受到遏制，而"合理、公正的侵权损害赔偿不单是获得赔偿额，它也是禁令救济的重要组成部分"。❶ 因此，完善损害赔偿制度、准确认定赔偿数额对权利人维权积极性的提高与禁令救济制度本身有积极影响。但目前在我国著作权审判实务中，赔偿数额的准确认定还存在诸多问题。

（一）版权损害赔偿的现实困境

1. 法定赔偿泛化

"法定赔偿泛化目前已然成为我国法院审理著作权侵权损害赔偿案件普遍存在的一种现象"。❷ 我国现行《著作权法》第49条规定了损害赔偿"实际损失""侵权获利"和"法定赔偿"三种计算方式，且有适用上的先后顺序。然而，由于"实际损失""侵权获利"在实践中证明难度较大，法院通常会选择适用"法定赔偿"方式。由图1可知，北京、上海、广州三地法院通过"法定赔偿"方式确定赔偿数额的案件占各自法院著作权案件的比例分别高达95%、97%、90%，而通过"实际损失"方式分别仅为2%、1%、1%。❸ 高频率地适用法定赔偿确定赔偿数额带来了"赔偿数额低、权利人赔偿数额请求支持率低"的困境。

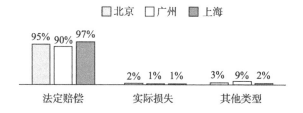

图1　北京、上海、广州三地法院版权侵权损害计算方式统计

2. 赔偿数额低

由表1可知，北京、上海、广州三地法院的平均赔偿支持率较低，分别仅为

---

❶ Cayman Music, Ltd. v. Reichenberger, 403 F. Supp. 794.

❷ 张舒. 著作权侵权损害赔偿制度研究［D］. 广州：华南理工大学，2014：19.

❸ CIELA综合报告：审判地比较［EB/OL］.（2015 - 01 - 23）［2016 - 06 - 30］. http：// www. ciela. cn. 本表为经EXCEL图表处理所得。

4%、21%、16%。❶ 北京、上海、广州三地法院无论在著作权案件的受理数量，还是审判水平上都位居全国前列，但即便是在审判水平较高的三地法院，原告所得平均赔偿额与其诉求差距仍是巨大。平均赔偿支持率如此低与法院过多适用法定赔偿计算方式具有很大关联。

表1 北京、上海、广州三地法院平均赔偿额统计表

	平均索要赔偿额/元	平均赔偿额/元	平均赔偿支持率
北京	883757	37136	4%
广州	177708	27852	16%
上海	117616	24428	21%

（二）现有解决思路及完善途径

面对权利人维权主动性不高，侵权人侵权成本低等现实问题，立法机关和学者都对完善损害赔偿计算方式提出了建议。这些完善思路大都集中于在《著作权法》中引入惩罚性赔偿❷❸、完善法定赔偿制度❹及提高法定赔偿数额的上限❺等，建议者希冀通过此类方式加大行为人的侵权成本以达到震慑、抑制侵权的效果。

上述完善方式具有一定的可取之处，但基于民事赔偿贯彻"补偿性赔偿"的基本原则，通过引入惩罚性赔偿固然能够震慑侵权人，但若将惩罚性赔偿作为提高权利人获赔数额，进而弥补权利人实际损失的一贯处理方式，则似乎有避重就轻的嫌疑。所以就版权损害赔偿的计算方式而言，还是要以"实际损失"或"侵权获利"为基础。下文将梳理美国有关"实际损失"的判例，试图寻找可资借鉴的机制。

二、美国版权侵权损害赔偿"实际损失"制度评述

与我国现行《著作权法》不同，美国版权法规定版权人可以就损害赔偿计

---

❶ CIELA 综合报告：审判地比较 [EB/OL]. (2015 - 01 - 23) [2016 - 06 - 30]. http：// www. ciela. cn. 本表为经 EXCEL 图表处理所得。

❷ 陈霞. 比较法视角下我国著作权惩罚性赔偿制度之构建 [J]. 山东大学学报（哲学社会科学版），2012（5）：84 - 85.

❸ 《著作权法》（修改草案送审稿）第76条第2款增加了惩罚性赔偿的规定。

❹ 钱锋. 中国知识产权审判研究 [M]. 北京：人民法院出版社，2009：387 - 389.

❺ 《著作权法》（修改草案送审稿）第76条将法定赔偿额的上限由现行《著作权法》第49条规定的"50万元以下"修改成"100万元以下"。

算方式进行选择。原告可以在最终判决作出之前选择适用实际损失（Actual Damages）、侵权获利（Profits of Infringer）或者法定赔偿（Statutory Damages）❶ 确定侵权损害赔偿数额。

（一）成文法规定

1976 年美国《版权法》第504（b）条规定"版权人有权要求对因侵权行为而遭受的实际损失与未计入实际损失部分的侵权人获利进行赔偿"❷。美国众议院在其报告中指出："第504（b）条设置'实际损失'和'侵权获利'是基于不同目的。'实际损失'的设置是为了补偿版权人因侵权行为而受到的损失；'侵权获利'的设置是为了防止侵权人从其违法行为中获得不正当利益。当被告的获利就是版权人的损失时，允许版权人同时获得实际损害和侵权获利赔偿是不适当的，因为二者实质相同；然而，当版权人所受损失未反映在侵权利益中，或因版权作品所获侵权利益未计入损失中时，可以同时给予原告实际损失和侵权获利赔偿。"❸

从上述条文和报告中可以看出，美国版权法对版权损害赔偿计算贯彻了一个基本原则——充分补偿版权人的损失。而美国版权法允许原告同时以实际损失和侵权获利得损害赔偿金，也是"旨在防止侵权人从其违法行为中获得不正当的利益"❹，从而完全补偿版权人因侵权遭受的损失。

（二）"实际损失"方法在美国判例法中的适用

美国版权法允许版权人可以从实际损失中获得赔偿，但是该法第504（b）条并没有对实际损失的内容作出说明，也没有规定实际损失的具体计算方法。虽然在成文法中对此未作规定，但关于实际损失的定义及其具体的计算方法在一些判例中得以详细解释。

1. "实际损失"的内容

有法院认为，"在《千禧年数字版权法》（DMCA）下，损害一词是作广泛解释的；正如在该法案中的具体条文下使用了'any damage'一词，就强烈暗示着国会意图让原告可以就任何损害获得赔偿，即使这些损害本身并非是重大经济损失"❺。在 *On Davis v. The Gap* 案中，法院指出"为了能支持受害者的诉求，'实

---

❶ 17 U. S. C. §504（a）.

❷ 17 U. S. C. §504（b）.

❸ Copyright Law Revision（House Report No. 94－1476），at 161－162.

❹ In re Independent Service Organization Antitrust Litigation，23F. Supp. 2d 1242.

❺ Automattic Inc. v. Steiner，2015 WL 1022655，N. D. Cal.，2015.

际损失'应当被宽泛地解释"。❶ 当然，也并非任何的损失均能获得赔偿。例如，精神损害赔偿可能就不能获得版权法的认可。有法院指出："作者不能根据版权法寻求精神损害赔偿，因为这些损害无关于其作品的价值和市场销售"❷；"原告因被告违反《千禧年数字版权法》的通知移除规则，造成名誉受损而寻求获得损害赔偿是不可行的"。❸

因此，美国版权法中所述的"实际损失"应当属于任何经济损失，不论该经济损失重大与否；也不论经济损失属于直接损失，还是间接损失，只要原告能证明该损失与侵权行为之间并非过于具有推测性即可；但需要注意的是，"实际损失"不包括名誉受损等精神性损失。

2. "实际损失"计算方法的证明责任分配

不管是运用何种具体计算思路还是多种计算思路的结合来确定实际损失，因果关系的举证责任始终在主张实际损失赔偿的版权人身上，即版权人首先必须证明被诉侵权行为与预期损失之间存在必要的、直接的因果关系。"'若非'是美国侵权法中判断事实因果关系的一个重要标准。'若非'是一个用来分析赔偿的专业术语，它描述的是，如果被诉违法行为没有发生，那么原本可以期待出现的情况。"❹ "若非利润"是指，如果侵权行为没有发生，版权人原本能够获得的利润。在 *In re Independent Service Organization Antitrust Litigation* 案中，审理法院指出"版权人的实际损失相当于若非被告侵权行为的发生，版权人能够挣得的利润"。❺ 与此类似的还有"若非销量"，如在 *Encyclopedia Brown Productions*，*Ltd. v. Home Box Office*，*Inc.* 案中，审理法院指出，"为了获得损害赔偿金，版权人需要承担证明若非侵权行为，其本能够做出的销售数额"❻ 的举证责任。

"若非"是判断事实因果关系的重要标准，那么如何判断原告已经完成了因果关系的证明责任？在美国众多判例中，法院通常会使用"过度推测"（Undue Speculation）来判断原告是否完成了因果关系的举证责任，并决定是否会判决同

---

❶ On Davis v. The Gap Inc. , 246F. 3d 152, 164（2d Cir. 2001）.

❷ Garcia v. Google, Inc. , 786 F. 3d 733.

❸ Automattic Inc. v. Steiner, 2015 WL 1022655, N. D. Cal. , 2015.

❹ 黄武双，黄骥，等. 美国商标案件金钱偿还数额的计算：原理与判例［M］. 北京：法律出版社，2014：7 - 8.

❺ In re Independent Service Organization Antitrust Litigation, 23 F. Supp. 2d 1242, "A copyright owner's actual damages are equal to the profits it would have earned but for defendant's infringement." See also Banff Ltd. v. Express, Inc. , 921 F. Supp. 1065. "Copyright owner's actual damages are equal to profits he or she would have accrued but for defendant's infringement".

❻ Encyclopedia Brown Productions, Ltd. v. Home Box Office, Inc. , 25 F. Supp. 2d 395.

意原告赔偿实际损失的诉求。根据美国版权法，实际损失赔偿的授予不能依赖于过度推测。而"'过度推测'是由于主张实际损害赔偿的版权人对其损失与被告侵权行为之间因果关系过度假设造成的"。❶

在 *Rainey v. Wayne State University* 案中，原告 Rainey 是一名艺术专业的学生，被告是原告的导师、北美奔驰公司和 Daimler 奔驰。该起版权侵权案件主要源自于 1997 年一次北美车展上，被告北美奔驰公司未经原告许可在一本现场分发的小册子中使用了原告 3 幅画作。原告 Rainey 认为被告在宣传手册上重复印刷其画作，削弱了其作品的价值，并且被告的这一行为增加了被告汽车的销量，因此原告要求根据实际损失和侵权获利获得侵权损害赔偿。审理法院却认为原告的这一主张过于具有推断性，法院指出，"侵权小册子的使用并没有反映出被告汽车销售量的增加，所以涉嫌侵权的小册子与被告收益并没有直接联系；而且原告自己也承认，侵权小册子只是以增加被告商誉的形式间接使被告获益。但原告却未能举出任何能合理计算这些间接获利的证据"。❷ 损害数额必须依据可采性证据，而不能基于推测。而且，在该案中，原告也未提出任何有关被告用于印刷宣传册预算的证据。因此，审理法院判决原告不能就此计算其实际损失，获得损害赔偿金。

另在 *Getaped. com，Inc. v. Shelly CAGEMI，John Shields，and Ski & Cycle Hut* 案中，原告 Getaped 公司是电动摩托车销售网站——www. getaped. com 的版权人，原告在该网站上销售 Go - Ped 牌电动摩托车。2000 年初，被告复制了原告的网站，即将原告网站源代码完全复制在了自己的两个网站——www. buyaped. com 和 www. 23water. com 上。因此，原告起诉到法院，诉称被告的复制行为侵犯了其版权，并且分流和转移了其网站的流量和摩托车销售额；并且主张要求以实际损失或法定赔偿确定其损害赔偿数额。法院认为，不能因为被告复制了原告网页设计而认定原告电动摩托车销量的减少就是被告造成的。原告缺少侵权行为与原告损失之间因果关系的证明，只是说明了被告复制其网页的行为，但并未说明摩托车销量问题。法院认为，这不是一起普通版权侵权案件，即被告的涉嫌侵权产品可以代替版权产品消费。在该案中，"原告 Getaped 公司的版权作品——网页设计的价值并不在于其内在价值，而是体现在该版权作品推动、促进其他产品——摩托车的销售趋势上……因此原告举证证明因果关系就比较难"。❸ 因此，法院判

---

❶ Childress v. Taylor, 789 F. Supp. 981.

❷ Rainey v. Wayne State University, 26 F. Supp. 2d 963.

❸ Getaped. com, Inc. v. Shelly CAGEMI, John Shields, and Ski & Cycle Hut, 188 F. Supp. 2d 398, 404.

决原告因不能证明因果关系而不能以实际损失计算损害赔偿金。

因果关系的证明是原告获得实际损害赔偿十分重要的环节。如果原告没有完成因果关系的证明，那么法院也不会适用具体计算方法确定原告因版权侵权行为而遭受的实际损失。

3. "实际损失"的主要计算方法

为确定版权侵权案件中原告的"实际损失"，不能通过运用一些僵硬的规则，而应当根据每个案件的具体因素，具体案件具体分析。正因为如此，"实际损失"的计算方法不会变成一条条具体的规则规定在美国版权法中，而只能通过众多的版权侵权损害赔偿案件归纳总结得出。笔者归纳美国版权侵权损害赔偿相关案件后发现，美国法院在确定版权人"实际损失"时，主要运用"销售的损失""许可机会的损失""版权作品市场价值的减损"和"公平市场价值许可费的损失"❶等思路来计算版权人因侵权行为而遭受的实际损失。归纳上述四种计算思路，简单来说，美国法院中的实际损失一般通过利润损失与市场价值或假想许可费损失两种计算方式获得。下文会通过若干典型案例，分别介绍运用这两种方法计算版权人"实际损失"，希望能为国内研究与认定版权损害赔偿数额提供有用的思路。

三、"实际损失"的两种计算方法评述

（一）"利润损失"方法

"对于确定因侵权引起版权作品所减损的市场价值，最佳的计算方法就是通过确定版权人因侵权行为而损失的利润，这同时也是计算版权侵权实际损害赔偿最主要的方法。"❷ 加利福尼亚州立法也规定，"允许将'损失的利润'数额作为实际损失补偿给胜诉的版权侵权案件原告"❸。一般而言，原告向被告索赔利润损失的分析思路，会涉及对两个事实问题的分析：（1）原告是否会向未侵权的第三人销售或授权使用版权作品；（2）这样的交易如果发生，那么原告是否会获利。如果原告能够成功地证明上述两个事实，那么原告基于"利润损失"计算实际损失的主张就会被支持。而在实际案件中，法院一般会分别从以下两个角度来计算原告的"利润损失"，确定实际损失的数量：（1）与侵权人、侵权产品比较；（2）与侵权行为发生之前原告自己版权产品销售额比较。以下判例主要

---

❶ Cohen v. U. S. , 105 Fed. Cl. 733.

❷ Fitzgerald Publ'g Co. , Inc. v. Baylor Publ'g Co. , Inc. , 807 F. 2d 1100, 1118（2d Cir. 1986）.

❸ Transgo, Inc. v. Ajac Transmisson Parts Corp. , 768 F. 2d 1001.

就是围绕着"损失的利润"确定原告因侵权行为而造成的实际损失。

1. 从与侵权人、侵权产品角度分析利润损失

在 *Stevens Linen Associates，Inc. v. Mastercraft，Co.* 案中，原告 Stevens 与被告 Mastercraft 属于竞争对手，二者均为室内编织装饰织物的制造商和销售商。1976 年夏，原告的一名员工设计出一款新式的织物款式，称为"Chestertown"。该织物在 1976 年 7 月首次公开，并在同年 9 月首次发售。原告将该织物展出在 "High Point Market"——北加利福尼亚州一个全国性的家具市场。后被告在参展之后，就设计出两款侵权织物——Rio Grande 和 Grand Canyon。原告于 1979 年 4 月 19 日起诉到地区法院，地区法院审理后认定被告构成侵权，并颁布了永久性禁令，但地区法院认为原告所提供证据过于推测性，驳回了原告提出补偿性赔偿的请求。原告不服，上诉到联邦第二巡回上诉法院。联邦第二巡回上诉法院审理后认为，"在证明因侵权产品的销售导致原告销售减损的这一事实时，审理法院必须进行一定程度的推测"。[1] 对于地区法院错误地驳回了原告所提出的两种计算所损失利润的理论思路，联邦第二巡回上诉法院认为："原告损失的利润或可通过原告本能从向消费者——那些本应会购买原告版权产品的消费者——购买版权产品的销售额计算得出，或可通过基于原告被侵权织物的销售额与原告其他类型织物平均销售额之间的差值计算得出。"[2]

就第一个理论——原告通过本应购买原告商品而实际却购买了侵权商品的消费者的销售量计算得出损失的利润，原告在案件审理过程中举证说明，有 22 名 Chestertown 织物的消费者购买了被告 Mastercraft 的 Rio Grande 和 Grand Canyon 两款织物。这 22 名消费者购买了被告 954225 件 8 码[3]织物。因此，原告认为其至少损失了这些销售数量的利润。同时，原告 Stevens 还提供证据证明被告 Mastercraft 还向原告已经分发 Chestertown 织物样品的买家销售了被告两款共计 142314 件 8 码的织物，而且其中 97258 件织物是销售给那些曾被征求将会购买原告织物的消费者。对此，联邦第二巡回上诉法院认为："诚然我们不能确定，所有这 22 名消费者在没有侵权产品出现的情况下是否会购买原告 Stevens 产品。但是，我们有合理理由相信 Stevens 的这些客户对这款织物有购买需求，只是购买价格更加便宜转而购买侵权产品，舍弃 Chestertown……我们相信一旦原告证明其有损失，且其消费者购买了被侵权和侵权产品，那么举证责任就会转向被告，证明如

---

[1] Stevens Linen Associates, Inc. v. Mastercraft, Corp. 656 F. 2d 11, 15.

[2] Stevens Linen Associates, Inc. v. Mastercraft, Corp. 656 F. 2d 11.

[3] "码"，长度单位，三英尺为一码。

果没有侵权出现，消费者仅从原告处无法买到其所需的码数。"❶ 因此，联邦第二巡回上诉法院认为从同时购买被侵权和侵权产品的消费者角度可以计算出原告所损失的利润。

就第二个理论——通过基于原告被侵权织物的销售额与原告其他类型织物平均销售额之间的差值计算得出损失的利润，原告在案件审理过程中提供证人说明原告 Chestertown 织物的原始预测销量。基于 Chestertown 从 1977 年到 1978 年销量增长了 2 倍这一事实，原告 Stevens 预计 Chestertown 在 1979 年度销量仍会较之 1978 年增长 2 倍（大约达到 270000 码），在 1980 年将增长 12%，在 1981 年销量增长率将会开始逐步减弱。原告还举证证明 Chestertown 的实际销售情况：在 1979 年，也即被告的侵权织物产品开始与 Chestertown 竞争销售的当年，Chestertown 的销量仅增长 4%，而不是预计的 1978 年的 3 倍；而在 1981 年的前 6 个月，Chestertown 的销量下降了 64%。联邦第二巡回上诉法院认为，地区法院可以根据该理论，基于在 1979 年度原告 Chestertown 销量增长了 4% 而其他织物销量增加 30%、在 1980 年度前 6 个月原告 Chestertown 销量降低 64% 而其他织物销量同期只下降 12% 等事实来计算确定原告损失的利润。

最终，联邦第二巡回上诉法院经过审理作出判决，将该案发回地区法院根据联邦第二巡回上诉法院的判决重新审理损害赔偿部分。

2. 从与侵权行为发生之前原告自己版权产品销售额比较的角度分析"利润损失"

在 *Taylor v. Meirick* 案中，联邦第七巡回上诉法院认定"'损失的利润'能够通过比较原告在侵权行为发生之前与侵权行为发生期间版权产品的每年销量情况计算得出"。❷ 根据该计算方法，"损失的利润"等于侵权行为发生之前的年平均总收入乘以侵权行为持续的时间，减去版权人在侵权行为发生期间通过销售作品获得的实际总收入，再减去版权人因销量的减少而节省下的成本支出。在 *Taylor* 案中，原告 Taylor 是地图版权人，其向伊利诺伊州三个湖泊地区的渔民提供该版权地图；而被告 Meirick 在 1976 年和 1977 年未经原告许可复制了原告的版权地图。原告遂向地区法院起诉，地区法官判决被告给予原告 22700 美元（包括 19400❸ 美元的实际损失、3300 美元的侵权销售额）损害赔偿。被告不服，上诉到联邦第七巡回上诉法院。联邦第七巡回上诉法院认同地区法院所认定的 19400

❶ Stevens Linen Associates, Inc. v. Mastercraft, Corp. 656 F. 2d 11, 16.
❷ Taylor v. Meirick, 712 F. 2d 1112, 1119 – 1121.
❸ 判决原文中实际销售损失为 19300 美元，但根据判决上下文与计算所得，实际销售损失应为 19400 美元。——笔者注

美元属于损失的销售额。联邦第七巡回上诉法院指出，在被告侵权行为发生之前的 1974 ~ 1975 年，原告的年销售额分别为 4900 美元和 4700 美元，因此侵权行为发生前年平均销售额为 4800 美元。原告 Taylor 假定若非侵权行为的出现，则从 1976 年初到 1980 年底，其每年均能保持 4800 美元的年销售额。于是，可以计算出 1976 ~ 1980 年原告 Taylor 计划销售额为 24000 美元。而实际上在这 5 年间，原告的销售额仅为 4600 美元，则 19400 美元就是侵权前后造成原告销售数额的差值。联邦第七巡回上诉法院指出："这个计算方法必须假设若非侵权行为的发生，侵权行为发生之前的版权作品的销售数量将在侵权期间也保持稳定……因此，在运用该计算方法时，版权人必须提供证据证明在侵权行为发生前后版权作品的销售数量。一旦原告提供的证据表明，在侵权期间，原告的销售数量下降，则举证责任转移给被告。"❶ 最后，联邦第七巡回上诉法院支持了地区法院认定的 19400 美元销售额，但认为此数额不是原告"损失的利润"，即仍需要减去销售成本等，因此将该案损害赔偿数额部分发回重审。

（二）"市场价值或假想许可费损失"方法

在 20 世纪的美国损害赔偿判例中又出现了一种计算原告"实际损失"的新方法——"市场价值法"，即"因侵权行为导致版权作品的市场价值所受损害的程度"。❷"市场价值法"主要是通过"假想许可费损失"理论来运用的。"假想许可费损失"理论，即因侵权人使用作品的行为，版权人有权向其索要具有合理市场价值的许可使用费。联邦第二巡回上诉法院在 On Davis v. The Gap 案中指出："这样的衡量方式既不是根据权利人所要之价，也不是根据侵权人愿意给付之价来认定版权人的实际损失的，而是关注于涉案版权作品的合理市场价值，即自愿的买卖双方之间就侵权人利用（原告作品的）行为计算该作品的合理市场价值。"❸

虽然"假想许可费损失法"在运用时可能存在些许不确定性，但是"这并不阻碍将其认定为计算实际损失的适当方法"。❹ 判定合理许可费并不要求"数学上的精确性"，只要求根据具体案件的具体情况做出"合理的近似值"即可。❺

---

❶ Taylor v. Meirick, 712 F. 2d 1112, 1119 – 1121.

❷ Fitzgerald Publ'g Co. , Inc. v. Baylor Publ'g Co. , Inc. , 807 F. 2d 1100, 1118（2d Cir. 1986）.

❸ On Davis v. The Gap, Inc. , 246F. 3d 152, 172（2d Cir. 2001）.

❹ On Davis v. The Gap, Inc. , 246F. 3d 152.

❺ See Dowagiac, 235 U. S. at 647, 35 S. Ct. 221（discussing the degree of precision required in the some-times – similar process of apportioning profits）.

其他联邦巡回上诉法院也已认可在确定许可费的合理市场价值中存在的不可避免的不确定性与防止过分推测的要求一样重要。❶

运用"假想许可费损失"理论确定实际损失可分为两个步骤进行。步骤一要证明权利人涉案作品具有"合理市场价值"（Fair Market Value），步骤二是确定具体许可费损失。

步骤一：证明原告涉案作品的合理市场价值

假想许可费损失方法必须与争议的特定作品及其市场价值相联系——就像在专利法中，也必须与特定的专利技术及其市场化活动相联系。❷ 不同类型的证据也可能是相关的，只要这些证据能够陈述该作品特定的价值即可。例如，版权人过去的一些正常商业许可实践活动或者侵权人类似使用行为以及商业活动中他人的"标准性"许可行为等证据（对于评估作品市场价值）都是有用的。❸ 但是将版权人过去的许可行为作为证据时必须考虑当时那些许可行为的背景与该诉讼争议行为的背景之间与经济相关的差别——就如我们在相关专利案件中所陈述的那样❹。因此，在版权法中，一个特定作品的独特之处（包括该作品的公认的地位及其象征价值）在评估之前其他作品的许可活动的根本意义方面是相当重要的。

综上，对于原告涉案作品合理市场价值的论证，根据案件的具体情况应当适用不同的分析思路。

从版权人角度分析：在 *On Davis v. The Gap* 案中，联邦第二巡回上诉法院认定 Davis 已经证明了使用附有其版权设计图片的许可费用，即 Davis 版权设计的合理市场价值至少是 50 美元。该案原告 Davis 是艺术眼镜设计商，Davis 将其设计均命名为"Onoculii Design"。1996 年 5 月，在被告 Gap 发布的一则广告中，其广告演员佩戴了极其特别的 Onoculii 眼镜。并且该广告被广泛投放到美国境内，包括 Spin、Detail 等杂志，纽约等大型城市公交车站牌旁。案件最后上诉到联邦第二巡回上诉法院。联邦第二巡回上诉法院认为原告提出其曾因 Vibe 杂志

❶ Oracle, 765 F. 3d at 1088 – 1089; On Davis, 246 F. 3d at 166. Some difficulty in quantifying the damages attributable to the infringement should not bar recovery On Davis, 246 F. 3d at 167.

❷ See VirnetX, Inc. v. Cisco Sys., Inc., 767 F. 3d 1308, 1327（Fed. Cir. 2014）; LaserDynamics, Inc. v. Quanta Computer, Inc., 694 F. 3d 51, 67, 79（Fed. Cir. 2012）; Uniloc USA, Inc. v. Microsoft Corp., 632 F. 3d 1292, 1315 – 1318（Fed. Cir. 2011）; ResQNet. com v. Lansa, Inc., 594 F. 3d 860, 869（Fed. Cir. 2010）.

❸ See Oracle, 765 F. 3d at 1093; Jarvis, 486 F. 3d at 534 – 535.

❹ Ericsson, Inc. v. D – Link Sys., Inc., 773 F. 3d 1201, 1227 – 1228（Fed. Cir. 2014）; VirnetX, 767 F. 3d at 1330 – 1331; Finjan, Inc. v. Secure Computing Corp., 626 F. 3d 1197, 1211 – 1212（Fed. Cir. 2010）.

使用了一张戴着 Onoculii 眼镜的音乐家 Sun Ra 的照片而获得了 50 美元许可费的这一证据，已经能够证明其版权设计存在合理市场价值。❶

以上就是通过版权人就涉案作品于侵权日之前所为的销售、许可行为以证明该作品具有合理市场价值的思路。但该方法对于新创作的作品，因其鲜有许可、销售行为，所以证明难度较大。因此，针对新创作的作品应当从侵权人角度分析较为合适。

从侵权人角度分析：通过类比侵权人向其他作品权利人支付许可使用费，从而确定原告应得的许可费损失，是证明涉案作品合理市场价值的另一种较为合适的方法。但运用该方式其证据不能过于推测性（Too Speculative），否则法院将会不予认定作品市场价值。

使用这种方法的关键在于选择类似的、具有可比性的作品。如果分析所依赖的对比作品不合适，即过于推测性，则不能证明版权人实际损失的诉求。在 *Dash v. Mayweather* 案中，原告 Dash 提供的专家证人就因为选择了不适当的对比作品而导致未能证明其歌曲具有合理市场价值。❷ 在该案中，专家证人 Dr. Einhorn 提出的 4 个对比作品，无论是在作曲者声誉以及唱片销量等方面都与 Dash 的歌曲 TGB 具有很大差异，所以联邦第四巡回上诉法院认定原告未能证明 TGB 存在合理市场价值。

当然，版权人在一定条件下仍能依据非类似对比作品证明其主张。此时"原告必须证明尽管其作品与对比作品存在不同之处，但是该对比作品对其实际损失数额的主张具有真正的争议点（Genuine Dispute）"。❸ 如果专家的书证（如 *Dash* 案中 Einhorn 的报告）中能够对"使结论可行的推理分析的事实基础和分析过程"均予以描述，则原告可完成其举证责任，从而证明其涉案作品具有合理市场价值。

步骤二：确定具体许可费损失，即实际损失数额

通过比较得出原告所应获得的损失的"假想许可费"。在证明原告涉案作品具有合理市场价值之后，与先前许可行为（不管是版权人在侵权发生之前所为的许可，还是侵权人对类似作品所作的许可）进行比较，得出原告应获之"假想许可费"。在 *On Davis v. The Gap* 案中，法院认为"如果 Davis 在庭审中能够证明被告 Gap 曾在比 Vibe 杂志更加广泛的情形下使用该图片，则可以说明就被告 Gap

---

❶　On Davis v. The Gap, Inc. , 246F. 3d 152 (2d Cir. 2001).

❷　Dash v. Mayweather, 731F. 3d 303 (4th Cir. 2013).

❸　See Fed. R, Civ. P. 56 (a); See also Bouchat, 346 F. 3d at 522.

使用行为，原告能够获得高于 50 美元的许可费"。❶

四、关于合理适用"实际损失"方法的若干思考

结合美国司法实践中适用"实际损失"方法计算版权损害赔偿额的经验，可以从以下几个角度对我国法律中的"实际损失"计算方法进行完善。

（一）明确原告、被告之间举证责任的分配

明确在运用"实际损失"计算原告侵权损害赔偿数额时原告、被告的举证责任问题。原告、被告是否完成各自举证责任直接关系到由谁承担败诉风险，即关系到原告是否能够获得版权侵权损害赔偿、被告能否减少需要承担的赔偿数额。无论适用何种方法计算"实际损失"，原告的损失与侵权行为之间的因果关系证明责任始终在原告方。而被告在减少原告所主张的实际损失数额问题上承担举证责任。

（二）引入"假想许可费损失"理论计算实际损失

"假想许可费损失"理论是美国法院确定版权人实际损失的计算方式之一。从上文可知，运用该理论计算赔偿数额分为两大步骤，并针对案件的不同情形适用证明作品市场价值的不同思路。该理论能够帮助法官逻辑性地准确认定赔偿数额。因此，将其引入我国著作权审判实务也能对实际损失的计算产生积极效果。

（三）引入专家证人制度

从上文可知，专家证人在确定作品市场价值等方面起到了重要作用。目前，我国新修订的《民事诉讼法》引入了"专家辅助人"制度，《国家知识产权战略纲要》也明确提出要建立和完善专家证人制度。"专家证人制度在各国，尤其是英美法系国家证据法中是不可或缺的重要制度，对于解决技术事实争议具有重要价值"。❷ 综上所述，我国可以在著作权损害赔偿案件中引入专家证人制度，使得原告实际损失的认定更加科学化、准确化。

五、结　语

实际损失方法作为一种基本的损害赔偿计算方法，对充分弥补权利人的既受损失、调动权利人维权积极性具有明显效果。关于该方法的具体适用仍存在一系列值得思考的问题，该方法在审判实务和理论学界应当得到足够的重视与完善。

---

❶ On Davis v. The Gap, Inc., 246F. 3d 152（2d Cir. 2001）.

❷ 宋健. 专家证人制度在知识产权诉讼中的运用及其完善 [J]. 知识产权，2013（4）：25.

沙龙纪要

知识产权法与竞争法的激荡与融合

【主 持 人】　兰　磊　华东政法大学博士后
【与会嘉宾】　黄　勇　对外经济贸易大学法学院教授
　　　　　　　郑友德　华中科技大学法学院教授
　　　　　　　李　扬　深圳大学法学院教授
　　　　　　　石必胜　北京市高级人民法院知识产权庭法官
【沙龙日期】　2015 年 5 月 28 日

兰　磊：

首先对我们几位老师的到来表示感谢，下面我介绍一下几位专家。第一位是黄勇老师，是我们国家反垄断法界特别有名的教授。我们国家的《反垄断法》于 2008 年生效，同时成立了反垄断委员会，下面设了一个国务院反垄断委员会专家咨询组，黄老师是副组长，负责日常工作。现在刚刚换届，原来是 21 个人，现在是 11 个人，黄老师继续在里面负责很多日常的工作安排。

郑友德老师，大家比较了解，他是从德国回来的，德国马克斯·普朗克研究所（以下简称"马普所"），在知识产权法和反垄断法方面都有很深的造诣，写了很多的书，在华中科技大学担任了很多的职务。李扬老师是深圳大学法学院的教授，在日本也是有很长时间的留学经历，翻译了很多日文的书，英语也非常好；今天了解了一个细节，以前拍过电影。李扬老师在知识产权法学界非常有名。另外刘孔中老师不知道能不能赶到，他是从新加坡过来的，赶过来要很长的时间，希望他能赶到，大家期待一下。

北京市高级人民法院的石必胜法官，也是非常有名的法官，华东政法大学的博士后。我们是同门。石法官写了很多的文章，是不折不扣的学者型法官，最近几年发表了很多文章，包括核心期刊上的文章。最近火热的话题是他提出的"非公益必要不干扰"原则，有很多的老师也写过评论文章。我们再次以热烈的掌声欢迎各位嘉宾。

我们现在开始今天晚上的沙龙。这几位专家都是在竞争法和知识产权法方面有很深的造诣。我们今天的话题是"知识产权法与竞争法的激荡与融合"，表面上看是两种法律的关系，事实上包括三种法律，因为大家知道，竞争法包括反不正当竞争法和反垄断法这两块，所以今天我们讨论的话题是知识产权法与反不正当竞争法和反垄断法这三部法律的关系的问题。

首先我们想要了解的一点就是知识产权法和反垄断法、反不正当竞争法，它的目的之一都是要促进创新，在促进创新方面它们是什么样的关系，各位老师能不能稍微地谈一下？有什么样的区别？相同的地方是什么？

黄 勇：

非常感谢华东政法大学。我又来了，来过了很多次，但是今天是跟知识产权的同学在一起交流，我也非常高兴。刚才主持人说了我们台上现在 4 位老师的很多好话，我想用几秒钟介绍一下主持人。他是我们对外经济贸易大学的优秀毕业生，同时也是我早期的博士学生之一。给我印象非常深的是，他优秀的地方就是第一外语非常好，硕士研究生期间已经出版了翻译类的书籍，而且据说是畅销书，我也不太了解，教材辅助类的。而且他很内向，所以今天也特别难为他，我第一次听到他主持，说明他已经成熟了。

兰磊老师是我们对外经济贸易大学的骄傲，跑到上海来，一般北京学生都不愿意来上海，上海学生不愿意去北京，但是他非常享受上海的生活。第一个问题是融合的问题，其他 3 位教授是我们知识产权界的专家。我曾经跟刘春田老师聊天，最后我跟他聊知识产权的问题，他问了一句，黄勇你怎么几次混到我们圈里来了？我跟他开了一个玩笑，我说下次我也请你混到我们圈里去，果真有一次他到我们圈里的一个国际会议，我就跟他说了一句话，说我们的知识产权是法定的垄断权利，这种法定的垄断权利是法律授予的私权利。它的保护范围、边界是比较清晰的，是鼓励创新的，我们反垄断法实际上更多的是一种公权力，更多的是公共利益，这两者有交集。我说过去你们是自己管自己，法院管你们，商标局、专利局管你们。现在多了一种法律，是我们反垄断法有可能对你们的知识产权的行使有挑战。这个话说了没几年，现在我们反垄断执法和司法已经涉及了知识产权固有的领域。

举两个案例，一个是司法的案例，华为诉IDC的案例，在深圳市中级人民法院和广东省高级人民法院一审、二审，当然现在IDC企图要打再审，由于所涉及的问题除了标准必要专利（SEP）的侵权问题以外，还有另外一个官司是以反垄断法为诉由，认为IDC美国的专利公司违反了中国的反垄断法，IDC利用特殊的市场支配地位，不正当地行使了知识产权许可的行为，涉及歧视性待遇的问题等。这是一个非常反垄断涉及知识产权的案例。我们知道在知识产权的案件中，我主要是讲许可。更多的是合同的法律关系、专利这种侵权的问题，现在又出了一个竞争政策，反垄断的问题就是知识产权的行使是不是会排除和限制竞争。另外一个全世界瞩目的是从事反垄断行政执法的反垄断局，它们在2015年2月份终于出了调查高通的案件结果，这个案件实际上我们可以看到它更加复杂。高通公司是创新最大的跨国公司之一。国家发展和改革委员会作为三家反垄断执法部门之一对高通在中国的销售模式、芯片和专利的许可捆绑问题，以及标准中的必要专利与非必要专利的捆绑问题，关于是否滥用市场支配地位去做无效专利的问题等，都最后作出了回应。我们可以看到，在知识产权界的这些问题，比如说捆绑的问题，也就是说我在转让SEP的时候、在许可SEP的时候可能是一个跟被许可人谈判的过程，更多的是一个合同的关系。涉及无效专利的问题，我们的专利法中也有有关无效专利的相关规定，但是这些实际上是私权之间的标准和判断，以及权利义务的关系。我们看到反垄断法立法的宗旨，即《反垄断法》第1条，是保障经济运行的效率以及公平竞争的环境，保护消费者，我个人认为是，通过营造一个公平竞争的环境创新以保护消费者的整体利益。

而知识产权法更多的是通过私权利的保护建立一种激励机制，以此来促进创新。实际上从两者的关系来讲，知识产权法和反垄断法的总体目标是一致的，但是在判断是否违法上特别是涉及具体的行为的时候就会有冲突，一个是法定的所有权，另一个是对于法定的所有权的行使中产生了排除限制竞争这种类似于公益权利的这种规制来保护竞争，所以我们就看到这两者目标一致，相互融合，同时这两者在表面上有冲突，我们现在要做的事情是什么？我们现在要讨论的问题是什么？包括法官和行政执法官，以及学者，在座的如果有律师，不管是原告代理律师还是被告代理律师，或者是被调查方，或者在政府当执法官员，你要掌握的问题是两者之间的界限在哪。我上午谈到了如果偏袒这两个方面中任何一方的话对竞争都会有所损害。美国的国会也在讨论专利制度的重塑问题，以免造成过度保护，因为我们知道一个手机可能包括成千上万项专利，所有权很难理清的，尤其是在标准中。这会造成一种专利的混乱。

同时反垄断是公权力的行使，特别是行政执法。如果对被许可人的权益提供过多的暂时保护，就有可能损害挫伤创新者的创新动力。所以我们现在要解决的问题是两者要激荡与融合，激荡中找到界限在哪。咱们从例子、故事、案例给大家一个思考，我就先讲这么多。

郑友德：

黄老师讲得非常好。我自己觉得他在讲反垄断法和知识产权之间的关系，特别是促进创新各自发挥什么样的作用。我想接着这个话题谈一下。我想从创新的角度来说说知识产权法和广义上的竞争法，包括反垄断法和反不正当竞争法，就这两种法来讲讲怎么促进创新的。首先从制度设计上说，叫顶层设计，我们想到了什么呢？在我们国家特别是《专利法》，第1条在修改的时候有一个很重要的条款——促进技术创新，但是大家知道技术创新的制度是怎么缔结？怎么达到促进技术创新的？我们要考察专利制度的设计本身，我们一定不会忘记美国宪法第1条第8款第（8）项。这个条款是什么呢？大家对美国法了解的都知道，对于发明和创造的发明人和创造者给予一定时间的排他权以促进科学技术和实用艺术的进步。这个是写在美国宪法里面的，美国人讲知识产权法的时候把这个拿出来，这个是宪法里面找到的，美国人都是这么认为的。这个条款里面说的是什么呢？就是说这个制度设计跟专利法的设计是一脉相承的，就是对于发明创造成果给予一定时间的排他性，是一定有时间的。根据我的理解，这个不是制度的初衷，这个是制度的前提，是基本前提，不是终极目标。终极目标是给予一段时间的垄断权，使发明人和创造者在一定的时间内把自己的脑力劳动的投资和脑力劳动以外的人力、物力、财力的投资收回，应该是达到了差不多的对价，收回以后就变成了公共财产，干什么用呢？如何促进技术创新呢？让一个私权利的对象变成公共财产，变成了一个广大的发明创造者来吸收创新营养很重要的地方。通过这个机制反过来实际上使个人的东西变成公共财产，公共财产再创造，从而成了一个创新的良性循环，促进了技术创新。这个是我在很多的场合跟我的学生说的，专利制度是一个什么样的制度，终极目标是促进技术创新。

如果说我们把保护期无限期延长，或者说让垄断权利特别强，几乎是无所不包的，几乎没有让第三人可以进去的空间，大家想一想这样会促进技术创新吗？这样反过来保护他的利益，就没有促进技术创新。所以说我觉得我们在理解专利法的技术创新的时候，这一点认识特别重要。我说的是制度设计，特别是顶层设计。

其次，就来看它跟竞争法的关系。我稍微说一点，这个时候我先谈谈竞争法，竞争法我们现在通常说反垄断法、反不正当竞争法。而且我最早也是研究经济法的，我在德国的时候对反垄断法非常感兴趣，这是二三十年前的事情了，我是20世纪90年代初从德国回来的，那时候就说，是不是要好好考察，因为我经常去德国，到马普所去查一查德国的经济法搞得怎么样了，我在马普所翻了一遍，在州图书馆里面找，在德国最有名的法律百科全书中找，首先找经济法的词条，我是在20世纪80年代中期去德国的，德国的经济发展非常兴旺，有一个老教授跟我的关系很好，是德国经济法的创始人、弗莱堡大学的教授，写过经济法的教材，唯一的一本。大家去德国的话，有一个贝克出版社，是德国慕尼黑最大的法律出版社，它出版了一本德国法律百科全书，那个时候还可以查到经济法的词条。我1999年去德国的时候就没有了，没有这个词条了，德国市面上看不到这本教材了。我说怎么回事呢？怎么会呢？有经济行政法、经济程序法，没有经济法的教材了。我懂一点点日文，我到东京大学去了，看到很有名的几个教授写了经济法的教材。日本经济法的教材原来特别讲经济法的理论。日本有没有呢？日本的经济法有一系列的法，有经济法专门的理论方面的教材，但是我去的时候，我到东京大学找到了这个名称，但是经济法是什么呢？基础的知识没有，书中讲的是什么？两三百页里面只有反垄断法。德国弗莱堡大学的教授，德国唯一的经济法教材，老先生在第二版的时候把不正当竞争法放下了，只有反垄断法。所以我们在湖南大学法学院刚刚建立的时候想搞博士点，把国内做经济法的博导请去了，我跟王老师❶也在场，在这里不是贬低搞经济法的意思。她说到经济法的理论应该是什么样的，王老师，我们两个是不是要说一下话了？她说你就讲德国在法律大百科全书里面连一个经济法词条都没有，你就说一句话。我说这个意思是什么呢？有没有经济法非常重要，我是我们学院经济法研究所的所长。我跟我们的同事说经济法理论是要研究的，但是就中国的现状来说，我们急需反垄断法的基础理论，反垄断法一定要出来。在这一点上黄老师是做得最好的，你是做了一个优美的转型。

从这个意义上来讲，经济法里面如果是反垄断法的话，经济法最核心的是反垄断法，竞争法里面又有反垄断法和反不正当竞争法，看现在的趋势德国人和日本人又把反不正当竞争法从经济法里面切割掉了，只谈反垄断法，所以经济法的核心就是这个。

我们为什么谈这个问题呢？学知识产权法的知道《保护工业产权巴黎公

---

❶ 此处指王晓晔老师，现任湖南大学法学院教授，博士生导师。——编辑注

约》，大家跟我互动一下，《保护工业产权巴黎公约》里面讲了哪三个东西？哪位同学能回答一下？有三个类型，大家知道吗？有哪位愿意回答？

学　生：

商标、专利、不正当竞争。

郑友德：

这个就是黄武双院长领导的天才学生，讲得非常好，专利、广义上的商标，还有不正当竞争，我们搞知识产权的人犯的一个毛病是我上午讲到的，一说工业产权有专利权、商标权，还有一个什么权利呢？就是反不正当竞争。但是这个说法是不合适的，所以我想我开始说这个意思是什么呢？我们今天讲的话题从竞争法，从反不正当竞争和反垄断法入手的话，作为我们的视角是跟知识产权法有密切的关系。

这两种法之间有什么样的关系呢？德国人研究比较多，研究反不正当竞争法和反垄断法，我简单地把他们的观点看了一下，包括日本学者的观点也看了。这两部法律是推动市场自由和公平竞争的一部前行的车子，有两个轮子，一个是反不正当竞争法，另一个是反垄断法；只有两轮子一起前进能保证在市场上有自由公平的竞争，这两个轮子缺一不可。这是我的第一个观点。

第二个观点，反垄断法是干什么的呢？这个在欧洲德国有这么一种说法，反垄断法是一种自由竞争法，所谓自由竞争法就是在没有竞争的前提下打破垄断来造就一个自由竞争的环境，从这个意义上讲，反垄断法就是涉及量的问题。反垄断法是什么？反不正当竞争法又是什么呢？就是保护公平竞争。公平竞争和反垄断法是什么关系呢？我们刚才说反垄断法是在没有竞争的前提下创造一个竞争的环境，反不正当竞争法就是在有了竞争以后，制定一套规则保证市场上的自由竞争是在有规则的情况下进行的。所以，如果说反垄断法是量的问题，那么反不正当竞争法就涉及了质的问题，就是竞争是不是公平的。这个在德国是非常传统的，大家基本上认可的一种理论。

最后，回到我们的话题上来，反垄断法和反不正当竞争法与知识产权法有什么关系？我自己粗浅地理解，知识产权法和反垄断法有什么关系呢？黄老师谈得非常好，我自己觉得是不是反垄断法，至少它是要去确定一个问题。确定一个什么问题呢？知识产权是不是在合法的空间实施，或者用理智上的话说我们是不是在知识产权的陷阱边界上活动。超越了这个边界就可能构成知识产权的滥用。最近看了一篇文章叫知识产权趋于边界，这个边界是反垄断法的问题，讲的就是这个话题，所以边界很重要。这个边界虽是一句话，但在司法上面是很复杂的。但是在美国有很多的案例了，滥用权利的行为、利用知识产权进行搭售的问题、限制下游物价的问题，这是非常经典的问题。

那么，反不正当竞争法跟知识产权法有什么关系呢？我们最近有一个很重要的会议，其中一个很重要的主题是关于商业诋毁的反不正当竞争法规则的话题。这个案子涉及商业诋毁的反不正当竞争问题：商业诋毁在什么样的情况下构成不正当竞争？即便是权利人，好比说专利权人借所有的专利侵权警告函给那个所谓的嫌疑一方的专利权人，就是对方的经营者或者生产者发这个警告函，在什么情况下是侵权的，什么样的情况下构成不正当竞争？这个话题实际上我们都不以为然，实际上这次这个会在我们学校开，其实你现在要了解这个了，这个问题很多，可以通过一个很简单的案例，专利权人向涉嫌侵权的经营者、产品的销售者发送专利侵权警告函这个话题，有两个问题：第一，专利权人发送专利侵权警告函这个做法是不是正当地行使专利权利的行为？第二，这种行为在什么情况下构成不正当竞争的行为，或者是构成商业诋毁的不正当竞争行为？这是这个案例里面很重要的话题。我建议大家关注这个案子，一审是深圳市人民法院，二审是广东省高级人民法院，这次是最高人民法院。大家可以关注一下这个案子（迈瑞和理邦）。

黄　勇：

国家工商行政管理总局已经出来了反垄断的知识产权的规定，在讨论稿里边有一条涉及这个问题，但被删掉了，这个不仅仅是商业诋毁问题，原来的规定里是反垄断的问题，其有两面性，所以当时我们讨论的观点很对立，最后被拿掉了。

兰　磊：

在美国，反垄断法中关于滥发知识产权侵权警告函有很多的案例讲这个问题。

郑友德：

的确，德国、荷兰、瑞士都有很多案例。这是我讲的一点，另外让李扬教授来说。还有一个就是什么呢？也是一个案例，这个案例让我有一个思考，2010年的案例，这也是最高人民法院审的，很简单，就是四川有一个酒厂，这个酒好像在重庆都有名的，在四川很有名，也很畅销，它的竞争对手仿冒这个酒的名称，进行竞争。原告的酒的包装是请北京一个设计事务所设计的，没有申请外观专利。被告仿酒的名称，关键是被告包装用的好像是外地一个拥有外观设计专利的人设计的包装。问题很复杂。被告的酒是有外观设计，是获得外观设计专利权的，当原告起诉被告时，被告就说："你现在有没有获得外观专利保护？你现在最多是指《反不正当竞争法》第5条第（2）项——知名商品的特有包装。"被告就说他这里有一个很重要的是，他这个包装是有外观设计专利权的。这个里面提出一个话题，我们通常的理解，我们现在在国内讲这个知识产权法，当狭义的知识产权法和反不正当竞争法产生交集的时候，我们说适用的时候有一个很重要的原则叫特别法优于一般法，特别法涉及自己创造的客体保护，是特别法优于一般法。这个案子的特别法是什么？通常哪个是特别法？是不是外观设计？专利法，我们一般说如果专利法授予权利了，但是最高人民法院是怎么判的？被告是败诉的，就在于最高人民法院判决书说即便被告利用了外观设计专利权，但是在这个不正当竞争案子里面，被告是否获得外观专利权跟这个案子的定性没有任何的关系。因为这个案子有三审，最高人民法院说被告这个案子有专利权，或者被告的专利权在当下还是有效的话，但是被告利用了这个权利，利用了外观设计进行了不正当竞争。特别是进行了《反不正当竞争法》第5条第（2）项的混淆行为的竞争，所以被告的这个行为构成了不正当竞争。我自己通过这个案子在想什么呢？在这个里面至少在最高人民法院有一个很重要的话题，问题是什么呢？如果说把这个问题上升到我们刚才说的不正当竞争和知识产权的关系的，我可以抽象出这么一句话，即便是在从事不正当竞争的行为人在拥有特定的所谓的知识产权，利用知识产权来从事不正当竞争造成消费者混淆，在这种情况下也可能构成不正当竞争行为，这个就是我对这个案例的一个解读和我的基本结论。这个还有很多讨论的空间，因为裁决书里面没有像我延伸出这么多的话，这个案子是很特殊的。石法官有很多丰富的案例，这个案子给了我一个很重要的启示，特别是对一个知识产权的对象如果在反不正当竞争法和知识产权法交集进行所谓的条款竞合的时候，我们选择什么法保护？这个涉及我上午讲的是保护权利还是保护法律，还是说反不正当竞争法和知识产权法是并行的关系或补充的关系。我就跟大家说一下这个案例。谢谢大家！

李 扬：

两位著名的教授讲了那么多，很多的东西没反应过来。石老师，我们穿插进行。我先回应一下郑教授提到的关于正当权利行使与侵权警告函或者说滥用知识产权的界限的问题。这个问题我们在日本关注得比较多，我原来编了一本《知识产权法政策学论丛》，应该是2011～2012年卷中，我有一个朋友是台湾人，我专门叫他写了一篇文章《侵权警告与正当权利行使的界限》，可以找着看一下，这个当中有大量的日本案例的介绍。

我在修订版的书里面，即关于知识产权法基本原理中的著作权法，2013年底我也谈了这个问题，大家有兴趣的可以看看。我的观点跟郑老师讲的案例类似，我的观点没有想象的那么复杂。我当时在书里面是什么样的观点呢？到底是否是一个正当的权利行使的行为？是一个什么样的行为？我们说首先如果从知识产权法的角度来说，一定要看权利边界，有没有这个权利项目。这个好说，给你确实的权利，讲得非常清楚。你看权利人行使权利的行为有没有法律依据，但是问题在于发侵权警告函的时候。刚才郑老师谈到在什么样的情况下构成所谓的商业诋毁，为什么谈这个问题，因为它往往是发警告函的对象，给上下游的企业发，这样导致上下游的一些企业或者是交易者不和发侵权警告函的对象进行商业的往来。在这个情况下到底怎么确定？我的一个基本的想法是：如果事后法院认定这个行为构成的是商业诋毁的行为的话，这个毫无疑问是权利滥用的行为，怎么解释呢？这个大家可以去看一下我的书，因为时间有限我不讲了。

刚才郑老师谈到一个他人所谓的知名商品特有的名称包装申请外观专利并获得了专利，在这种情况下怎么办？按道理说如果从法律内部来说，从专利法的内部来说，作为在先未注册商标，《反不正当竞争法》第 5 条第 1 款特别复杂，我们把它简化。未注册商标的原告这个时候有一个程序，可以请求宣告这个专利权无效。如果他不请求宣布外观专利权无效，还有一个在日本常采取的方法，这个外观设计专利权有这个权利，他获得这个外观设计专利权往往控告未注册商标的使用者侵权，这种情况下怎么办？如果未注册的知名商标使用者怕麻烦不愿意提出宣告无效怎么办？可以进行当然无效的抗辩。这个概念郑老师说了，大家对这个问题有兴趣的话可以看一下我写的文章——《日本在专利领域中当然无效抗辩原则及其启示》，文章发表在 2012 年《法律科学》的第一期，上面的原理讲得非常清楚。从知识产权法内部来说有这两种方法，如果把视野扩大到竞争法领域这种行使权利的行为，从竞争法的角度看是否构成商业诽谤的行为，我们要死抠反不正当竞争法关于商业诽谤的构成要件的规定，我们要去死抠这个规定。实际上刚才黄教授演讲中提到的问题跟我们刚才主持人提的比较高大上的问题，我总结一下，竞争法和知识产权法的关系，我个人大致的理解是什么样的关系呢？实际上从广义的角度来说，我个人认为知识产权法和狭义的知识产权、专利法、商标法、著作权法以及我们通常说的反垄断法和反不正当竞争法，从广义的角度说都是竞争法，但是这个里面有区别，在于什么地方呢？我个人认为狭义的竞争法，我所理解的专利法、商标法、著作权法解决的是内部的竞争关系，首先这个竞争关系表现为对一个稀缺资源的争夺，争夺权利，能不能获得这个权利是一个稀缺的资源，专利权、商标权是最典型的，我们通常怎么实现的呢？我们是采取先申请原则，谁完成这个发明创造谁先去申请，有可能获得这么一个权利。从这个角度来说也是鼓励创新、创造，这个是从内部来说，是从一个静态的权利所有来解决他们之间的竞争关系，这是一方面。

另一方面，从内部关系来说实际上面对知识产权的行使行为也是有规制的，怎么规制？如果你抢到了这个权利之后法律对你享有哪些权利给你划界，划得清清楚楚，一个一个山头，你在哪个山头上面。当这个权利划清楚之后，从这些法律内部看，专利法、商标法、著作权法是最典型的，从内部看当行使这个权利的时候有没有超越这个权利的界限，实际上我们只要去看看法条对照一下是比较清楚的。如果你超越了这个界限怎么办呢？我的观点是这个时候和整体性知识产权法就有关系了，我们的专利法、商标法、著作权法内部规定的权利不能滥用，也有例外，在专利法关于强制许可的规定，有的条款当中是权利不得滥用的翻版，没有正当理由拒绝许可他人使用的，在一定的期限内，怎么样？实施人可以请求专利局给予强制许可。这个条款从法律内部解决了权利滥用的问题，有的国家在著作权当中也是有这个条款的。

除了有明显规定的我们要用《民法通则》第 7 条的民事权利不得滥用的原则规制。在这种情况下我们还用不上反垄断法，还没有到用反垄断法的时候。这个是我的一个观点。我是主张一旦发生了这种行为我们要从法律的内部考虑这个问题怎么规制，是不是滥用的行为，从法律内部判断。

这个是从内部的角度看待这个问题。如果从外部的角度看的话，知识产权法实际上也是竞争法的一个部分，也就是说从权利行使的角度看我超越这个法律，即专利法、商标法、著作权法等法律从动态的权利行使的角度来看，OK，这个时候我们通常所说的反不正当竞争法和反垄断法有了介入的必要。这个与刚才说的狭义的竞争法有什么关系呢？在什么情况下有必要介入呢？当然这是个比较复杂的问题。大家知道从大的角度说，反不正当竞争法解决了根本上的竞争公平的问题，反垄断法根本上的价值追求是解决竞争自由的问题。因此在这种情况下这里面的差距是比较大的，包括立法的理念、立法的技术，差别都是比较大的。

总结我的观点，我的观点可能黄老师和郑教授不一定赞成。我们通常说的专利法、商标法也是竞争法，解决从静态的权利所有和动态的权利行使，解决竞争的公平问题和竞争的自由问题，但是从外部这个角度看，纯粹从动态的权利行使的角度看，反不正当竞争法和反垄断法是从外部、从权利行使的角度解决竞争的公平和自由的问题。刚才我讲的核心是这个观点，下面等一下再讲其他的。

石必胜：

首先谢谢华东政法大学，给我这么一个机会让我坐在这里跟大家交流。我们现在在座的情况反映了现在法学研究和法学教育的现状，即中国的法律是法学家的法律，但是好像也可喜地看到终于有一个法官坐在了学生的面前，这个也是一个很好的开端。

　　我感觉在座有知识产权专业的研究生，也要求你们必须听，这个也是在你们付诸实践的情况下希望能够给大家留下一点点印象。对于刚才大家提出的问题，我自己觉得也想用问题来回答。我先整理一下，主持人提的问题是说专利法、商标法、著作权法跟反不正当竞争法、反垄断法有没有融合，是怎么互动的，是怎么融合的，我先把这个题目界定一下。

　　我怎么回答这个问题呢？我想通过几个问题回答我的问题，因为咱们是学知识产权的，知识产权法跟传统的民法与行政法或刑法几个主要的分支相比，我们有什么自己的特点，或者我们自己能够有一个概念叫知识产权法，把我们这几个意义涵盖进来。第一个问题，这个所谓的知识产权法跟我刚才提到的主要的部门法或者是主要的领域相比有什么特点？这个问题往深了说也涉及我们成立知识产权法学院的一个重要性问题。我觉得这个问题实际上是非常值得讨论的。我曾经从事过商事审判，后来到知识产权审判，到现在为止我觉得这个问题还是在不停地反思。最后我反思的一个结论或者说给我一个很重要的启示在哪里呢？就是法经济学，就是法经济学经常会把法律看得很功利，那么也可以从这个角度来分析它。我倒是恰恰觉得知识产权相对于民法、刑法、行政法是一个非常功利的制度，一系列非常功利的制度的集合。也就意味着我们在讨论知识产权问题的时候完全可以用法经济学习的理论、方法、手段分析。

　　第二个问题，所有的我提到的专利法、商标法、著作权法、反不正当竞争法、反垄断法有没有一个共同的价值或者共同的目标呢？这个问题也是很重要的。我们看它激荡也好，融合也好，就是它有没有一个基本的前提，有没有一个共同的东西？我感觉有一些学者的观点还是值得我们去重视的，一种什么观点呢？就是说不管我提到的哪一个，专利法、商标法、著作权法、反不正当竞争法、反垄断法，都是一个功利的制度，都是为了我们这个社会的公共福祉或者为了这个社会长远的公共利益。也就是说可以完全用经济学的效率，效率有很多种不同的定义，完全可以用这么一个东西统领它们，它们有一个共同的基本目标。不同的就是说这5个分支是用了不同的手段或者不同的路径达到我刚才提到的共同的目标。

　　很明显，著作权法的手段或者其路径是有自己的特点的，当时也有人说著作权法目的价值不是我说的功利性的。或者说某个角度是功利性的，在著作权法上美国跟欧洲的价值取向是不一样的。专利法也好，商标法也好，包括我们说的反不正当竞争法，包括反垄断法，大家自己琢磨一下，最后实际上不管怎么样折腾都是为了一个社会整体的长远的公共福利的目标在努力，不存在什么公平、正义、自然正当性，这些东西在知识产权领域包括反不正当竞争法和反垄断法里面我们要淡化一些。当然，我刚才提到我们在作为一名法官审理案件的时候要考虑当我们遇到疑难的、复杂的，或者是法律没有规定或者是规定不明确的案件怎么样裁判的时候，我们提到的东西很重要，最基本的目标是什么？我们作出怎样的一个裁判结果和裁判规则是符合这个目标的，对于法官来说是非常重要的。我希望我们在座的同学们尝试从我说的角度来理解你们学习的具体制度，也尝试从我说的角度去理解该部法律或该种制度的基本价值与基本目标是什么。然后具体的这些法律规则都是手段，都是路径。我们这个时候就有了能力，或者说我们评价各种纷繁复杂判例也好，理论也好，规则也好，我们有了自己的方法和我们的思维路径。我就想从这个角度告诉大家，我刚才提到的这 5 部法律是融合的，或者说根本上是一致的，所以它一定是会融合的，在它们互动的时候可能有一个相互怎么样去分工的问题，但是不管怎么分工，怎么融合，怎么激荡，最后都是要为我刚才说的一个共同的最基本的目标去努力。所以我觉得给大家提供一个思考批判和研究问题的基本思路，希望对大家有所帮助。谢谢！

李 扬：

我接着石老师的话说一下。这个讲的就是我们整个知识产权制度和创设的基础问题，目前不是特别的清楚，国内外比较一致的认识就是一个功利主义这样的基地理论。目前我对这个也是认同的。大家知道我们一直有所谓的自然权利和法定权利之争，最终历史的发展表明知识产权不是一种自然的权利，是一种法定的权利，法定它的责任基础就在于它是一个功利主义的这么一个基地理论，不是洛克的财产权劳动理论。有的人不同意。美国的学者是功利主义基地理论的坚决的捍卫者，目前我也是。但是我要说一下，财产权劳动理论在这个领域起一个什么作用呢？劳动只是一个知识产权正当的消极的根据，不是积极的根据。知识产权正当化的积极的根据从哪里寻找呢？应当从大多数人的福祉，也就是公共利益，要从这个地方去寻找。所以跟大家说一下，如果大家有兴趣也推荐大家看一下我的一个好朋友的书和文章，他的文章我们也翻译了，也有日文原版。还有一篇文章大家也可以看一下，关于两种权利之争的，美国波士顿大学的一位非常有名的女教授（温蒂，音译），她的一系列文章大家也可以去看一下。关于这个问题我就补充这一点。

当然这个里面我们说从制度整理上讲是一个基地理论，不过这个只是一方面，即效率性的问题，而且效率性是我们要追求的知识产权法律制度，追求的是社会整体效率的问题。同时我们还要去解决一些别的问题，也就是一个公平和正义的问题，这个是免不了的问题。为什么这样说呢？说起来比较复杂，最简单地说，立法者出于社会整体的效率性考虑，在创设知识产权这种稀缺资源的时候，是以其他人的创造性自由为代价的，因为知识产品的创造具有一个首效性，谁首先做出一个发明，就有可能享受这个发明带来的一切，后面的人投资再多也是一无所有。从经济学的角度来说，这意味着后来者付出的成本就变成了配置权利的一个沉没成本。这样的话是不是很公平呢？立法者是有所考虑的，比如我们的专利法中规定的先用权的问题，就是要解决这个关系的问题，因此像这种观点对知识产权法的分类跟我们所说的分类完全不一样，它是基地型的知识产权法。最高的分类是左右统御模型的知识产权法。还有一本书叫《机能性知识产权法》，是日文版的，大家有兴趣可以看一看。

兰　磊：

刚才几位老师讲了很多，也讲得很好，我不重复了。把时间交给同学们之前，我滥用下权利问一个问题。几位老师有的是从学经济法进入知识产权法领域，有的是相反的，几位老师对我们学知识产权的同学如何能够掌握反垄断法和反不正当竞争法的知识有什么样的建议？

黄　勇：

知识产权界的老师比竞争法界的老师能说得多。兰磊老师提出的这个问题非常重要，实际上是谈一个学习方法。简单地说，我是北京大学第二届，就是1981年的经济法专业，那时候叫法律系，只有北京大学有经济法专业，杨老师本科教过我一个学期，这个有幸我是第二届。那时候我们最时髦的专业是什么，只要沾国际录取分就高。为什么？那个时候20世纪80年代你们都没出生，形势完全不一样，那时候觉得洋人的东西好，我们在学习法律的时候根本没有教科书，都是油印的东西，学的都是苏联的民法典等。最后由于分数的问题我从国际法专业调到了经济法专业。我跟大家讲我到清华大学讲经济法的感受，我讲了三四年，但是什么叫经济法我自己越讲越糊涂。现在经济法界还在争论的东西从那个时候就在争论，一直争论到现在，好无聊。什么叫经济法，包括哪些，方法是什么？你想，中国没有经济法这个名称。过去叫经济法庭，现在连庭都没有了。经济法是个什么东西，这个问题我能用最简单的话讲，经济法律有各种各样的定义，它是跟公权力有关的在经济领域的法律，是一类法律。这一类法律为什么当年这么重要？是因为我们当年是计划经济，因此所有的公权利、私权利、经济权利是来源于公权力，是被公权力掌控的，所以经济法原来的内涵是计划经济的产物。

现在我们国家进入社会主义市场经济，还有没有这一类的法律？当然有。这一类法律，我个人的观点更多的是，我也看到了德国的经济行政法，给我很大的启发，我发现只要走市场经济道路，我们现在重新提而且要深入改革的是政府和市场的关系，应该法太重要了，经济法的内涵是自控权，怎么能够限制政府的权力，怎么能让法律程序化，怎么让政府在寻找公权力和私权利与我们的知识产权边界的时候不要过分，因为市场经济是一个私权的制度，但是这种私权不能够无限地扩张，是有界限的。这是 100 多年、200 多年过来的规律性的东西，除非我讲计划经济，相反，市场经济有法制规律、有社会经济规律、有商业管理的规律。所以我现在讲经济法就是控制权，比如很重要的一点是宏观调控。这个又是一个大的概念，落实到部门性财政法，我们没有财政法怎么办？预算，预算法的问题是我们每个老百姓的钱通过税收和费用交给国家怎么用的问题，这是我们老百姓的钱，就是程序法律太重要了，对于这个钱的使用的计划，它的行使，它的决算、监督的问题都还没解决，我们法律人要有法律人的思维。为什么这样讲呢？我不仅仅是教经济法，我在工作中我自己本身是北京市人大代表、财经委员会委员，我看了 8 年的财务。原来我看不懂财政预算这么厚的表格，最后我发现规律了，政府花钱太任性，藏在各个地方，大的项目里面有新能源汽车补贴的地方占 50%，在它的科技文又占一块，在它的其他产业又占一块，到处都是。你会找，你会问问题，这是法律人的思维；我要去看，发挥法律人的思维。你谈报表谈不过财务人员，我谈知识产权谈不过这边的三个人，所以我的声音很弱。这个是我对经济法特别粗浅又特别直接的认识，实际上也是一个法律人的职责。我个人学了那么多年的法律，我经常跟同学讲要有两个本事，第一个本事是读一大堆书籍以后，能抽象出一张纸或者两张纸把这个问题说明白，复杂的问题线条化，当律师、领导还是管理者都得有这个本事。

同时，你把这两张纸梳理加工变成你自己的 100 张纸，这个就是律师的作用，你靠 100 张纸挣钱，一张纸是干什么的？说服石法官，我们俩有一个辩论的过程，碰撞的过程，就那一张纸。我原来也做律师，在最高人民法院打官司，一个案子折磨我几个月。最后我发现就这么一点本事，后来我明白了，要把它简单化，我们有的时候学乱了，我们的同学到三年级、四年级及研究生面试时思维都混乱了，基本的东西不知道，考完试就忘了。这个就是没有掌握学习方法。

回到兰老师的问题，我自己除了做教授以外我也参与立法，这个可能也是很理论的，同时又参与我们国家很多案件的咨询，做顾问。要想搞好反垄断法，我想知识产权法也差不多，不去实践肯定是不行的。这个实践我只讲反垄断法的感受，表面上是一个非常狭窄的专业，非常专，我们的领域比如说考虑一个经营者集中，我们叫并购的反垄断审查，非常专业，一般人不懂，一般的律师是肯定不懂的，必须要学一段，实践一段。后来我发现反垄断法我越研究越有意思，是什么呢？它涉及方方面面，跟知识产权一样，比如说搞竞争的问题，从政策上讲所有的垄断行业都要涉及，比如说电信、石化。我们的博士生这些年挨个行业写论文，一个领域不止写一篇论文。我说你先把涉及垄断的行业搞清楚，我们学法律的人跟律师打交道，他的思维是偏窄的，是法律技术性的问题。但是我觉得首先思维要打开，所以我认为永远是学不完的。

第二个就是我们在处理这些案件的时候，会涉及跟自身专业相关或者是根本不懂的东西，但你必须用，比如说在我们具体的反垄断的案件判断中，刚才我讲了知识产权跟反垄断这一块，你们大家要问我一个问题，比如刚才说的那个界限在哪啊？肯定就是说如何排除和限制竞争怎么去做？完全是一个专业性的、技术性的判断，这种专业性、技术性不仅仅是法学，在我们的领域更多的是经济学。

美国国际贸易委员会（ITC）、联邦贸易委员会和司法部管反垄断的公务员、律师和经济学家几乎占一半。举一个例子，我去过意大利一个案件组，三名专家中有两名经济学家、一名法律人。大家可能用我们办案的例子，提出这么一个问题，你的并购是否影响阻碍创新。它们两个的结合在未来的市场上是不是有可能阻碍创新，比如说某行业共5家公司，其中的第二家和第四家并购，大家想应该怎么办？我讲其中的一个，包括看报表、看历史。在这个相关市场上关于这个产品在前10年有多少次并购，这两家公司参与了多少次并购，因为原来可能是15家或20家企业，现在有5家，我们要看历史的数据，看什么东西？看财务报表里每一次并购之前的一段时间，它们的科研的投资经费和并购之后的科研经费的一个比较。这是经济学要做的。再一个，如果更复杂涉及很多的产品，因为一个跨国综合性的公司有很多的产品，几千上万的产品，细分很多。我最后要用一个公式，甚至要建一个模型，通过这个公式和模型最后能推导出这次的并购的可能性是什么。比如在一个案件中我们花了1000英镑买一个公式，给我们很少的钱，最后我问团队里的经济学家说你要干什么？就买了，最后用这公式得出的结论我们非常谨慎，因为有可能延缓创新——虽然它无法阻碍，但有可能延缓创新。

给大家讲这个例子是什么意思呢？刚才讲的是，我们的思路一定要拓展。法律是相通的，知识产权特别是专利领域涉及各行各业的标准。今天我们主要集中在通信领域，今天没有讲药。药又是另外一个问题，仿制药的问题，太复杂了。我们现在团队在做这个。我现在急需大家做的事情，要懂药学（为此我专门招了一个学了5年的医药，又改学法律的博士生）、要懂经济学、懂管理学，了解行业内的背景知识，如药品分进口药和国内的创新药，医疗器械又分为常规的医疗器械与特殊的医疗器械。大家的任务很重，只学点法律条文的东西是不够的。因为我现在不敢说我年纪到了，反正头发少了，但是我现在要追的是包括互联网，我们专门成立了一个互联网的研究中心，叫实验室。为什么叫实验室呢？我不叫中心，中心太俗，我的中心兰磊都加入不进去，为什么？他的年纪太大。你要看到这个行业的规律，我去过腾讯很多次，它的员工年龄是 27～29 岁。我的团队不能大于这个年龄；领导是可以的，领导要负责找钱，我是要沟通的，我是要掌握主方向的。团队要找出这种规律，因为只有在那个年纪他才有那种想象力，我让他们自己组织，我提供一切的援助，他们可想出很多奇奇怪怪的东西，中间会出现情况。互联网公司就是这样的。如果到互联网公司，你会发现很少有人打着领带，几乎没有。我从来没见马化腾打领带。所以我记得我上学的时候什么讲座我都听，戏曲都听，可以给我很多的灵感。现在的条件太好了，想看什么就看什么，国外的东西给封住了你可以翻墙。你要去看市场需求是什么？我刚才讲的是市场需求是什么东西，这个是最重要的。因为我觉得我的两个学习和经历是特重要的，一个是北京大学，给我很多最基础的理念和理论研究的方法。

另一个是经济贸易大学。我发现这个学校太有意思了，就是一个商人的学校，给我一个落地的机会。我一开始工作是服务于外贸公司，很牛，他们有钱，他们出国。那时候出国是好事，现在谁出国常住？年代不同了。所以我的两个经历一个是扎实，另一个是务实。再了解市场你会发现你应该怎么学习。我的团队里面专利和许可这块我求郑老师，找人才，法官是一线的，现在讲经验，比如SEP 的问题，现在逼着我去做，因为我现在的工作是这个。我先把自己当作什么都不懂，问工程师、许可部，一点一点用最通俗的语言给我讲。你会问为什么？常人觉得不合理，我们的行业规矩是什么？不是简单的一件专利、一组专利，是上万件专利。我现在慢慢在入门，就是专利许可的这块，限于一类行业。我们下一个项目进行到医药行业，还得请郑老师和三位帮忙。

法学太单一，我们有经济学、行业、技术，我们也涉及技术金融的问题。软件我是自己学了好几个月，还是搞不懂，但是基本上能蒙人了。法律你要去学，不是学技术，你要从中找出那个规律和方法。我讲的数字和公式在这，最后总结的时候就那一张纸，把这个学会。就讲这么多。

郑友德：

我没有多少好说的，刚才黄老师讲的我非常有同感，就是什么呢？学习是一个可持续的过程，就像我们人成长是一个可持续的过程，你要自己把学习断掉，会碰到很多的困难，不进步了。黄老师你比我小，但是即便这样你也不小了。我们两个人一个头发少，一个头发差不多都白了。黄老师刚才谈的他的学习精神非常值得我个人钦佩，你们就更不用说。他作为一个在反垄断法领域非常有影响的专家，他现在学经济、办实验室、找各种各样的人才，把这些东西弄懂。达到的效果是"你基本上蒙不了我"，这个东西你要换位思考很不容易的。

　　我跟大家说说我的经历。跟在座的都不同，我的学生有40多岁的，他们说年纪大了学不进去了，我说你年纪大了吗？你怎么年纪大了？我是华中科技大学学电子工程的，是40年前的事，学电池、电子物理、半导体这些东西，我在一个研究所干得非常好，所长对我是重点培养。因为爱人的关系我调走了，做了华中工学院的情报科长。我的外语比较好，对我的锻炼很大的，至今我有一个很重要的能力，只要你说一个什么课题，我一下子会搜出很多的东西，有这个功底。我出国的时候37岁，之前我还是华中工学院的情报科的科长，主要的工作是情报的收集，与知识产权没有关系。到了1985年的时候，在我们情报科成立了一个专利情报研究室，跟专利法挂钩。讲专利情报检索，所以一定要知道专利，搞专利。

　　1987年有一个机会，德国（阿特拉斯基金会）资助5位教育部直属院校的知识产权师资到德国专利局和世界知识产权组织专门地学习，我是其中一位，给了我们两年的奖金，我是乘着这个风过去的。那时候去德国很痛苦的，没有什么法律知识，德语在家里学了一点，只是会看，讲不了，也听不了。第一天刚到德国，第二天就让我去上班，进去了以后也不知道说什么。那时候我跟我爱人说差不多我都要跳楼了。在座的三位嘉宾37岁时已经是高级法官、教授了，我那时候当小学生开始学，真是痛苦。但是能跳楼吗？要讲我的经历，何校长在10年前要出版一个中青年法律家系列书，那个书好像没出，他的研究生在10年还是8年前把我列入采访对象里面去了。有一位何老师的研究生，女孩子，姓陈，采访了我一天，最后的文字稿有3万多字。我到德国去没有办法，怎么搞好德语呢？我要编一本字典，那时候编一本德汉、汉德的知识产权参考书，没有任何参考书，我的领导说"你半年给我编个字典出来"，没日没夜，半年的时间我拿出了700多页的稿子。半年以后出了一本德汉、汉德知识产权的辞典，出了一本这样的工具书，这个事情给我非常大的激励。我就想国内差什么呢？专利法、商标法都有了，我在德国待了七八年，我觉得国内没有反不正当竞争法，我回国以后才有的，是不是要搞一个反不正当竞争法，那个时候埋头研究，十分辛苦。首先我觉得人，你们进了华东政法大学，都是天才，但是天才不努力是不行的，一定要努力。有一句话这样说，你一定要把书读得越来越薄，你的思想水平要越来越高，要达到这么一个境界就可以了。所以从学知识产权法的角度讲，我是学工科的，现在搞了20年做得还不错，同行还比较认可。这个领域有什么学习的诀窍？没有什么诀窍。第一，就是要特别努力刻苦读书，读书不能死读书，在读书的过程中要会巧读，会读书。什么意思呢？你在读了一本书以后你要会判断一本书或一篇文章，你反复地读，好的书或文章里面最精彩的地方在哪里，同一本书的关键词差不多的，究竟差别在哪里，到了这个地步你的书就读好了。第二，我有很多的同事、我的学生都当教授了，但是他们在刻苦读书的同时非常会提出问题，怎么把问题凝练出来是在读书的基础上的第二个台阶。

第三个是找到解决问题的基本方法和思路。这是我们经常说的三部曲。要把这个熟练运用了，我觉得你做任何工作都没有问题。我一直跟我的同学说，我招了两三百个学生跟我学这个行当的，10%干这个行当，其他的人变了，都不干这个行当。包括大学的研究生，我跟他们说你学我的知识是胡扯，你要学我怎么样提出问题的，怎么样解决问题的，结合你的特点发扬光大，在哪个行当你都能干得好。学生有的时候说不学这个专业，像我们GM班，我们华中科技大学法学院的法律硕士每年招200人，刚开始学知识产权的人比较多，后面办了一个财税班，马上把我们压垮了。财税班上一个教授也没有，我们知识产权有两三个教授，人家就不报我们专业。财税班可以到相关部门去，搞知识产权就不行。我的学生，现在的博士是腾讯公司的专利总监，2015年全国专利领域十大杰出人物之一，他的本科就是我们学校的，双学位、硕士、博士都是我这里学的，我还有很多好的学生在非常大的公司里面做法律总监，他是跟我学知识产权法的，他的基础打得非常牢，出去以后以不变应万变。讲完了，谢谢大家！

李　扬：

两位大咖该讲的都讲过了，我们也是学生，所以我们就没有什么可讲的了，目前还处在学习的阶段，和大家一样的，我觉得是学生阶段，要学习的东西太多，这里我讲一点专业方面的建议，也是我自己的一个体会，关于研究知识产权的一点点小体会。

刚才我们已经提到了除了哲学基础的同时，我觉得研究方法比较重要，我强调立法论和解释论是要区分的，因为这个是很多人容易犯的一个错误，就是立法论和解释论不分，不知道自己谈的问题是什么。解释论，我注意到石法官和我同样非常注重解释论的，有时间大家去看一看法律解释方法，特别是体系解释的方法，包括目的解释、社会学的解释方法，因为解释是最简单的，要有好的理解。此外，限缩解释、扩大解释都是要掌握的。

另外，我自己觉得要强调的一点是整体性的知识产权法的观念。我学习知识产权法的观念绝不限于专利法、商标法、著作权法，像反不正当竞争法、民法、刑法、诉讼法，也是要掌握的。此外，民法包括很多，合同法、物权法等。我们要从这么一个广义的角度理解知识产权法的问题，这样的话我们研究也罢，适用法律问题也罢，是有意义的。跟大家就分享这么一点东西。

再多说一句，我自己因为对日本法研究的多一点，2014年研究了一下美国法，同时我和欧洲机构有合作，对欧洲关注比较多，希望用比较研究的方法做一些比较好的研究。我跟大家分享的就是这么多了，谢谢！

石必胜：

前面几位老师说得我都同意，说得非常好，我自己也感到很有收获。我首先说一下兰磊的题目是有问题的，凭什么我们要努力地学习反不正当竞争法和反垄断法呢？甚至内心里面可以打一个问号，凭什么我要好好学习知识产权呢？凭什么要好好学习法律呢？你们毕业之后从事法律工作的，从事知识产权法的就少了，从事反垄断法和反不正当竞争法工作的就更少了。是不是我们研究生的学习就没有意义了呢？其实它是有意义的，我作为一个法官现在天天用的东西，哪些东西是学法律的时候学的，哪些东西是小的时候玩的时候学的？有的时候是分不清楚的，在我看起来作为一名法官最重要的不是知识，而是能力。最基本的思考问题的方式，保持一个对知识学习的兴趣，还有就是思辨能力，这些东西是最重要的，需要知识可以再去学。其实黄老师、郑老师、李老师都是这样的，这些东西我也非常同意。所以我的感觉就是说，在学校的时候没有实际应用的需求的时候，我学了那么多年的外语让我说我觉得很难，为什么？因为我没有用，大家也是考试前把老师的讲义抄一抄考试考过了就完了。但是我希望大家在研究生的学习过程中尽量增强自己的思辨能力，也学好一些知识产权的基本东西，这些东西还可以再讨论，这些是最重要的，将来也能用得上。我就想说这么多，谢谢！

兰　磊：

从大家的掌声中可以感觉到大家的收获跟我一样大，特别佩服大咖们高谈阔论的才能，我就问了两个问题，他们讲了两个多小时。给大家一个提问的机会，可以指定哪位老师回答，被指定的老师用最简单的语言回答一下。

学生提问：

第一个问题问一下黄老师，您提到关于制药的问题，有的同学也是制药企业过来的，您能不能介绍一下咱们团队研究的问题是什么方面的？第二个问题您在今天白天的会上提到必要设施理论能够不能用在SEP上，您当时提出了这个问题，没有听到您的阐述，想了解一下您个人对这个问题的看法？

黄　勇：

你提了两个特别大的问题，应主持人的要求我一句话概括。关于仿制药的问题，在西方国家来讲，市场经济国家涉及的反竞争的问题有很多的案例，同时在仿制药的问题上我们在很多市场经济国家有很多产品设计的过程中所涉及的一些非常新而且具体的问题，比如说在延迟仿制药方面的一些做法，在我看到的一些案例中可能在讨论要求仿制药的企业延迟开始仿制药的时间究竟是不是当然的具有反竞争的效果？这个有不同的观点，至今也没有结论。但是这个就跟同学谈到的（一样），你要了解个案以及规律性的东西以及医疗体系和研发的过程等。这里涉及很多的技术问题。这是第一点。

第二点，在中国关于药的问题跟西方国家来比有很多非常独特的问题需要思考，因为我经常谈到我们中国的医药市场，特别是原创药。原创西药是非常少的，我们是处在发展的阶段。再一个，我们的进口药从进口到采购再到定价，现在定价马上要全部放开了，都是不一样的，我们国家的医疗体制同美国等其他国家有很大的不同，我们是几乎以公立医院占最主导，私立的医院非常少，同时我们的社会保障和公费医疗又占主导，与它们的社会保障与商业保险分摊医疗的模式又有很大的差异。所以即使是我们看到很多反竞争的案例和关注的焦点，在中国的特殊性的情况下，你要解决这个问题，就要认真地根据中国的现实进行研究。

第二个问题国家工商行政管理总局起草的《关于禁止滥用知识产权排除、限制竞争行为的规定》，已经对知识产权适用的原则作了说明。我们可以看到：第一，我们没有把这个理论直接用在哪个案例中；第二，我们从工商总局制定的过程，尤其是对这一条制定的过程，可以看出，这是一个争议的过程；第三，是一个修改的过程，尽管保留了这一点，但是要求是非常苛刻和复杂的，不是简单的、本身违法式的。所以我们也期待在后面的案例中看到该条在具体的案件中如何适用。

李扬：

关于仿制药的问题，我觉得作为一个制药企业，最重要的是关注知识产权法中的一条规定。该条规定是借鉴美国的经验，如果专利药过期，在这种情况下没有仿制药，这个药品会处于垄断没有竞争，这样为了打破垄断的局面，我们国家的专利法有一条，在专利药品没有过期的时候你可以去生产制造甚至是进口专利药品用来研究，甚至还有一个什么行为是合法的呢？有的时候作为一个企业没有这个生产能力，专门提供服务的，为他人提供制造和进口销售这种服务的行为也是合法的，原因大家也知道，仿制药上市必须到国家食品药品监督管理总局申请许可证，所以要拿到这个许可证必须有这个药品的信息、作用的信息等方方面面的信息，你必须研究，怎么办呢？只能买这个专利药品做研究。在这种情况下有可能作为一个制药企业要充分利用这一条生产仿制药，看到这个专利药品过期并立刻把这个药品推向市场，这个是我们专利法鼓励的。这个原则不是我们创设的，是借鉴美国的原则过来的。专利法的条目我记不得了，但是有很多的资料和文章探讨过这个问题，大家可以看一下。我的书《知识产权法基本原理》（2010）里面专利法的部分对这个作了专业的研究。日本和美国很有意思，也考虑到专利权人的利益，包括专利医疗器械快过期的时候允许申请5年的保护期限。我们中国是没有的，但是我们立法的考虑也是要保护的。一般从这个角度来说这个是有点问题的，比如说做实验，到底规模有多大，一家医院选100个病人还是要选10家医院甚至是20家医院，用100块钱的药，算一下对专利权人代价是很大的，因此美国的专利法和日本专利法为了平衡这个利益关系允许延长5年，批不批是需要审查的，稍微补充一下。这一条更多的是一个商业问题，这个可以琢磨一下，琢磨好了利用这一条可能更好地游刃于医药商业市场。

另外一个是基础设施理论的问题，能否适用于标准专利的话需要具体分析，因为基础设施理论在美国的应用是需要严格要件的。对这个问题我也专门研究过，也归纳过欧洲的一些经典的案例，也在我提到的书里面专门有一章是研究基础设施理论的。这个可以看一下。

兰　磊：

老师们也很累了，让他们早点休息。今天的讨论就到这里。谢谢大家！

由"小i机器人"案引发的探讨

编者按

从苹果公司向专利复审委员会申请无效宣告伊始,"小i机器人"案历经一审、二审,北京市高级人民法院最终撤销一审判决。对于该案中所涉的专利说明书充分公开标准及该领域技术人员的判断标准也引起了各方关注。该专题以"东方知识产权沙龙第27讲"内容为基础,以公开充分为切入点,对专利文件的体系化理解进行梳理与反思,并围绕技术类案件之特点进行讨论,以期更多人关注专利制度与相关实践。

一、涉案专利基本情况介绍

涉案专利权利要求书主要内容如下:

一种聊天机器人系统(常见的方式),至少包括:

一个用户;和一个聊天机器人,该聊天机器人拥有一个具有人工智能和信息服务功能的人工智能服务器及其对应的数据库,还拥有通讯❶模块,所述的用户通过即时通讯平台或短信平台与聊天机器人进行对话,其特征在于,该聊天机器人还拥有查询服务器及其对应的数据库和游戏服务器,并且内置一个过滤器以区

---

❶ 本文中"通讯"系"通信"的旧称,指利用电波、光波等信号传送文字、图像等。在文中关于涉案专利技术的描述中,为与涉案专利文件原文保持一致,未对二者加以统一。——编辑注

分所述通讯模块接收到的用户语句是否为格式化语句或自然语言，并根据区分结果将该用户语句转发至相应的服务器，该相应的服务器包括人工智能服务器、查询服务器或游戏服务器。

发明目的：在于提供一种聊天机器人系统，用户可以和机器人聊天，但得到的是十分拟人化的对话，除了交互式的对话，还可以命令机器人为用户查找信息、做游戏等。

主要流程为：用户通过各种即时通讯平台与聊天机器人对话。聊天机器人是虚拟的人，本质上是一个或多个服务器，包含通讯模块和过滤器。通讯模块用来接收来自于各种方式的用户语句和给用户回话；过滤器用来区分用户语句是否为格式化的命令式语句或自然语言（用功能性的方式来定义通讯模块、过滤器是做什么的）；分别使用查询模块和对话模块来后续处理以回复信息或应答对话，并发送给用户。

具体实施方式：一种聊天机器人系统，至少包括一个用户1和一个聊天机器人9，该聊天机器人9拥有通讯模块21、人工智能服务器3、查询服务器4、游戏服务器5，以及相应的数据库（见下图）。

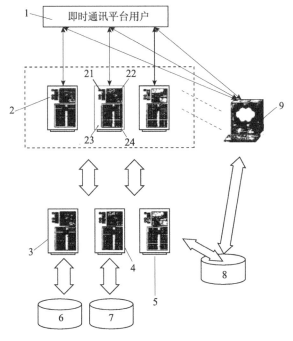

聊天机器人流程描述

在说明书中提到了两个实施例，其中一个是聊天机器人系统，至少包括一个用户和一个聊天机器人。聊天机器人包括若干模块，对于每个模块的定义方式都采用类似功能性语言描述，过滤器 22 用来区分用户与机器人的聊天属于格式化命令还是自然语言，分别使用对话模块和查询模块来后续处理以及生成回复信息、应答对话并且发送给用户。

该发明专利文件的附图 1 是一个流程描述图，根据该图聊天机器人本质上是若干个服务器，包括通讯模块、过滤器、查询模块和对话模块，一端连接用户，另一端连接人工智能服务器或者查询服务器或者游戏服务器。

查询模块 24 连接信息数据库 7（包括三部分），对话模块本身连接的是人工智能服务器，通过辨识和语法分析后进行格式化语言的转化，成功则按照格式化命令的方式回送给过滤器，失败则将语句送给对话系统来处理。对话系统通过访问数据库 6 选用最合适的应答语句送达聊天机器人，再用通讯模块发送给用户。

关于该发明相应的效果和解决预期的问题说明书中作了如下描述：人工智能服务器中的对话系统可主要采用三种方式（人工添加、与用户对话过程中学习、网络学习）不断扩充对话数据库。人工智能服务器强大的辨识和语法分析功能使机器人具有了一定的智能。总体上该聊天机器人系统至少有以下功能：聊天（和用户聊天）；信息查询（查询娱乐、日常、生活便利信息等）；私人助理、游戏互动（如智力闯关、智力问答、24 点、猜数字等），说明书列举的所有游戏互动模式。

在涉案申请的实质审查过程中，审查员将公开文本与对比文件进行对比，认为两者只有一个区别，且该区别技术特征是该领域的惯用手段，因此在第一次审查意见通知书中认为权利要求 1 不具有创造性。申请人在答复审查意见时，认为对比文件中所公开的聊天机器人并没有给出包括查询服务器和游戏服务器的技术启示，所以权利要求 1 具有创造性。

审查员在第二次审查意见通知书中认为，该申请所要解决的技术问题是提供一种聊天机器人系统，为解决该问题，说明书公开的技术方案一定要通过过滤器对用户输入的语句进行过滤、区分，根据区分的结果送到不同的模块。因此过滤器必须添加到权利要求 1 中，否则不符合当时《专利法实施细则》第 21 条第 2款的规定。申请人在答复时把过滤器及其相关功能添加到权利要求 1 中。

二、案情介绍

在该案行政确权、一审法院判决、二审法院判决三个阶段中，主要存在以下三个争议问题：

1. 根据说明书，本领域技术人员能否实现相关技术并获得预期效果？
2. 权利要求书是否符合《专利法》第 26 条第 4 款的规定？
3. 权利要求是否符合《专利法实施细则》第 20 条第 1 款的规定？

对于问题 1：

无效宣告请求决定认为：该专利的说明书第 3 页里描述了聊天机器人的构造，在实施例中还公开了过滤器如何连接的方案，说明书中也有其他相关描述，本领域技术人员根据说明书和附图能够实现相关技术效果。

一审判决认为：对于与发明最接近的现有技术的技术特征，一般来说可以不作详细描述，但是发明区别于现有技术的技术特征，一般应当作足够详细的描述。对于本发明来说，游戏功能是在拟人化功能基础上的附加功能，并不是实现本发明必不可少的内容。根据说明书第 3 页第 15 行到第 18 行的记载，对于权利要求 1 所限定的游戏服务器，本领域普通的技术人员运用其普通技术知识可以明了并实现其功能。

二审判决认为：结合授权历史，不应将游戏功能认定为附加功能。说明书公开充分应该是说明书记的信息量足够充分，或者至少提供足够明确的指引，以促使本领域技术人员据此获知相关的现有技术来具体实现该专利的技术方案。

对于问题 2：

无效宣告请求决定认为：根据说明书记载以及公开的实施例，本领域技术人员可以得出权利要求 1 和权利要求 9 中经过过滤器判断后送到服务器的实施方案，基于过滤器判断区分出的格式化语句或自然语句，连接后面的基于文字交互的游戏服务器，权利要求 1 和权利要求 9 中有关"游戏服务器"的特征能够得到说明书的实质支持。

一审判决认为：形式上不支持并不必然等同于本领域普通技术人员无法从说明书及附图中公开的内容得出或者概括得出。虽然该专利说明书中没有记载经过滤器判断后送到服务器的具体实施方式，但是本领域普通技术人员根据该发明所述的发明目的可以实现将用户语句进行格式化过滤后再进行语言分析，并在语言分析后将游戏相关的内容发送至游戏服务器，这是根据说明书充分公开的内容可以直接或者概括得出的，并未超出说明书公开的范围。

二审判决认为：一方面，该专利说明书关于如何实现游戏功能未充分公开，另一方面，说明书中仅仅是在形式上记载了游戏服务器，并未进一步说明书游戏服务器的组成部分和工作机理，因此，游戏服务器的有关特征没有得到说明书的支持。

对于问题 3：

专利复审委员会认为：本领域技术人员通过对权利要求文字及对权利要求整

体技术方案的理解，可以明确用户语句在经过滤器服务器判断后应被转发到人工智能服务器、查询服务器或游戏服务器中的一个，具体转发到哪个服务器要看过滤器对用户语句的判断结果，"相应的服务器"是指人工智能服务器、查询服务器或游戏服务器中的一个服务器，因此权利要求1中的"相应服务器"是清楚的。

一审判决认为：虽然权利要求并未明确何种判断结果发送给游戏服务器，但是本领域技术人员根据普通技术知识可以明确游戏服务器主要涉及提供服务的内容。对于所接收的命令语句是否涉及游戏功能这一问题，除了对命令进行形式的区分外，还需要进行语言分析，本领域技术人员根据其普通技术知识能够清楚地知道在语言分析后将与游戏相关的内容发送给游戏服务器。

二审判决认为：根据说明书记载，该专利的聊天机器人系统中，即使用户输入的是和游戏相关的语句，并由过滤器分析处理，其也只能是被过滤器判断为自然语句或格式化语句，从而被送到人工智能服务器或查询服务器，根本不可能送到游戏服务器中，由此可以看出该专利权利要求1没有清楚限定将何种语句转发至游戏服务器，说明书也难以进行解释，因此，过滤器与3个服务器之间的连接关系不清楚，该专利权利要求1不符合《专利法实施细则》第20条第1款的规定。

在《专利法》第26条第3款的判断中，无效宣告请求决定基于本领域技术人员的基准，认为本领域技术人员通过说明书能够实现发明。在一审判决中，虽然和无效宣告请求决定在结论上一致，也存在一些区别，一审判决认为游戏服务器的功能是一个附加功能，并不是一个基础功能，换言之，依照对《专利法》第26条第3款的一般理解，即使这一游戏功能不能实现，也只涉及创造性判断的问题，而不涉及公开充分条款的问题。对于游戏功能是否能够实现这个问题上，一审法院也给出了肯定的答复。虽然权利人在说明书里没有记载用过滤器对语言的内容进行区分的过程，但是本领域技术人员可以通过对普通技术知识的运用，了解到游戏服务器主要涉及提供服务的内容。二审判决则为游戏服务器是该专利具有创造性的一个重要的理由，不应认为游戏服务器功能是一个附加功能，而是一个基础功能，正是因为有了这一功能，这项专利才具有创造性。并且，二审判决认为，说明书公开充分应该是说明书记载的信息量应当足够充分，或者至少提供足够明确的指引，以促使本领域技术人员据此获知相关的现有技术来具体实现该专利的技术方案。

对于是否得到说明书支持这个条款，无效宣告请求决定认为：根据说明书记载以及公开的实施例，本领域技术人员是可以得出权利要求1和权利要求9中经过过滤器判断后送到服务器的实施方案，基于过滤器判断区分出的格式化语句或自然语句，连接后面的基于文字交互的游戏服务器，权利要求1和权利要求9中有关"游戏服务器"的特征能够得到说明书的实质支持。一审判决区分了形式上得到支持和实质上得到支持，认为《专利法》第26条第4款的判断是实质上得到支持的判断，而不是判断形式上支持，并基于和专利复审委员会一样的推理模式，认为游戏服务器功能是能够得到说明书支持的。二审判决的观点在于，一方面，权利人没有记载游戏功能是什么，即没有充分公开；另一方面，说明书中也只在文字上表述了游戏服务器，至于游戏服务器的工作机理和组成部分并未具体说明，用户语句经哪个模块经过判断后送到游戏服务器，游戏服务器又是怎样响应的，这些都没有详细的描述。在这种情况下，二审法院认为游戏服务器的有关特征没有得到说明书的支持。

对于"权利要求书不清楚"的理由，"相应的服务器"只是一个语言文字表述的问题，无效宣告请求决定认为，本领域技术人员对权利要求文字及上下文的理解，可以清楚地知道用户语句在经过滤器判定后应被转发到人工智能服务器、查询服务器或游戏服务器中的一个，具体转发到哪个服务器要看过滤器对用户语句的判断结果，依据判断结果的相关性将用户语句发送到不同的服务器。"相应的服务器"是指人工智能服务器、查询服务器或游戏服务器中的一个服务器，这样的限定是清楚的。一审判决也作类似理解：本领域技术人员根据普通技术知识可以明确游戏服务器主要涉及提供服务的内容，对于所接收到的命令语句是否涉及游戏功能外，除了需要命令形式的区分外，还需要对用户命令进行语言分析，本领域技术人员根据其普通技术知识能够清楚地知道在语言分析后将与游戏相关的内容发送给游戏服务器。二审判决认为，根据说明书记载，该专利的聊天机器人系统中，即使用户输入的是与游戏相关的语句，并由过滤器分析处理，其也只能是被过滤器判断为自然语句或格式化语句，而送到人工智能服务器或查询服务器，而根本不可能送到游戏服务器中，由此可以看出，该专利权利要求1没有清楚限定将何种语句转发至游戏服务器，说明书也难以进行解释，因此，过滤器与三个服务器之间的连接关系不清楚。

三、思考与讨论

纵观案件中的事实调查与法律适用的争议，这个案件使得公开充分这个条款再次受到专利行业的关注。至少可以从以下几个方面有所反思：第一，对说明书的撰写和权利要求书的撰写合理期待的边界如何确定；人的预期能力是有限的，当事后诸葛亮是非常容易的，但是用何种标准对一个专利文件的撰写提出何种要求这是值得思考的。假设能够通过对权利要求书和说明书的解释来解决问题时，对申请文件的撰写的合理期待又应该如何划界？第二，在诸多条款中都涉及本领域技术人员或者本领域普通技术人员的认知标准和知识水平，这是横向的不同条款之间的理解问题；同样在行政审批环节、行政确权环节、司法复审环节以及侵权判断环节也都要涉及，从时间角度来看，这是一个纵向的不同机关的掌握问题。公开充分、得到说明书的支持、新颖性、创造性等这些不同的条款之间，以及对各个环节的从业者之间，如何在每个环节、在不同条款之间体系化解读专利文件时所保持的稳定的认知标准，这是值得思考的。第三，我们值得反思的是，专利案件中往往会出现事实问题和法律问题杂糅的情况。比如说权利要求书的解释，很难纯粹地讲它是一个纯粹的事实问题还是一个纯粹的法律问题，或者等同的判断我们很难去区分到底是一个纯粹的事实问题，还是一个判断尺度的法律适用问题。这也涉及专家在技术案件中应该如何发挥作用以及采用专家证言的尺度。第四，延伸下去，就像一审法院在判决中描述的那样，本领域技术人员的认知水平和知识能力的判断，不仅仅在这个案件中是至关重要的，可能在所有技术类案件中都是至关重要的，何种制度设计可以使得审查员、各个环节的裁判者更好地接近本领域技术人员的水平，这也是需要讨论和思考的，技术调查官是不是一个很好的解决途径？

讨论之一：说明书公开充分的考虑因素，以及此背景下专利文件的体系化理解

在《专利法》的诸多条款中，都必须讲本领域技术人员或者本领域普通技术人员的认知标准和知识水平，从横向判断来看，公开充分、得到说明书的支持、新颖性、创造性等，每个条款都要涉及这一标准。同样在行政审批环节、行政确权环节、司法复审环节以及侵权判断环节都涉及如何掌握的问题，每一个环节都涉及如何对本领域技术人员这一标准的掌握，这时候我们各个环节的从业者所需要面临的挑战是，我们如何在每个环节所保持的认知标准的层次和高低是一致的，而不会出现在某个条款过高或者过低的情况。

专家一观点：

该专利的解决方案是一个聊天机器人系统，用户通过通讯平台或者短信平台与聊天机器人进行对话，其中设置过滤器进行格式化语句和自然语句的区分，再把区分的结果送到相应的人工智能服务器、查询服务器、游戏服务器，人工智能服务器就是通过一些语法分析功能，通过对用户输入语句进行分析处理，和数据库中的内容进行语义匹配，找到最为匹配的回答，作为计算机的答复发送给用户，这边主要的一点是拟人化的人机交互。另外通过格式化的语句或者命令的语句，跟游戏服务器和查询服务器进行互动。所以该专利的设计构思主要体现在过滤器和人工服务器这两个地方，过滤器就是区分了格式化语句和自然语句，将过滤器筛选后的语句进行分别处理，避免自然语句处理过慢，实现快慢分流的效果，人工智能服务器的辨识和语法分析功能，对数据库的扩充维护功能使自然语句的处理更加智能化，达到了更好的聊天效果。所以专利复审委员会认定该专利的关键点在于，基于过滤器和人工智能服务器这两个模块对整个系统进行的提升；其实相比现有技术来说，每个具体模块都是本领域的一个公知常识或者普通技术而已。把该专利技术方案都拆解开来，几乎所有的特征都属于现有技术，比如说通讯模块、数据库、服务器、格式化语句、过滤器、人工智能的识别。

该专利的关键在于，通过设置过滤器和人工智能的服务器，基于现有技术而提出了一个新的系统架构，这也是通信领域技术上比较普遍的一种，它的关键在于它设计了一个系统架构，发明点对它是最重要的。现在国家知识产权局确立了"三性"平台为主线的审查政策，其实专利法规定的那些可专利性要件，它们并非是完全割裂的，对于一项专利的申请与评判，这些要件，比如说创造性，还有必要技术特征、充分公开等，它们都是有机结合在一起的。"三性"往往是这些要件的重点，其中技术贡献又往往是重中之重。这一点，同样也是判断说明书公开时需要重点考虑的。通常的发明解决多个技术问题，并且它们可能并非是说明书记载的所要解决的技术问题，因为会随着现有技术的不同，区别特征的不同，而确定不同的技术问题。所以在技术贡献的前提下，进一步判断说明书公开才有实质上的意义，比如说这个技术可能解决5个问题，到底怎么样算是公开呢？我们可能要先确定它的技术贡献、创造性、创新点在哪里，围绕这个点来讨论公开到什么程度。在该案中，二审法院也是依据这个思路进行裁判的。

此外，延伸思考下，禁止反悔原则在确权领域如何应用？通常在专利领域，禁止反悔原则会在侵权诉讼程序中运用一下，但是在专利审批流程，包括确权程序中，如果应用的话，是不是需要多斟酌一下？因为在侵权案件审理中，专利权人在行政审批阶段说了些什么，相对是比较固定的，已经固定下来了；而在行政审批过程中，这些东西是不固定的，因为对比文件往往会不停地变化，申请文件也在不断修改中，所以很多内容不是绝对固定的，所以禁止反悔原则在这样程序中是不是要谨慎考虑一下。

关于说明书公开程度的考虑因素的问题，往往要在撰写瑕疵和技术贡献之间寻找一个大致的平衡。现在讲的"三性"评判，这一审查政策的合理性还在于保护真正的发明创造，弥补申请人撰写能力的不足，这个跟当前确保有创造性的发明能取得专利权的司法保护政策也是相一致的。在专利申请具有实质性技术贡献的情况下，审查员不可以因为撰写形式上的瑕疵而直接否定掉作出的技术贡献，不能因为申请人对于个别部分撰写得过于简单而忽视技术贡献的存在，而应该在评判其专利有效性的时候，在撰写瑕疵和技术贡献之间寻找一个平衡。这里还要考虑计算机通信领域的特点，它的撰写方式跟产业发展特点是息息相关的，因为这个领域的技术日新月异，创造性劳动更多地体现于系统架构；系统架构会最先提出，比如说我们设计的4G标准、5G标准都是先有一个发明点，而不是先用什么样的具体部件，大家给我搭建；还有程序的编写，首先是有一个发明点，而在这个领域最重要的就是发明点，因此在这个领域中，说明书多以流程图和逻辑框图的形式来进行阐述，权利要求部分多为系统模块，而且以功能性限定的方式对方案进行限定。

对于系统架构的改进，通常只要具体功能可以实现，或者只要将具体功能予以说明，本领域技术人员应该可以根据现有技术实现上述功能。所以说，对专利文件理解与技术领域应该是密不可分的。二审判决提到，这个说明书记载的信息应该足够充分或者至少应该提供足够的、明确的指引，这一标准似乎是提高了说明书公开的要求；一般来说，本领域技术人员通常具有获知现有技术的能力，不存在说明书必须给出翔实的问题，《专利审查指南2010》规定，如果审查员觉得没有合理公开，是可以要求申请人进一步澄清，而不是在原始的初始文件里就必须事无巨细地全部表现出来。说明书公开标准会增加申请人撰写的难度。说明书公开的内容、公开到什么程度，其实是申请人的一项权利，想公开多少就可以公开多少，而不是一项彻底的义务，对于意识比较强、水平高的申请人来说，能在公开与不公开之间，在最后获取专利权的终极目标下，能够达到一个有效的平衡。

此外，说明书公开的标准提升也会加大专利审查难度，因为内容多了，关键点就不突出了，技术贡献就没法体现出来了，进而也会提升审查的难度。法院当然希望说明书能更多地对技术方案给出一个教导或者指引，最好是给出丰富的实施例，便于它在侵权判定的时候能够有所依据。但这点的考虑不能忽视本领域技术人员的认知能力，以不断地提高文件的撰写难度为代价，还要考虑本身计算机通信领域特有的特点，一直以来或者将来也是这样，形成了一个发展模式，就是它的发明点是最重要的。

专家二观点：

在确定专利文件的相关标准前，我们首先要确定该技术是什么技术领域，不同的技术领域的特点和需要保护的具体内容也是有着相应的特点，考虑到相关所属技术领域的特点，专利说明书用词的理解应考虑相关技术领域的特点。同样对于撰写软件类的专利而言，一般首先提出一个系统的架构，其次在这个架构的基础上，用一个逻辑框架流程图，具体实现的时候，大家都知道查询要怎么做，它背后有算法，算法本身不是专利保护的范围，再往下会是一个写代码的过程，代码一般来说也不是专利保护的范围，所以当我们在谈这一类专利的时候，其实我们保护的是一个发明点，具体来说是一种逻辑、流程，一个架构设计。我举一个例子，大家每天在用的 Word 软件，它的编辑功能大家都会用，我也可以用 VB 编程对 Word 软件进行编译，这个功能也都是有的，大家几个人会去用？我们不会去用的。讲 Word 软件功能的时候，肯定要讲它的文字编辑功能和 VB 编译功能，我要用编辑功能或者是编译功能，在这个领域里表述上是一个非常自然的表述方式，也是一个非常清晰的表述方式。其次，说明书的撰写要求在《专利审查指南 2010》里面写了清楚、简要、公开充分。当指出具体的游戏所对应的名称的时候，某一个游戏是可以接到这个服务器上，至于怎么接上去，就是要有一个具体的接口，对本领域技术人员来说，当一个具体的游戏服务器是明确的时候，它的接口一定是明确的。例如现在那么多 APP，只要写明是接安卓系统的和接苹果系统，只要写了这一句就够了。所以，我个人认为，技术领域是特别重要的。最后，还可谈谈功能性技术特征这个问题，现在对功能性特征的认定特别让人无法适从。例如，一个机械领域里的词叫导轨，就是能够起引导作用的轨道，这算不算功能性特征？所以我觉得这个特定的功能性特征也要区分技术领域。也就是说，技术领域在专利案件中特别重要。此外，个人还觉得，说明书不清楚，公开不充分、不支持，在不同的阶段，举证责任应该合理分配。现在，随着技术迅速发展，文件信息量越来越大，检索也越来越便利，信息已经越来越公开，公开充分的标准是不是应该也考虑这个背景？除非信息不公开是构成障碍？这是我本人的一个看法。

专家三观点：

在技术类案件中，对本领域技术人员的掌握，应更多关注技术专家的运用。

讨论之二：技术类案件中，专家证人或技术专家的运用

在专利案件中，往往会出现事实问题和法律问题杂糅的情况。例如权利要求的解释，我们很难纯粹地讲它是一个纯粹的事实问题还是一个纯粹的法律问题，或者等同的判断我们很难去区分到底是一个纯粹的事实问题，是一个技术判断问题，还是一个判断尺度的法律适用问题。同样，在今天这个案件里所有介绍的《专利法》第 26 条第 3 款问题也是，本领域技术人员能够实现，它究竟是技术事实问题，还是一个法律判断标准和法律要求？在技术类案件中，如果是一个事实问题，则是一个举证与证明的问题，运用专家证人或专家辅助人就显得更有说服力。如果是法律标准，那么就需要在不同案件中，合理地分析本领域技术人员这一标准应该如何确定，考虑哪些因素来确定。无论如何，在涉及技术类的纠纷中，如何运用专家证人使审查员或裁判员无限接近本领域技术人员都是值得思考的问题。

专家四观点：

在若干非常复杂的案件中，直接运用专家证人直接作认定技术事实查明，我个人认为是技术类案件很好的解决途径。我认为专家证人制度是极为重要，我也到处呼吁和极力推广这样的制度。在科力远案件中，涉及化工领域的发明专利，法庭用了6位专家证人，这6位专家证人中还包括了法庭的专家证人，双方当事人的专家，其中跨学科还包括化工、化学，涉及物理这样交叉学科领域的专家，整个审判仅事实调查就用了整整一天的时间，从早上开庭一直到晚上7点，就用6位专家证人来论证该案件的技术。一般来说，化学类纠纷案件在侵权中往往走鉴定程序，但是该案件的审理用了专家证人，最后判决也写得非常清楚，效果很好。例如，在某个案件中，被告提出来涉案争议的技术问题就是本领域的公知常识，对于这类争议如何在判决中表述往往对于单一学科背景的法官就很难。

事实上，在查明技术事实的时候，裁判者自然会涉及自己能力的局限，这就一定要去延伸查明技术事实的能力，要靠一定的制度机制来辅助他，这个机制应该怎么建设就很重要。技术调查官制度就是一种解决方式。对于司法鉴定报告的预审查中，技术调查官就能发挥很重要的作用。但是技术调查官一定会有局限性，他有可能存在技术专断，举个例子，在跟中国台湾地区的"知识产权法院"交流中，它们就提到2014年中国台湾地区的"最高法院"撤掉了中国台湾地区"知识产权法院"的3个案件，其中撤案发回重审的理由就是过于依赖技术调查官，大多数情况下有技术调查官的"知识产权法院"。由于它的法院大部分的法官具有文科背景，所以让法官来判断技术问题的时候，他通常会比较听技术调查官的意见，但是假如技术调查官存在一种技术专断或者某种技术偏见的话，就会使这个案件结论受到质疑。所以台湾一直是对技术调查官有质疑的，台湾的学者也说过，他们要求将在法官耳朵边叽叽喳喳那个人的声音拿出来质证，即提供技术意见的那个人，他的观点如果不公开的话，对当事人是不公平的，因为当事人失去了一个抗辩质证的机会。因此我个人的看法是，技术调查官是必要的，但是对这个制度一定要加以限制、要进行规制。那么它规制的机制是什么？就是专家证人。我个人认为，专家证人在技术事实的查明中是一个不可或缺的诉讼制度。

实际上双方当事人的专家证人的作用是对于技术事实在庭上各自发表他们的意见，而技术调查官就可以通过参与和专家证人的讨论，包括庭审中的询问和讨论，来制约双方当事人发表他意见的偏见。可能很多人会有一个观点，只要是当事人请的专家，他一定会偏袒自己的当事人，其实这是一个理论上的问题，但是如果你有一个非常好的诉讼制度的程序安排，你就可以非常好地制约双方当事人专家证人对自己当事人的偏袒。

此外，在质证的程序设置上，应该注意是先专家后代理人或者先专家后当事人；其实在很多案件中，技术领域是非常窄的，若干个专家都是认识或熟悉的；在庭审中一开始就会告诉专家，双方当事人的专家是对法庭负责，不是对你的当事人负责，要通过程序来控制专家证人发表偏袒性的意见。即使将来有技术调查官，专家证人依然是不可或缺的。为什么？因为要通过专家证人的对抗来制约技术调查官的技术偏见，从而得到一个相对客观的结论。

论辩"微信"商标之争

【主 持 人】 黄武双　华东政法大学知识产权学院副院长、教授
【与会嘉宾】 崔国斌　清华大学法学院副教授
　　　　　　楼仙英　金杜律师事务所合伙人
　　　　　　苏剑飞　上海恒峰律师事务所合伙人
【沙龙日期】 2015 年 4 月 12 日

编者按

　　2015 年 4 月 12 日，东方知识产权沙龙第 26 期——"论辩'微信'商标之争"在华东政法大学长宁校区举行。到场嘉宾分别就该案判决认定事实是否清楚，发表了各自的看法，并且各自提出了合理的判决方式。

一、背景介绍

　　1. 该案原告创博亚太（山东）科技有限公司（以下简称"创博公司"）于 2010 年 11 月 12 日在指定服务为信息传送、电话业务、电话通信、移动电话通信的类别上提出"微信"商标的注册申请，并于 2011 年 8 月 27 日经国家工商行政管理总局商标局（以下简称"商标局"）初审公告。创博公司在该案审理过程中主张其于 2011 年 2 月 23 日完成微信软件系统，但无证据证明该系统已投入商业使用或被消费者所认知。

2. 深圳市腾讯计算机系统有限公司（以下简称"腾讯公司"）于2011年1月21日推出微信软件服务，晚于"微信"商标申请日，但早于"微信"商标的初审公告日。根据腾讯公司在该案审理过程中提出的证据显示，截至"微信"商标初审公告之日，其用户数量已达5000万人次；截至该案审理时，其用户数量已超8亿人次。

3. 基于以上事实，2013年3月19日，商标局基于第三人异议，作出了不允许核准注册"微信"商标的裁定，并在此后的复审程序中维持了这一裁定。

4. 该案原告就上述行政裁定向北京知识产权法院提起行政诉讼。法院根据《商标法》第10条第1款第（8）项规定，作出驳回"微信"商标注册的行政判决。该次沙龙的争议焦点即该判决认定事实是否清楚、证据是否充分、法律适用是否准确合理。

二、与会专家主要观点介绍

崔国斌：

腾讯公司在该案中的定性为善意商标使用人，且对"微信"商标进行了巨额投资，使商标取得了显著市场价值。尽管创博公司注册"微信"商标在先，但腾讯公司的巨额投资因短暂的时间差即付诸东流的结果是极其不合理的，法院也不能轻易挫败善意商标使用人的商业预期。基于以上观点，尽管法院的推理过程有值得商榷之处，然而瑕不掩瑜，总体而言法院的判决是合法合理的。

在如今社会，各式各样的权利人会因为各式各样的理由互相产生利益上的依赖关系，可能是因为合同的订立，也可能是某个事实状态的发生。比如，在传统的财产法上，一方当事人善意地使用了他人的财产，财产关系就会相应地改变。在这种改变后，是否还需要尊重在先权利人的所有权呢？对于这个问题，并不存在系统的规则，但是法学界共同接受的一个理念是：不能完全机械地尊重在先的所有权，否则将会导致极其不公正的后果。甚至，在某些极端的情况下，例如涉及不动产的情形中，直接会否认在先权利人的全部权益。

很多商标纠纷也是由于上述"善意使用他人财产"的原因引发的，例如著名的"iPad"商标案。这一类商标纠纷案件中，在后的使用人往往对商标进行了巨额投资，使得商标家喻户晓。此时商标权人在有利可图的情形下甚至会向在后使用人开出天价，要求其购买商标。这类案件中，在后的使用人确实是犯了一个错误，然而却不至于花费数额巨大的金钱甚至是6000万美元去弥补这个错误，这并不是司法所追求的公平正义。

结合上述理念来看，社会群体之间互相产生的利益依赖关系并不是永远可靠的，在先权利也不是永远可靠的。反过来看，如果在先权利绝对可靠，很容易造成严重不公平的情况。从"微信"商标案来看，在商标领域落实这一理念是切实可行的。

从司法的社会效应来看，法院的判决是可取的；从商标法的框架上讨论，也能够得到相同的结论。从案情上看，腾讯公司使用"微信"商标晚于创博公司的商标申请日，早于其商标公告日，由于公告日前任何第三方均无法得知该申请，从而产生了该案中的纠纷。事实上，在我国商标的常规申请流程是，在商标检索后发现不存在相同或近似商标后，立即申请商标，待申请日前所有的商标申请公告后，再次检索。在这样的框架下，如果赋予商标申请以绝对对抗效力，会出现大量投机注册，对社会秩序造成严重影响。为了避免上述情形的出现，赋予商标申请相对效力是更合理的做法。

另外，该案的确涉及公共利益。然而法院依据《商标法》第10条第1款第（8）项规定作出判决，这是有待商榷的。《最高人民法院关于审理商标授权确权行政案件若干问题的意见》第3条强调，人民法院判断商标是否有不良影响，应该考虑是否对我国政治、经济、文化、宗教、民族、公共利益和公共秩序产生消极和负面影响。可以看出来，最高人民法院指的公共利益和不良影响应该是指宏观的政治、经济、文化，而该案中相关注册商标仅损害特定的民事权益，不宜认定为不良影响。

但从另一个角度看，一旦该案中"微信"商标发生改变，不仅会重创腾讯公司的利益，也会对其他无数的经营者造成影响。就好像一个交通标志的修改，往往会涉及上千万元的经济投入。而相对而言，创博公司"微信"商标的市值仅仅只有2万元。为了这样微小的财产牵动众多经营者乃至几亿人的利益，并不是合理的做法。就好像行为人建造的楼房侵犯了邻居的采光权，但显然不能因此就强制拆除楼房。这不是符合比例原则的救济手段。

就潜在的救济途径而言，法院可以借鉴传统民法理论，引入添附、混同制度。这样一来，法院就不需要借助公共利益作出判决。整体而言，这样的判决理由可以接受，但仍是稍显勉强。

很多人提到法院的判决会导致公众对在先申请制度产生怀疑。但该案作为一个个案有很多值得思考的地方：第一，该案中导致双方进入僵局状态的原因很可能是商标制度本身的缺陷；第二，对比双方在商标上的投资或者商誉，创博公司几乎为零，但腾讯公司的投入却是天文数字，对比强烈；第三，其他代替性的补偿机制可能产生更合理的结果，但行政诉讼中法院不太可能像民事诉讼一样判决赔偿、补偿；第四，本来只值2万元的商标，仅仅因为申请在先然后便得到6000

万元或者 1 亿元的补偿，这是极大的不公。法院在面对这样极端的案例时，应当具有一定程度的自由裁量权，才不会导致显失公平的判决。

楼仙英：

法院在该案审理过程中，没有教条地进行判决而是采取了价值衡量的方法，这一点是非常值得认可的。但法院对于案件事实的认定存在明显瑕疵，因此判决结果也是错误的。

具体而言，判决书中提到了"尽管先申请原则是我国商标制度中的一个基本原则，但在其具体实施过程中，需要根据个案作合理的利益平衡。"这一观点体现了法院没有落入教条主义的窠臼，而是选择了价值平衡的立场，是值得肯定的。然而，法院对事实认定的纰漏也是非常明显的，主要有：

（1）判决书中提到腾讯公司对"微信"商标具有一种"对特定符号的先占利益和未来对特定符号的使用可能产生的期待利益"。其中提到的"先占利益"和"期待利益"均存在指向不明的问题。第一，腾讯公司并不是"微信"商标的申请人，何来"先占利益"一说？第二，该案事实认定中一直存在偷换概念的情况——8 亿用户数量，是微信用户还是腾讯公司用户？如果是后者，那么腾讯公司又何来基于"微信"商标的"期待利益"？

（2）法院主张庞大的微信用户对"微信"商标已经形成稳定认知。这一点缺乏有力证据的支撑。参考前车之鉴，过去几年火热的"微博"软件如今用户流失严重，足以证明所谓的"稳定认知"是很容易打破的。

（3）法院还提到了打破上述稳定认知需要巨大的成本。退一步说，即使承认"微信"已在消费者中取得稳定认知，简单改变"微信"商标也是不可能造成巨大成本的。这里仍然存在偷换概念的现象，"微信"指的是"微信"软件还是"微信"商标？今天我们打开"微信"软件，就会发现它已经成为一个以即时通信工具为载体的城市生活平台，其中包含"滴滴打车""微信钱包"等服务，与信息传送、电话业务、电话通信、移动电话通信类服务已毫无关联性可言。由此可见，用户确实对"微信"产生了稳定的认知，但这种稳定的认知是针对"微信"软件或者"微信"平台而言，而不是针对"微信"商标。换句话说，"微信"软件明天即使改名为"易迅"或者"聊天宝"，也不会产生所谓的"巨大成本"。

（4）以前我们会听到人们用"Call 我一下"这样的说法请求别人拨打自己的电话，而随着"微信"软件的问世，我们今天常常会听到"微我一下"的说法。事实证明，"微信"二字随着"微信"软件的使用、变化，已经逐渐成为通用化的名词。

（5）最后，不得不提的一点是，这是一起行政诉讼案件。众所周知，在行政诉讼中，法律的滞后性、稳定性是必需的。既然目前我国采取的是"先申请原则"，就不能随便根据现实情况去改变。从这个角度上而言，法律的稳定性比"微信"用户的稳定性更重要。在行政领域中，一定是先有某些社会现象，再出现相应配套的法规，司法不能对社会现象作出过多的预判，否则市场秩序是很难维持的。

苏剑飞：

从事实上、法律上，以及法律本身的价值层面的角度分析该案，该案的判决结果都是错误的。而创博公司在该案中也处于"任人宰割"的状态。

第一，众所周知，法律具有指导、预防、规范社会公众行为的作用，当法律很明确地规定某项具体规则的时候，社会公众、商标申请人会对规定有这种期待和信赖的利益，包括对行政机关也有信赖利益。这种利益我相信比刚才的8亿用户的公共利益来得更加重要。就我国的商标申请制度而言，商标先申请原则赋予在先申请人信赖利益。正是基于这样的信赖利益，商标权益人才会去投资、去发展品牌。

第二，商标申请的大约2个月后，在商标局网站就可查询到。从这个角度而言，腾讯公司不能被称为善意商标使用人。因为腾讯公司有义务也完全有能力发现"微信"商标已被申请注册，但它没有履行这样的义务，更没有及时改变商标或者谈判购买商标。相反地，腾讯公司是抱着一种侥幸心理继续使用商标，造成了今天的局面，因此从任何角度来说，腾讯公司都谈不上是善意的商标使用人。

第三，即使到了今天，腾讯公司改变商标也是不需要很大的成本，"微信"更名的成本和"王老吉"更名为"加多宝"的代价是不能等量齐观的。因为"微信"商标更改后，消费者使用的"微信"软件并不需要发生任何改变。换句话说，腾讯公司改变"微信"商标后，还是向消费者提供相同的服务。而所谓的"公共利益"是指公众不能被剥夺使用"微信"软件的权利，而不是腾讯公司非得使用"微信"商标不可。从这个角度看，该案的判决也是站不住脚的。

第四，整体而言，该案的判决结果对公众基于商标"先申请原则"产生的影响是十分恶劣的。消费者会忍不住质疑，在此前的"iPad"商标案中，苹果公司甚至有几百亿美元的销售额，是不是也能依据《商标法》第10条第1款第（8）项申请宣告唯冠公司的商标无效呢？我们甚至可以设想这样一种情形，我国某企业的商标"乐百氏"具有很强的显著性、创意和美感。这样的商标具有很广阔的使用前景，如果此时有大型企业大规模地使用"乐百氏"商标，按照该案的逻辑，大型企业是不是也能借助规模优势强取豪夺"乐百氏"商标呢？这两个问题的答案当然是否定的，因为其中对于中小企业的不公平是显而易见的。

综上，在"先申请原则"的法律框架下，该案的判决从任何角度看都是不公平的。虽然该案只是一个个案，但是我们不能排除以后有大企业效仿，在发现优秀的商标申请时去强占。因此，该案的判决是非常不可取的。

三、主要争议焦点

争议焦点一：腾讯公司在开始使用"微信"商标时，创博公司申请的商标尚未初步审定公告，在这一阶段，腾讯公司是否能够查询到创博公司的申请？目前的证据能否证明这一点？

苏剑飞：

腾讯公司完全能够完成这样的查询。一般在商标申请的2个月后，甚至1个月后就可以登录商标局网站查询。唯一的例外是商标局网站2014年5月出现重大故障，然而这和该案事实无关。另外，通过相关的软件，是可以检测到商标局彼时的网页情况的。

楼仙英：

商标查询存在两种方式，一为网上公开查询，二为委托中介公司付费查询。正常而言，两者是不存在差异的。但由于我国庞大的商标申请数量，商标局的工作效率有限，往往需要在申请日后2个月甚至3个月后才能通过第一种方案查询到商标申请。而通过第二种方案进行查询，时间会相对短一些。

丁律师：

在2010年之前，确实需要在初审公告后才能查询到商标申请，但自2010年底起，即可在初审公告前于中国商标网查询商标申请。至于时间，最保守的说法，是在商标申请后6个月内能够查询。

争议焦点二：我国《商标法》规定了"先申请原则"，同时也赋予在申请日之前使用商标的使用者的在先使用权。然而，腾讯公司使用"微信"商标晚于商标申请日。这样的情形下，是否还需要保护腾讯公司的"在先使用利益"？

崔国斌：

在中国的商标法上，在不符合"在先使用"的前提下是不能剥夺在先申请者获得商标的预期的。但未来商标立法中，应当基于在后的善意使用，对在先申请人的财产权益进行一定的限制。世界上其他国家已经出现了这样的司法实践。

该案中法院的判决并没有采取这样的救济途径，而是略显牵强地从"公共利益"出发进行说理。就我国目前的法律环境而言，上述的机制还过于极端，仍需要从立法上完善这一逻辑。

楼仙英：

我国商标法保护的是已经注册的商标，以及根据《巴黎公约》保护在中国没有被注册的驰名商标。以实际使用挑战商标权的注册原则，不仅仅对民众针对"先申请原则"产生的信赖利益造成影响，甚至会颠覆整个立法系统。中国的商标制度经历了从核准制到注册制，再到注册制和先申请原则的结合，是一个国家制度的选择。即使是针对个案而言，也没有必要作出这样的颠覆。

苏剑飞：

"先使用原则"最大的缺点是其效率不高，然而商业领域是讲究秩序的，因此目前全世界范围内仅仅有美国和菲律宾两个国家仍采用商标"先使用原则"。一方面，中国的现状是"先注册原则"与"先使用原则"互补。例如在先的未注册的驰名商标、商品装潢或者其他在先权利与注册商标权发生冲突时，在一定条件下也能受到保护。然而腾讯公司的情形并不适用这样的保护，因为腾讯公司是在商标申请日之后才开始用"微信"商标的。但是，另一方面也应当看到，商标申请人在商标核准注册之前是没有任何权利的，包括专用权和禁止权。在这个阶段，腾讯公司从2011年1月开始使用"微信"商标至今，已经使"微信"成为知名商品的名称，一定程度上具有了权利属性。至于这项权利能不能打破商标的先注册制度，是存在一定讨论空间的。

争议焦点三：在商标分类体系中，"微信"是否属于描述性商标？甚至，以"微信"相对较弱的显著性来看，是否能够将其定性为商品通用名称？

苏剑飞：

通用名称是指一个行业中每一家企业都在使用的一个名称或者符号，然而该案中只有腾讯公司一家企业在"即时通信服务"行业中使用"微信"商标，一家企业不能代表整个行业，所以不能将"微信"定性为通用名称。"微信"也不是描述性商标，最多也只能算是一个暗示性的商标。即使退一步，把"微信"二字在使用伊始当成通用名称或描述性商标来看待，腾讯公司长时间地使用也使"微信"商标具备了标识商品来源或者服务来源的功能，产生了很强的显著性。在今天，"微信"绝对不可能是商品通用名称。

楼仙英：

"微信"这个词本身是具备一定描述性的，同时"微信"二字指向的还是一个平台。腾讯公司的使用已经使其具备了第二含义，但这种使用行为本身，是建立在侵权基础上的。

崔国斌：

最高人民法院的司法解释意见表示：人民法院审查判断争讼人的商标是否属于通用名称，一般以提出商标注册申请时的事实状态为准。如果申请时不属于通用名称，但在核准注册时商标已经成为通用名称，仍然应该认定为属于本商品的通用名称。同样，申请时是通用名称但审查时有第二含义，就以审查时为准。因此，"微信"商标不能被定性为通用名称。

争议焦点四：该案根据《商标法》第10条第1款第（8）项规定的"有害于社会主义道德风尚或者有其他不良影响的"驳回创博公司的注册申请。这样的救济手段是否合理？

苏剑飞：

在适用"公共利益"条款进行救济时，应考虑其他的救济手段是否已经穷尽。然而，该案中，其他的救济手段仍有很多。商标许可、转让或腾讯公司改变商标都可以作为有效的救济手段。因此，法院的判决是有失偏颇的。

楼仙英：

腾讯公司在能够查询到创博公司商标申请之时，就可以着手维护自己的使用权益，但是腾讯公司没有主动提出异议，而是在用户数量激增的今天通过"公共利益"去驳斥创博公司。这是一种玩弄法律的行为。法院采取这样的判决理由，将会打击全社会的公信。

在今天，打开任何一个"微信"软件的公众号，根本看不到"微信"商标。所有微信用户也广泛接受微信是一种服务、平台和工具，而不是一个区分商品、服务来源的标识。该案中，法院更恰当的做法是核准注册创博公司的商标申请的同时，判定腾讯公司的使用不侵权。这样的社会影响会更好，而且能够杜绝商标申请领域存在的投机行为。

崔国斌：

该案中，腾讯公司在某种程度上具有一定的过错：在决定商标使用时没有查询到创博公司的申请。犯错之后腾讯公司投入了巨额资金，由于一方的巨额投资会形成一种非常不对等的状态，此时双方谈判许可、转让商标是不可能得出合理结果的。

法院潜在的救济手段有以下几种：第一种，核准注册创博公司的商标申请，但又保证腾讯公司能够继续使用，双方在事实上共有商标，但这不符合商标法的基本原则；第二种，判定腾讯公司的使用不侵权，但是这涉及反向混淆的问题，也并不合理；第三种，法院要求腾讯公司以合理的价格收购"微信"商标，联系案情，2 万元、10 万元或者 100 万元的价款都是可以接受的；第四种，在最极端情况下，法院认为根本没有必要保护在先申请人的权益，这就是该案法院所选择的方案，并且，法院从所谓的"公共利益"角度出发，得出这一方案，显得更为极端。

商建刚：

尽管"微信"商标是创博公司的一项私人财产。然而，经过腾讯公司长时间的使用，"微信"软件已经和腾讯公司密不可分了。因此，为了避免相关社会公众的混淆，法院即以不良影响为由驳回了"微信"商标的注册。但是，更合理的处理方式是允许创博公司就"微信"商标在第 38 类注册，并允许腾讯公司继续使用，但腾讯公司在使用时应当特别表明是为了区分软件的来源，从而不会构成混淆。当然腾讯公司若在第 38 类上使用，则会构成反向混淆侵权行为。"微信"和"微博"一样均是服务而非商标，"微博"是新浪的注册商标，但现在除了新浪微博，还有腾讯微博、网易微博，也不会出现混淆，这是值得该案借鉴的。

四、沙龙评议

黄武双：

在我国，检索申请中的商标，从商标申请之日计算，至少需要 2 个月才能完成。在这样的情况下，没有证据可以证明创博公司申请行为或腾讯公司对"微信"商标的使用行为存在任何过错。而在财产法和侵权责任法上，只有恶意和有过错才受惩罚。这就在商标注册制度与不属于在先权利的巨大财产利益之间出现了一个没有法律可以援引的空白区域，从而导致了该案的争议判决。而在美国，完成同样的检索仅需要 4 天。如果我们能借助一种技术手段，让商标申请在 1 周之内就可以在网上检索到，那么该案出现的这种现象就可以避免了。

从理论研究角度来看该案的判决似乎是有问题的。从司法操作角度来说，法官为了避免出现无法接受的后果，驳回创博公司的商标注册。然而，法官必须找到法律依据才能判决，以结果作为导向，只能援引《商标法》第 10 条第 1 款第（8）项。因此，从个案出发追寻法院、商标评审委员会援引法条的理由，该案的判决结果是可以接受的。但是究竟什么是公共利益、不良影响，这仍值得研究。

个案追求实质正义，可能会对法律的稳定性产生一些冲击，但是基于该案案情非常极端的现实，该案判决对法律权威、法律信仰不会有太大的后患。同时，不宜将我国的判决和判例法国家的判例等同起来，在中国，任何一份判决最多也只能上升到指导性案例的地位，远远不及判例之于判例法国家的作用。

在民法基础上讨论该案，善意当事人在后的财产利益达到一定程度时，也是需要保护的，典型的就是民法中的善意取得制度。但是，在现有法律框架下，如何将民法原理与商标注册制度进行融合，是一个不小的难题。

网络内容聚合服务的法律问题探讨

【主 持 人】 侍孝祥　华东政法大学知识产权学院讲师
【与会嘉宾】 崔国斌　清华大学法学院副教授
　　　　　　刘军华　上海市第一中级人民法院知识产权庭庭长
　　　　　　杨　勇　上海市文化市场行政执法总队网络稽查处处长
　　　　　　刘海虹　上海外国语大学法学院讲师
　　　　　　林　华　沪江网法务总监
【沙龙日期】 2014 年 11 月 30 日

编者按

　　网络内容聚合服务，是指通过网络链接、搜索引擎、数据挖掘等网络技术，将分散在互联网上的信息资源整合起来，使得网络用户能通过一站式平台访问这些数字资源的网络服务。例如，今日头条、迅雷看看、UC 浏览器、百度影音、快播等软件和服务，它们基于流媒体技术、C/S 技术以及技术开发，通过与支持其内核的网站合作，提供跨站点内容搜索和播放服务，从而构成一种典型的内容聚合型服务。随着移动网络的迅速发展，网络渠道服务与内容提供之间的界限逐步模糊化。面对复杂的新局面，是否要拓宽法律以保护著作权人的利益？法律又应该以什么样的方式应对？

研讨问题：

1. 内容聚合服务的技术特质是什么？其与深度链接、加框链接有何区别与联系？

2. 加框链接是否侵犯信息网络传播权，应如何规制或管理此类行为？

3. "服务器"标准、"实质呈现"标准及"用户感知"标准之间的区别何在？它们是否真的相互排斥？

4. 对加框链接法律属性的认定应更倾向于法政策的决断，还是著作权法自身逻辑的演绎？是否有必要为了"利益平衡"而牺牲版权的形式逻辑？

5. 如果加框链接不属于传播行为，其可否用反不正当竞争法规制？如何规制？

6. 在网络环境下，是否需要对著作权人（作者）和传播者（被链网站）的利益作区分保护？若需要，应如何进行？

一、背景介绍

侍孝祥：

今天的主题是"什么是网络聚合服务"。今天的沙龙是非正式的，有任何问题，鼓励同学们在讨论环节都能及时地提出。

今天非常荣幸地请到了很多大咖，让我来为大家介绍。第一位是来自清华大学的崔国斌教授，第二位是来自上海市第一中级人民法院的刘军华法官，第三位是上海市文化市场行政执法总队的杨勇处长，第四位是上海外国语大学法学院的刘海虹老师，第五位是沪江网法务总监林华先生。我们请崔国斌老师和杨勇处长为我们作背景介绍。首先请崔国斌老师。

崔国斌：

谢谢侍老师的邀请，非常高兴来上海呼吸新鲜空气。关于网络聚合服务我研究的也并不是特别深，只是曾经关注过，而且写了一些文章。我觉得直到今天关于网络聚合服务的边界也不是特别清晰。我的个人理解是这样的，我们传统上说的内容提供商，就是把内容上传到网上时大家可以获得，提供商都希望各自的网站被记住，然后从各个网站内寻找内容，后来像搜索引擎和一般链接，它的出现使链接出现了分工，一部分人提供链接，另一部分人提供内容。以至于很多人从提供链接的服务商中直接获得内容，这样就给用户一个印象，只要直接在百度搜索框中搜索出内容就能获得你想要的东西，这就使得用户发现提供链接的提供商和提供内容的网站已经产生了替代性。我们把间接地提供内容的网站叫做网络聚合。其实它背后所隐藏的技术就是我们比较熟悉的加框技术，或者是搜索引擎。照我看来，所谓的内容聚合网站，就是利用搜索引擎和普通的加框技术，使得用户能够感受到，这些网站在自己提供内容，具体表现在我们日常生活当中，形式非常多样，提供文字的、提供语音的，以及提供视频的网站。表现在具体的服务内容上，就像曾经用过的搜狐网站，它们把自己的内容都放在自己的门户网站上，然后对外提供，现在大部分观众直接从搜索引擎搜索需要获得的内容而不必进入门户网站，越来越多的人不再去看新浪和搜狐，这是今天搜狐和新浪没落的原因。

搜索引擎现在走得更远，比如说图片的搜索。其中百度搜索和谷歌搜索有很大的区别，百度搜索搜出来的图片相对于比较完整，让人感觉不到是任何第三方提出的。谷歌同时也提出图片搜索，早期的谷歌搜索很清晰地告诉你它的图片来自哪个网站，在那时，如果你想要图片的原图就必须到第三方网站去下载，现在它慢慢向百度搜索靠近，但是或许它不会走到像百度搜索那么激进，因为还能很清楚地知道谁在提供原始图片。

百度搜索的 MP3 搜索是以链接形式出现，给人的感觉是这些 MP3 好像是百度网站自己提供的。还有那些很常见的移动网络客服端，比如说各种各样的手机应用，就像各种各样的播放器，比如说迅雷快播，这种播放器一方面是面向自己的服务器，另一方面来源或许不是自己的服务器，应该是来源于第三方的网站。它们是通过界面上的加框链接，让你感觉不到视频是来源于第三方，你只要用它的播放器一搜索，界面上就会出现来源于第三方的视频，那个时候你点击，视频就会直接播放。一种很典型的利用第三方的资源来装点自己网站门户的行为。

从 20 世纪 90 年代开始，我们所说的搜索引擎，是在对话框中加入内容之后，搜索引擎将会跳转到另一个界面或者是第三方的网站，可以说这是一个很清楚的界限，所以我国著作权法按照这一清楚的界限给它们设定责任。现在随着技术的进步，或者说是随着商业模式的改变，导致中间的跳转环节越来越模糊，会选择忽视或故意地省略中间环节，比如说像我们的手机客户端，简单的前进后退的界面。有很明显地体现出跳转的细节。这就使得网络内容服务提供商和网络提供商之前，中间非常清楚的界限，越来越模糊。模糊的结果就是导致著作权人的不满。在过去我们会觉得提供网站的网络服务商不会从内容中获利，随着界限的模糊，著作权人会觉得提供链接的服务商也会从内容中获利。在这种程度上著作权人就会有很大的呼声要求改变著作权法上的界定，希望将内容和链接进行二分的体制。关于这个问题出现了无数的争议，也成为我们今天所要解决的问题。这就是随着网络的普及非常深刻地改变了20世纪90年代末的网络现状，因此慢慢发现著作权法不再适用。

侍孝祥：

谢谢崔老师的介绍。接下来有请杨处长，他是一线的专家，所以他对网络聚合应用非常熟悉。

杨 勇：

非常高兴今天能和大家一起进行交流。其实这次沙龙的背景主要有两个，一个是《信息网络传播权保护条例》的修订，另一个是涉及深度链接的争议性问题变得越来越突出。2013年的一些案子相信大家也比较熟悉，从百度影音到快播，2014年的今日头条。

对于这个问题应该怎么看，我准备从两个方面开始讲。第一是著作权法中的信息网络传播权的特征，第二是其他行政部门对于深度链接的规制问题。另外，想跟大家分享一下关于深度链接的种类到底有多少。

那么我们先讲一下关于深度链接的种类。第一类是对公开传播作品的深度链接，这会涉及搜索引擎，目前来说我们行政部门认定这个是不会有任何问题的。第二类是对未公开作品的深度链接，比如说2014年上海的一个案子，是对互联网上的一个网站进行深度链接，但是这个网站是不对外开放的，你只有通过这个网站才能打开资料库链接起来。第三类是对非法网站的深度链接，这个主要体现在百度影音和快播。当时我们在查处百度影音和快播的时候，最关键的一点是，查处定向搜索的问题，到底是全网搜索还是定向搜索，如果是全网搜索我们会认定是一种技术措施，如果是定向搜索，它的性质就不一样，那么就要看它主观故意的程度。所以当时我们在查处的时候，很重要的一点就是搜索它关于定向搜索的证据。从实践中我们可以知道一个非法的网站总流量可以达到几百万点击量，获利远远超出大家的想象。一个非法网站，如果和快播合作一年可以收入几百万。这对于整个互联网的传播秩序造成了很大的危害。第四类就是我们经常在执法中碰到的——盗链。比如说现在著名的门户网站像优酷和土豆，拿到版权之后声明，禁止他人设置深度链接，它这样做的目的是什么，就是为了保证用户都发现它的网站。就像是我们最近在查处的，关于机顶盒里的插件问题，它直接跳转到对方的服务器，服务器的流量相当于被他人劫持。第五类，类似激动网之类的深度链接，在世界杯期间，央视网不再转卖它的转播权。现在版权越来越受到国家的重视，一个是产品一个是内容，产品主要是针对商业模式，对于内容大家都知道网易和腾讯又掐起来了，因此产生了一个灰色地带。

从我们执法实践来看，这五类深度链接已经是摆在我们面前的问题。这五类是我们在修订《信息网络传播权保护条例》中所无法避免的问题。

第二个方面就是信息网络传播权与其他著作权的区别不同。其他行政部门是怎样看待聚合问题的呢？比如说广电总署。在广电总署的执法当中，它们认为，网络转播在行政部门执法中是有的，但是在《信息网络传播权保护条例》中是没有的。关于聚合的概念也有所不同，集合是把原来的作品通过排列组合再重新展现给大家，这在某种程度上是一种汇编，没有形成一个完整的新的作品，比如优酷上的电视剧目录，这在总署的概念里是一种集成而不是聚合。聚合是什么，今日头条一看大家都明白了。今日头条的上半部分是新闻，是对原来网页的转码，下面是用户的评论，这之间还有一些广告。从广电总署的视角来讲，形成一种完整的网页，那么就视为作品。但目前我们对网页没有完全认为是聚合。

那么深度链接，在广电总署的体系里有没有呢？告诉大家是没有的。从网络传播的特征来看，我们把它分成几大类，分别是域名、网址、网页和服务器。其中将这些串起来的就是链接。

二、嘉宾发言

侍孝祥：

我们主要讨论的是深度链接和加框链接是不是属于信息网络传播行为？如果是的话应该怎么办？如果不是的话又应该怎么办？如果聚合的是侵权资源，能规制的话则可以，可以视为侵权并进行处罚。如果聚合的是合法资源，那么就需要获得版权人的同意。我们接下来要讨论聚合服务特征是什么，聚合与加框链接有什么区别，这种行为与我们所说的著作权法上的信息网络传播行为有什么区别，如果不构成信息网络传播那么在法律上应该如何规制。杨处长的这五种分类可以说归纳得很好。

接下来我们有请崔老师对以上问题进一步讨论。

崔国斌：

对于加框链接等行为，主流学者和法院认为不侵犯信息网络传播权，因为目前绝大多数国家都认为它不侵犯信息网络传播权，王迁老师肯定也认为不侵犯。按现有法律框架，我们主流意见都认为应当采用服务器标准。如果要侵犯信息网络传播权，那么就必须把作品放在自己的服务器上。而加框链接和普通的链接一样，设置链接的人并没有把他的作品放在服务器上，在传播的过程中用户在他自己的电脑上，直接跟提供内容的第三方建立起联系。所以我们传统的观点都是这么认为的，美国和欧洲也是这么认为的。但我个人认为现在我们需要改变这一观点。服务器标准已经是一个过时的做法，原因我们接下来会进一步讨论。

现在司法实践当中对于加框链接做法不一。第一种做法是按照传统的思路从直接侵权和间接侵权着手。如果提供加框链接或普通链接的时候，知道或者应当知道这是侵权内容，就应该承担间接侵权责任。第二种做法是法院在程序上给设置链接的人提供负担，使设置链接的人实际上承担了直接侵权的责任。比如说百度，给用户设置一种链接，使用户认为这是在百度自己的网站上播放，然后法院就推定为百度是直接侵权。然后要求设置链接的人在事后证明自己不是设置链接的人。比如说原告告你，过了两三个月之后，法院需要你证明自己不是设置链接的人，从时间上来说是很难证明的。在程序法上，实际追究了设置链接的人直接侵权的责任。这是实践中最普遍的两种做法，但是我个人认为这两种做法都有改变的余地。

刘军华：

其实我对于链接的问题并不是特别了解，包括聚合在现实生活当中有多少种形态，刚刚他们说到的问题我很少从这方面思考过。当然关于信息网络传播权的问题，从司法的角度有这么几点。第一个方面是从法官的角度，我们会考虑信息网络传播权这一种权利的性质，信息网络传播权与著作权人享有的其他权利到底有什么区别。从实践中我们可以发现，其他的权利每一次行使之后都会有不同的后果。比如说复制权，我许可给不同的人可以带来不同的后果，每一次复制，复制件会增加，每复制一次都会出现不同的复制件。发行也是一样。但是关于信息网络传播权，法律的规定是，通过信息网络传播可以使个人在自己选定的时间和地点获得作品，我们再结合互联网的特性来考察，如果已经在互联网上合法传播了，在理论上就不存在再次行使的问题，其他人要获得是没有那种障碍的，当然这也只是理论上说。

实际上也有所不同。实际上很多作品已经在网上公开传播了，但并不是因为公开传播了所有用户就都能获得，从理论上来说所有的公众已经能获得了。在这种情形下，再利用的行为到底应该怎样定性？也就是说网络传播到底有几个传播权，是不是可以一次次无限制地行使，这个可能需要很好的思考。我想我们在司法的过程当中会好好地考虑这个问题。

第二个方面是在司法实践中，直接侵权和间接侵权的划分，从目前来看，各地法院的做法都不统一。有一种说法认为，法律主要调整的是人的行为，这一方面说明不能以一种技术标准来规制。它是根据行为的客观表现和人的主观状态，来判断一个人在法律上应该怎样定性。就像我们说不能看到有个人拿枪去射杀一个人，就说明他犯了杀人罪，而不拿枪不造成损害就说，他没有犯罪。归根结底，不能用工具来判断一个人是否构成犯罪。所以我们说，不论是否根据服务器标准，对于最后侵犯信息网络传播权，没有特别的影响。当然通过何种手段实施对于最后的定性会有影响，但并不是一个判断的因素。在前两年的信息网络传播权司法解释中部分地吸收了我刚刚所说的观点。比如在司法实践中，就算不是直接上传，我们也可以认定构成侵害信息网络传播权的行为。再说开一点，如果我们不采用直接侵权和间接侵权的划分标准，那当然很多问题就不存在了。

对于聚合和加框链接也可以从直接或间接的角度来分析。实际上这个问题是有一定背景的，以前互联网上的作品绝大多数是非法的，而现在发生了一定的变化，现在正版的作品相对来说比较多了，而很多链接聚合的都是合法传播的作品。在这种情况下能不能再认定为侵害了信息网络传播权，我觉得这是要思考的。在不同的情况下，可能全部认定为侵权，或者全部认定为不侵权。比如说，在权利人起诉时他会刻意隐瞒侵权事实，而且法院也很难查实，但是被告有可能不抗辩。

第三个方面，现在要考虑的是设置链接合法的作品，或者说聚合的是合法作品，那么设置链接的人或者聚合的人要不要承担责任？承担什么样的责任？这又回到了前面所说的主题，信息网络传播权到底应该怎样定性？一旦作品在网上传播那么公众就都可以获得，如果这时再给它设个链接或者再聚合一下，从理论上说并没有扩大对作品的利用范围。换个角度说，如果权利人许可了他人在网上传播，那就说明权利人允许所有公众都能获得作品。从这个意义来说，聚合到底对著作权人有没有新的损害呢？好像也值得思考。

同时我们要考虑互联网的特殊性，合法传播的作品都是网络服务商花了很大的代价买来的，因此在互联网上传播了，但是因为互联网的特点，它没有办法独享它的利益，别人可以轻易地聚合，对于传播者的利益来讲会不会有一些伤害，尤其是当他人聚合时把广告都屏蔽了，另外又设置自己的广告。所以现在应不应该换一个角度，比如说传播者的利益到底应当怎样保护？我们用什么样的法律来保护呢？如果还是依然由著作权人的权利来规制会不会对传播者的积极性产生一定影响，传播者没有动力来进行进一步的推广，而公众也不能更快更好地接触到权利人的作品。

这也是我初步的想法，抛砖引玉。

侍孝祥：

刘法官的思路解决了之前我思考问题的一些困惑。在广播权刚出现的时候，出现了有线转播，那么这种有线转播是否是一种广播行为呢？有线转播的行为是否应当受到第一版权人的控制，第二传播者（电视台）的控制。美国直到1976年修改版权法之前，它的广播行为都不包含转播。根据王迁老师的说法，因为美国没有加入《保护文学和艺术作品伯尔尼公约》。美国联邦最高法院有两个案例，说实际上转播行为扩大了广播行为的范围，正和刘老师您刚刚的说法有点类似。美国在转播权人的行为利益更大时，对1976年的版权法进行修改，推翻了美国联邦最高法院的判例，明确地把转播行为纳入广播权的范围。再传播的行为事实上扩展了传播的范围。

下面我们请刘海虹老师发言。

刘海虹：

首先很高兴向各位专家学习。实际上这个问题是很复杂的，刚刚各位老师讲的几点我都有思考过。在实践中法院的法官必须解决某种纠纷，而学者可以跳出这种限制。在理论中，有服务器标准，有新公众的标准，我一直在思考为什么会有服务器标准，以及增加了新公众标准到底有什么影响。后来经过思考，我觉得所谓的加框链接而形成的聚合，实际上是一种技术的革新。从历史来看，所有的权利都是滞后的，都是随着技术的发展才赋予权利人这一项权利了，就像刚刚侍孝祥老师说的转播权，也是因为技术的发展。实际上是因为法律的滞后和现实生活中技术发展的冲突，才导致这一系列问题的出现。

就像是出租权和发行权，出租权的出现也是因为出租市场的发展影响了发行，法律才重新创设了出租权这样一项权利。本质上，二次使用的权利是和传播者的利益直接相关的。信息网络传播权和之前的出租权、转播权核心上都是因为技术的革新。所谓的服务器标准和是否出现新公众的标准，都是为了保证互联网能够有序地、稳定地运行。因此，是否可以像平衡出租权和有线转播权一样，来平衡著作权人与传播者之间的利益。是不是应该按照原来的逻辑思路去平衡呢？我个人的答案是，这是不一样的。从实践角度出发，我基本上被崔老师缜密的逻辑思维说服了。信息网络传播权，从一方面讲它释放了用户，从另一方面讲它基本上解放了著作权人。

崔老师的文章中说著作权人要控制，我一直在思考这个问题，为什么著作权人要控制传播？从历史的发展来看，在著作权人与传播者之间的冲突中，著作权人从来都没有处于主导地位，尤其是当广播电视等新媒体发展起来以后。也就是说拥有专业技术的媒体机构，从来都是占据强势地位。而恰恰是网络技术，能够释放著作权人，使得他在与传播者的博弈中，能够有一定的优势。表面上，这只是传播者之间的利益冲突，实际上也包含了传播者与著作权人之间的冲突。

实际上，从长远利益来讲，我个人并不是十分赞同对加框链接进行十分严格的规制，反倒是可以依据现有的标准，把它交给有经验的法官来权衡。

这是我的一点理解，谢谢大家！

侍孝祥：

谢谢！下面有请林华老师。

林 华：

大家好。首先被称为老师让我有点不好意思，今天我主要是来学习的。从刚刚各位老师的发言当中我也学到了很多。

第一，先定一下，我的基本思路或者说一个基本方法论。我们现在这个时代，永远都有新问题的出现，一个问题解决了，另一个问题又诞生了，所以我觉得每个人的讨论都是必要的，在混沌当中慢慢变得清晰。我觉得我们研究所有问题都应该有这样一个方法论的基础。

第二，今天讨论的问题主要跟链接相关，聚合本身也是建立在链接之上，给我印象比较深的是刘军华老师，他从行为上来探讨。我觉得学法律的很多人包括法官和学者，都很容易从技术的角度来讨论问题，我觉得有它的合理性，因为互联网本身就是因为技术的革新而产生的。但是从法学者的角度来说，法律真正规制的不是技术本身，而是行为。无论传播是通过 http 协议，还是 web 协议，都是通过人的行为实现的。

第三，我们再来讨论一下链接本身的问题，从互联网从业者的角度来说，我觉得链接就是互联网的应有之义。有互联网就应该有链接，有链接才是一个真正的互联网。所以基本上我们应该把链接当作一个中性的观点，链接本身是符合互联网的，它没有合法与非法的区别。因此链接本身是一个合理的技术行为。

第四，关于语言的问题，我想关于语言的应用应该定义一下。我们在讨论问题的时候必须在同一个语境之下，我们在说同一个词汇的时候，必须是同一个理解，这样的沟通才会在同一个频道之内，这样的讨论才能保证一个对等的交换。所以对语言本身我想说两个问题。第一点是关于语意的问题，就像是小册子上写的"利益平衡"这个词，它的前提就是著作权人的利益是优先的，这个对等的前提是不对等的。又比如在《物权法》中，需要平衡物权人和全社会，就比如物权人和相邻权人，这种比较存在的前提是物权人的权利是绝对的。这就是我想说的，在法律语境下，每一个词都有其特定的含义。

第二点，就是刚刚杨老师说的，在文化体系中对于网络聚合自己定义的问题。这可能带来一些问题。比如说信息网络传播，不论在执法中还是司法中，都是特定的意思，因为关于信息网络传播权在著作权法中已经给定了特有的意思范围。但是什么是聚合，什么是集成，这些都没有定义。所以我们会发现在讨论同一个话题的时候会出现不同的词语，比如说"西红柿"和"番茄"都是指同一个东西，但是如果不同的立法机关，对词语有不同的解释，将会带来一些问题。

对于刚刚杨老师所说的集成，我的理解是，集成只是对标题的混合，而不是内容。从集成电路这个词中可以看出，集成就是把所有的东西放在电路板上。所以集成和聚合我们就很难从词义本身上看出它们两者之间的区别。所以，从过去到现在再到将来，我们都会发现对同一个词语，定义是繁多的。所以，有没有这样一种可能，从学界的角度出发，给词语一个特定的含义，从而方便各种讨论能够顺利地进展下去。

第五，我们再讨论一下在信息网络传播中到底应该奉行服务器标准，还是主观标准。我对这个问题的理解是，在一定的条件下，在一定的法律中，是应该采用主观标准的。我举一个例子，比如说商标的侵权，混淆就是一种主观标准。所以无论在执法中，还是司法中，为了证明侵犯商标权，法官会把自己扮演成一个消费者，从而进行主观的判断。但是在著作权法的语境当中，信息网络传播权是有其定义的，它本身采取的是一种客观标准。所以在这种情形下，如果我们以主观标准来对它进行判断，这实际上就不再是一种学理解释了，或者说这种学理解释已经改变了法律的本身。我个人的观点是，我们还是应当遵从著作权法的本意。以对内容的控制来界定什么行为是信息网络传播行为，那么根据对内容的控制这一点来说，我觉得采用服务器标准是合理的。而链接控制的不是内容，它控制的只是渠道，比如说服务器上的内容已经没有了，那个链接还能出现，说明这已经不是服务器上的内容了。

我觉得链接应该遵循以下标准，第一点，一个合法链接在呈现方式上，必须是合法的，比如说它应该标明来源，以及原样呈现。有些链接已经把来源网站的广告屏蔽了，说明这已经不再是原样呈现，而改变了它的实质内容。第二点，我觉得原网站应当有权利采取技术保护措施，其中也包括采取声明禁止的方式。第三点，我觉得对于非法链接可以采用共同侵权理论来规制，我觉得在著作权法中采用直接侵权方式，更应该侧重于考虑共同侵权理论。

我的意见完了，谢谢大家！

侍孝祥：

崔老师，您呢？

崔国斌：

好的，我觉得我们已经慢慢接近正题了。其实按照主流意见，加框链接并没有损害著作权人的利益，我个人认为这种理解是错误的。刚刚杨老师他们提到的关于欧盟法院的案子，欧盟法院的第一种观点是，你把你的作品放在网上，许可一个人传播，这使得全世界任何一个网民都有可能获得该部作品，这是它逻辑的第一步。我们今天所说的加框链接，是指一种链接使用户不能明确地感知是谁提供了内容，只以为是加框链接的人提供的。欧盟法院的第二种观点是，用户沿着这种链接所访问的依然是原网站，链接并没有改变用户能接触到作品的潜在范围。它的说法是并没有增加"new public"，所以这对于著作权人并没有造成实质性的伤害。我个人认为这种说法是不合理的。

比如说侍老师制作了一个网站，理论上全世界的网民都可以访问这个网站，这时候我也建立了一个网站并且复制（copy）了侍老师网站上面的作品，然后我也对全世界的网民都公开传输，这时候如果著作权人来告我的话，按照已有的标准，我会利用欧盟法院的逻辑告诉你，我并没有对你造成实质性的损害，因为我并没有增加新的公众。为什么呢，因为可以从我的网站中获得信息的网民本来就可以从其他的途径，比如说直接从侍老师的网站上获得内容，这时候我并没有给著作权人造成的伤害。大家觉得这种逻辑可以接受吗？如果可以接受，那么大家可以发现，我们根本没有必要限制信息网络传播权，其他人并没有给著作权人造成额外损害，反正放在网上大家都能看到。

所以我认为，欧盟法院在这一核心问题上的逻辑是错误的。著作权人的确有权利去控制作品传播的范围，比如说我许可侍老师对外传播，那么我就不希望其他人也对外传播，其他人可以帮助侍老师传播，比如说设置一种链接直接跳转到侍老师的网站，这是可以的。但是，如果设置一种加框链接，使大家都不能感受侍老师的存在，而只是感受到设置链接人的存在，这种情形下，就相当于设置链接的人从著作权人那里获得了百分之百的利益。所以我们现在的主流观点认为，只要你没有改变侍老师网站的传播方式，都是能接受的。美国联邦最高法院在一个案子中说，如果对于链接的消费者而言，都不在乎这一技术是怎么实现的，他达到了完全一样的传播效果，我们的立法者和司法者为什么要在意？

我觉得如果过分地关注技术本身，就失去了法律的本心。所以我个人认为这对著作权人造成了实质性的伤害。当然我要强调一点，加框链接对于网站的损害和对著作权人的损害是不同的。比如说你设置了一个加框链接，使被链接的网站系统一直很忙，因为它的服务器一天到晚都在为你服务，对被链接的网站会造成物理上的伤害，而这种伤害并不是所谓的著作权法意义上的伤害。这时候可以基于著作权法以外的法律来主张权利，比如说反不正当竞争法。

当然了，怎样解决这一法律上的缺陷，可能在下一次修订著作权法时，对信息网络传播权进一步限定。当然怎样限定，这依然是一个值得讨论的问题。比如说你制作了一个网站，用户上传了含有著作权的作品，你就需要对播放作品的行为负责而不是上传行为。因为过去的理论认为，用户在自己家里用自己的手机进行播放，是用户自己的行为。我的理解是，只要用户是在你能够控制的界面上进行播放，你就必须对这一行为负责，不论你是从自己的服务器中提供作品，还是盗用了第三方网站的作品。我们在乎的是，是否是在你的界面上进行播放。从著作权法的意义上来讲，只要你从播放的行为中获益，你就需要对这一行为负责任。

我个人觉得，这才是我们需要讨论的真正的核心问题。当然这只是我个人的意见，我相信90%以上的主流意见都不同意，而这也正是我要写文章的原因。

好的，谢谢大家！

杨　勇：

我接着崔老师跟大家分享一下自己的一些粗浅的认识。刚才刘法官的观点我蛮认可，我们在看一个传播的过程当中，其实最终是看行为。无论所有的形式、结果、参与者、还是技术，最终都是看行为的。行为是我们认定违法不违法非常重要的一个出发点。在我们思考整个信息网络传播的过程当中，我的理解是分两方面的。一是确实涉及信息网络传播权定义的问题。那么这方面的定义呢，在实践当中分为两类，一类是广义的，另一类是狭义的。狭义的很清楚，就是指目前著作权法，包括欧盟、美国研究的信息网络传播权的定义。我们目前讲一般是提供加获得。提供目前的解读就是直接提供。直接提供加获得就是双向活动的行为，构成了信息网络传播权，这是一个狭义的概念。那么在信息网络传播上，还有一个广义的就是信息网络传播的概念。不能用权利来解释，刚才我讲的网络直播这块。网络直播就没办法用信息网络传播权来解释。

上个月山西省版权局打电话找我说，一个网站把全国的卫星电视频道都集成在里面了，集成了之后，它也不是搞点播，它延迟十秒直播，问我能不能查。我说首先要清楚它侵犯什么权利。现在很显然它不是信息网络传播权，它是直播。至少从我国著作权法对信息网络传播权的定义，不是用户可以选定的时间获得的。这个权利定义就有问题。其次，如果这个是网络直播的话，当然延迟十秒可以认定为网络直播。网络直播，根据目前主流的观点解释，实际上是权利人的兜底条款，也不能去查。后来他说想做个案子。我说你想做案子这个积极性很高，但是就目前这个法律来说，这个是典型的民事纠纷，行政不能介入。这是一个案例。另外一个案例就是涉及我们对广义的信息网络传播概念的一个解读。2013年百度影音的案子，大家有没有注意到最后在决定书里的引用没有出现《信息网络传播权保护条例》的法规，引用的是《著作权法》第48条，最后是依据这个出发的。当时的描述是未经权利人许可，通过信息网络传播他人作品。当时我们做了一些变通，那么这个变通的话，其实就是为了扩大信息网络传播这个概念。就是不想陷入这个狭义的信息网络传播权的概念中，我们就作了一些技术性的调整。当然，从《著作权法》的立法背景来说，毫无疑问，这个信息网络传播权一定指的是我说的提供加获得这个概念。

那么广义定义和狭义定义产生的空白地方，恰恰就是我们信息网络传播这几年产生的困扰。事实上也是帮助侵权、深度链接等带来的问题。核心的源头是在这里。刚刚崔老师另一个观点，我是赞同的。就是对这些权利的概念一旦产生了歧义之后，今后怎么办？其实这是下一步，不代表以前就一定是错的。我觉得以前制定的时候有特定的情况背景。

第二个方面，我要跟大家阐述的观点是对行为的把握。就是如何去把握涉及信息网络传播权的行为。从我们目前的实践来看。一是实施行为的主体是谁，二是参与共同侵权的是谁。这是两个概念，一个涉及直接侵权，另一个涉及间接侵权、帮助侵权这一块。那么第三个我们会注意的是作品会存储在哪里，也就是大家讲的服务器标准。服务器标准本质上是没有问题的。我跟王迁教授也讲过，服务器标准最后讲的就是作品存在哪里。如果存在服务器里，那么当然侵权行为是有结果的，还是要展现这个行为。第四个我们就是看传播的结果，崔老师讲的就是实质性呈现。那么我们另一个讲法就是用户感知。从我们这边来看就是结果在哪里呈现。我要阐述的一个观点就是我们最近总结的，我最近会很大胆地提一个新的概念叫"控制标准"。就是我既认可服务器标准，我也认为用户感知它也有一定的道理。但是这两个标准在目前信息网络传播的情况下，还无法解决我们现在的问题。那么接着刘老师的话，就是思考行为所带来的侵权结果，谁是行为的主导者，最终的核心就是"控制标准"这一块。

那么这个标准何时提出呢？在《中国版权》2015 年第 1 期发表了这一篇文章，我是胆子比较大的。那么为什么我会讲到"控制标准"这个概念，事实上，在我们执法这么多年一直就沿用这个思维。5 年前我们去查网站传播违法内容的时候，尤其是社区论坛的时候，网站的经营者一定会告诉我这个色情有害内容不是它传播的，是用户传播的。那么对于我们行政部门来说，是罚网站呢还是去找传播者呢？在实践当中我们会怎么处理呢？一旦提供这个平台，所有互联网的其他部门，我们不讲著作权法规定的范围，其他部门涉及内容传播的话，它一定首先是找平台。就是平台提供了网站的内容，提供了信息网络服务，就应当承担主要责任。

如果用户在社区平台里传播了淫秽作品，他也要承担责任的。但我们在行政监管的时候，一定是查网站。为什么查网站？因为这个服务是平台提供的，信息网络服务也是平台提供的。这个作品是存储在服务器里的，那么它展现的就是控制标准。在案例当中，在苹果手机刚刚出现的时候，我们前几年查获一个音乐客户端软件。这是一个个人侵权，他做了一个音乐搜索的软件。搜索怎么做呢？完全是一个搜索的客户端软件。他里面有两类，一类是存在自己的服务器，另一类是网上搜索。但是我们核心的确是去找作品存储在哪里。最后他也承认他存在自己的服务器里。很显然，他是存储在自己的服务器里，以搜索的形式来改变他提供内容的事实。我们经常定性这个为"以合法目的掩盖非法目的"。

那么这个就肯定涉及服务器标准这一块。服务器标准我觉得没有什么可以争议的，它没有问题，我还是坚持这个观点。服务器标准导致的就是控制结果的展现。这个在哪里体现，就是因为你的服务器存储了。所以我在跟王迁教授分享的时候，我是明确支持服务器标准这个观点的。

当然，这个标准产生是有它的历史背景的。这个标准，在控制行为出现时，它只要是证据的再现，其实就是存储，我找到存储的证据，我认定这个证据是你行为的体现。这种标准是没有问题的。那么现在出现的问题在哪里呢？因为我们服务器标准适用在执法当中，无论在刑事案件、民事案件或在行政案件上面都非常之难。最近大家应该知道快播这个案子，北京市公安局治安管理总队的副队长在新闻媒体讲授快播案子的时候说，由于快播采用了P2P的技术，其实我们一般行业里叫切片加密技术。即使扣了他的服务器，你想恢复作品并找到作品，没门，找不到。为什么找不到？对搞计算机的来说不是一件难的事情。实际上就是说，服务器标准没问题，可是你让民事诉讼去找服务器标准那是难于上青天的。那么唯一可以找到的就是行政案件和刑事案件。行政案件得扣服务器，刑事案件也得扣服务器。那么现在北京的互联网发展算是全国最强的了。无论是民事司法还是刑事司法，我个人认为都是最强的。上次在上海市静安区人民检察院我分享了一个概念，就是静态服务器取证和动态服务器取证。当我们把服务器扣下来的时候，忽略了一个问题，我们原来以为服务器里就有作品。但此作品非彼作品，文件一旦切片之后就是一串代码而已。虽然把动态服务器打破，拿到静态的服务器，但完全恢复不了这个体系。那么我们也很清楚，找不到淫秽作品的话快播这个案子怎么判？那么证明瑕疵就大了。服务器容易找到作品，我后面讲的这个传播的结果，如果没有做很好的取证，那么这个案子就没办法弄了。不是服务器标准有问题，而是取证的过程出现了重大的问题。这就是一个很现实的问题。

我把我这个关于控制能力的理解给大家做一个分享。其中对深度链接和普通链接我是从四大类来解读的。第一类讲的是控制能力的不同，第二类讲的是传播范围的不同，第三类权利收益的不同，第四类危害结果的不同。那我今天主要跟大家分享控制这一块。从控制管理能力来看，深度链接和普通链接最大的不同是呈现管理网站的义务不同。我们现在讲这个信息网络传播权在互联网上如何体现。刚才崔老师也讲了，当然我也是这个观点。权利怎么体现？在互联网上，首先就是域名。现在当然安卓、苹果这些客户端软件也有体现。普通链接是跳转到被设链网站的域名和网址，对设链网站的内容它没有控制。毫无疑问，这不是一种信息网络传播行为，最多算是一种方式和技术。深度链接则是将被设链网站的内容通过网页链接成为网站内容的组成部分。实现其他网站内容在其自身域名下的选择性传播。我用一个概念叫选择性传播。因为我可以控制传播的结果。所以我选择你，我要那些内容，那些内容才会出现。

为什么我这么讲？包括这次我们去查百度影音，我们倒过来举证。所有的淫秽、色情、政治类有害的作品，关键是它全部屏蔽掉了。那么这种倒过来证明是什么？这就叫选择性传播。我可以控制这个传播结果的，我不让它出现。其次，接下来讲的是信息网络传播竞争的本质是网站流量的竞争。用户是流量的源泉，抓住用户就是抓住流量。流量为王，有用户就有流量，有流量就有收益。互联网的传播结果，最后是通过网站流量来实现的。实现网络传播主要就是域名、网址、服务器、网页。

我这里有一段关于网络传播特征的解读。域名是网站的出生者，或者相当于公司的名称和商号。它是一个出生证。没有域名就无法实现网页的解析，当然无法实现用户对网站的有效访问。网址及 IP 地址是网站的身份证编号，相当于公司的地址。就是先拿出生证，拿身份证是在网址这一块。没有网址就没有网站。服务器是网站内容的存储空间，相当于仓库。没有服务器，网站的内容就没法体现。当然目前新技术带来的云存储，类似传统工厂的大物流，零库存。今后是可以没有服务器的。阿里云的出现我们到底找谁啊？找不到。我只要用阿里云就好了，它可能在整个云存储里全部出现。你去找服务器，连个影子都查不到。其中还有将所有下载者的硬盘作为网络传播服务器，这个大家应该都熟悉。这样一用，这个临时存储的目录就会出现。但是自个儿要把那个索引删掉，你就要去分析了。网页是网站内容展示的平台，相当于百货商店的柜台，商品展示销售的橱窗。通过类比，我们发现，互联网传播的要素不仅仅是服务器还有用户感知的网页，网页内容主要是通过域名来控制，网页内容的管理核心是域名。控制域名是控制整个传播的核心。

从互联网的传播状态来看，对互联网的控制首先就是域名和网址的管理权限。首先，普通链接和深度链接对通过网络传播作品的控制能力完全不同，并导致承担的责任义务不同。目前，法律及行政规章对涉及互联网的管理一般以违法内容传播的管理责任来区分，即我们强调的谁管理、谁审核、谁经营、谁负责。管理责任大小对违法行为承担的后果是不同的。比如所有从事互联网视听节目的搜索、下载、播放的软件，互联网信息服务提供者均对在其域名控制下的网页中的淫秽色情等有害内容承担审查义务。必须进行关键词屏蔽，否则行政机关将追究网站经营者直接管理责任，将会被行政处罚。其次，实践中，信息网络传播权在互联网传播的标志是什么？是域名控制。权利人要求所有的信息网络传播权合同必须清晰指明信息网络传播权的使用范围，比如包含域名、指定软件客户端等。

我们今天很多做法务的很清楚，你跟别人签信息网络传播权合同签什么？合同一定出现客户端软件。我还举个例子，最近我们遇到一家公司很聪明。两家公司都做客户端软件，其中一家公司买了一部分权利，另一家公司没买，为了避免权利人来纠缠，它们把两个客户端软件合并了。

合并之后变成了一个客户端软件。后来我们查处的时候，我们认为合并之前是侵权的，但是合并之后我们就认为是不侵权的。原来那个软件具有这个信息网络传播权，我们还是从控制的角度来看这个问题。显然权利人通过具有控制管理能力的域名、网页、指定播放软件客户端核定内容的约束来主张信息网络传播权的。我刚才解读的理念就是，我们主张一个权利，权利的主张是要有载体的。

如果权利没有地方实现，权利设置还有什么意义呢？最后提几种方法中，第一个观点，我个人认为信息网络传播权的定义是可以调整的。上次在华东政法大学讲科技创新的时候，我就讲了一个"西学东用"和"西学东渐"的区别。我们这套制度都是从西方来的，包括著作权。我去过很多国家，跟他们也做过沟通，他们看到网络侵权也是一头雾水，甚至在关注中国怎么做。在我们学习西方的同时，我个人更赞成"西学东渐"。这个很现实，中国有著作权行政执法，国外还没有呢。肯定是要去借鉴他们，但是不能全盘照抄。照抄肯定做不了。第二个观点就是信息网络传播权涉及刚才我说的五大分类。应该实施分类监管，不同的类型要想办法在立法当中有所体现。比如说搜索引擎这个还是要保护的。如果你说不给搜索引擎深度链接，让它关门了，那不行。但是对其他类型的深度链接，可能对权利人造成巨大伤害的，要去规制。这就回到了著作权法本质的核心。我们设立这么多权利干什么？不就是财产权吗？如果我们设定的权利不能保护权利人的财产权，要它有什么用呢？就没有用了，这样设计的权利就是乱设计的，著作权本质就是财产权。现在这个财产权通过现有的法律没办法保障，那就肯定是出问题了。第三个观点就是对控制标准的探讨，服务器标准也好，本质上就是控制标准的体现。服务器标准的展现就是控制标准，因为服务器的存储承认了作品。用户感知我是不大赞成的。用户感知相对来说是有一定道理的，但是实质性呈现还是一个结果。还是没有把这个传播行为的核心体现出来。传播行为的核心体现就是控制,谁知道了这个传播行为,谁实施了这个传播行为是我们管控的一个对象。第四个观点是民事案件和行政案件在证据搜集上都会带来的极大挑战。最近我们在研究有关结点服务器的技术时,我们能不能查到这个完整的作品。这对我们来说非常难。一旦服务器一停,说我们执法简单也挺简单,冲进机房,把线头一拔,几百台服务器就展现在面前了。现在我们要思考,现在停了几百台服务器,我们这个作品能不能展现出来?能不能找到?只要能找到,这个事情就来了。

我们在日常行政执法当中更在意的是传播结果,是通过传播结果来证明。这里就讲一个今日头条的案子,这个案子是国家版权局委托我们上海执法总队去查的,今日头条绝对不是因为链接问题而被查处的。很多人以为今日头条是因为链接被查的,恰恰错了。今日头条我们查的就是服务器标准。它实际上是以转码的形式在它自己的服务器里进行了存储。当然,一种方法是我们去搬它的服务器,另一种方法是我们去证明它的服务器。我们使用的是第二种方法,我们没有去搬它的服务器,我们通过它的网页、文字的摘要、图片以及转码的结果和技术,尤其是地址访问流量的导向,图文技术手段来侦查和检测它,那么很明显我们认定它是服务器标准的一个侵权,而且是典型的,绝不是我们因为深度链接去查它。在控制标准下的证据采集,这个就是我个人的一个观点,我跟国家版权局也建议,如果要求我们所有的执法人员都去搬服务器,就算搬来了也没用,弄不出来的。公安搬来都搞不定,北京算厉害的都搞不定,指望别的地方搬回来把这服务器标准搞清楚是搞不清楚的。

如果以技术来配合传播结果,就可能把这个服务器标准很好地引下去,但是最后整个围绕的就是控制标准的体现。当然这是我斗胆向学界提的一个看法,当然实际上这是我们多年按照这种方式操作的。谢谢!我先讲那么多了。

侍孝祥:

杨老师刚刚讲的这个控制标准,不知道我理解的是否正确?你刚刚讲的服务器标准也是控制力标准的一种体现,焦点在谁控制。那么用户感知标准呢,你觉得他的关注焦点会是谁控制?我不知道我说的是否正确,用户感知标准就是让用户觉得谁在控制这个网络内容,页面到底是谁的呢?还是说跟您说的控制标准有区别吗?

杨勇:

我们刚才在讲就是要查他的行为,行为才是我们要追究的。因为讲用户感知,这种主观上的感知,很难讲这种行为是谁实施的。服务器标准是因为提供了作品,存储在服务器里,控制了这个传播行为,这是典型的服务器标准。那我们另外讲这个深度链接或者其他的展现是谁控制了这个行为，因为行为人通过深度链接，通过各种技术的方式，把这个结果展现出来，把这个作品没有经过权利人许可，提供给用户了。实际上整个行为跟行为人具有主导地位是有关系的。比如我刚刚讲网站传播淫秽色情内容，一个是网站，一个是用户上传，这两个都是违法的。这个很简单，谁提供了网站谁就是我们行政需要关注的对象。如果不提供这个网站，那么就不控制这个传播行为。因为这个传播行为是可以控制的。可以把它删掉，可以把它屏蔽掉，可以把行为人的这个账号封掉，可以把这个栏目给砍掉，那么行为人导致了这个控制行为。所以谁控制了这个行为是我们要监管的对象。

崔国斌：

我补充一下。我同意杨老师的控制标准。我主张的实质呈现完整的表述是，加框链接设置的是在自己控制的页面上实质性呈现别人的作品，这个时候我们就直接认定为是他自己的播放。那么这个播放行为侵犯哪种专有权利，这是另外一个问题。当然我要解释一下为什么用户感知标准不能很好地解决问题。用户感知标准的问题在哪里？在移动网络时代，我们用的是APP，很多APP的提供者其实打的是擦边球，它通过加框链接或深度链接实现了播放，然后在一个起眼或不起眼的地方告诉你：本播放行为不是我的播放而是链接自第三方的内容。也清楚地告诉你第三方的链接地址，当然不怎么地道的人会把这个链接地址缩的比较短或者说不是很醒目，用灰色的字体或者很小的字体告诉你。这个时候，理论上讲用户有可能知道这个是链接自第三方。如果要基于诚实的原则，不是特别多的用户肯定会觉得它就是在链接到第三方，所以用户并没有感知。所以套用户感知标准的话，用户可能会相信它是链接地址，实际上没有多少用户会把链接地址记下来，然后跑到链接地址上去看。所以这个用户感知，对于著作权人的利益没有特别大的差别，所以在这种意义上不能够接受用户感知标准。该标准还是能让这些人逃避追责。在自己的页面上实质性地播放别人的作品。

林　华：

我这边补充一下，其实杨处说的用户感知标准是著作权法，特别是网络著作权发展的一个重要的突破。如果以传统的标准，即一个物理存储的标准的话，像CPU的存储实际上把静态的存储变成了一个动态的存储，所有的传播都是根据最近的原则不断地转换调取内容的服务器。那么这个云有接近的地方，也就是所有的东西不是静态存储的。那么现在物理的标准已经无法去要求真正的行为负责人，即它的主体在哪里，所以把思维从一个静态标准转换为一个动态的，究竟谁是行为的控制人，这一点上来说，我觉得是非常关键的。这个标准我是非常同意的，我相信杨处也是解释了，尤其是近年来，互联网在发生相当巨大变化的情况下，新问题给我们带来的挑战，这个标准我非常支持。谢谢！

三、自由讨论

现场提问：

之前曾经在优酷工作过，也在搜狐工作过。在优酷工作的时候参加了打击百度影音、快播的活动，在搜狐的时候正好参与了打击今日头条的行动，不过那时候今日头条已经有别的公司抢先，他们是主攻，我们是助攻，这个都是杨处处理的，非常高的素养让我非常吃惊。我是想来学习的，听了几位法官、学者的发言，达到了这样一个高度，感觉受益匪浅。

我想简单地和大家探讨一下，我非常赞同刘法官的观点，法律的判断不能固着于一个技术的判断，法律最终还是对一个行为的判断，因为技术总是在不断更新进步的，假设有一个服务器标准，如果有一天我不用这个服务器也能完成的话，那怎么办？其实我们在现实中是已经遇到这个问题的。我在优酷的时候是负责主动维权的，这也是非常头疼的工作，因为这会出现各种各样的链接，像刚才林华博士讲的那样，链接有很多种，我当时比较头疼的是两种，一种是嵌套，另一种是盗链。嵌套就是说它在我的网站上设置一个链接，点进之后显示出一个播放的窗口，但是主页面还是停留在自己的页面上，让观众误以为是这个网站在播放，它把它想要播放视频的窗口链接过来，也就是崔老师讲的加框链接。对这种行为，如果它是嵌套的优酷，相当于在优酷的网上播放，还是使用优酷的播放器，但没有强调优酷的广告，加框之后对优酷造成损害，一个是入口流量的损失，一个是广告的损失。当然，这个加框链接对我们造成的损失不是特别严重。

最头疼的是盗链，这是个非常没底线的技术。它实际上建立在客户端上面，比如视频播放的客户端。它实现的方式是，在一个比较奇特的网站，这个网站不提供内容，它专门搜土豆、优酷这些视频的地址。这种地址不是网址，地址就像是仓库，网址就像是店面。我们访问网站基本上就是这样一个流程。盗链是上来就搜你的仓库，爬到你的后台，把你的密码破掉，把信息都搜集起来后发到它的客户端上去，这个客户端就有了各种各样的资源，用户想看视频的话，它的服务器就把要看的视频地址发过来了，用户再给优酷的服务器发一个请求，服务器在不知情的情况下就把视频盗到了用户的客户端。

实际上是在用优酷自己的服务器给用户播放。但这是不知情的，不可控的。所以这两种行为造成了我很大的一个困惑。2013年联合起来对抗百度影音和快播，主要也源于此。主要打的还是盗链这种模式。所以说我个人认为不应该去强调所谓的服务器标准，因为在盗链的情况下，是把他人的服务器当成它的一个外置的服务器。它自己的服务器既不下载也不上传，如果你再用服务器标准去套它是不行的。我认为它完成了一个完整的传播过程，我们要对提供做一个广义的理解，它完全实现了一个三方服务，即从它的服务器到优酷的服务器，再到优酷的客户端的流程，使得他人的作品可访问。

我当时比较不同意服务器标准，还有一点关于聚合的问题，有个别的机关提出的概念，我很吃惊。我觉得应该听一听业界的声音。我们所讲的聚合是什么？一个是内容的聚合，即作品的一个总括的集合，这种聚合在业内的做法是一定要经过许可的，如果我愿意比如让360来聚合，我们会达成一个协议，给它开放一个端口，给它一个端口密码，让它到我们这里进行访问，通过我们正当的路径实现一个传播，这样是给我们带流量的，在一定程度上是我们可以接受的。所以非法的聚合，直接搜到他人的端口，把密码破掉，之后把他人的作品全都展示在它的客户端之下然后成为一个集天下作品于一身的产品，这样肯定是不对的。那么我们在早期的视频网站事实上是允许有一定的聚合的，聚合的目的是我们宁可损失一部分入口流量，我们也要传播我们作品的流量，但是当网站发展到了一定规模之后，到了搜狐视频、爱奇艺量级的时候，我们基本上不需要别人来聚合我们的东西了，这个时候我们要的是一个品牌效应，这时候视频的流量入口就是战略的一个高点，谁也不希望把战略的要地拱手让给别人，所以说我认为内容聚合一定是要经过许可的。

刘军华：

我前面的发言不是针对服务器发言的，我是针对网络聚合讨论的内容，我本身也没有认为服务器标准一定怎么不好。

现场提问：

我有几个问题想问崔老师和林老师。一个是信息网络传播权侵权的问题，大家有一个公认的体制，即是不是实施了一个行为，这个行为是不是落入了信息网络传播权规制的范围，有没有获得权利人的授权，到此为止是不是侵权？然后是不是有一个法定的免责事由？接着就是间接侵权、直接侵权、帮助侵权。如果沿着这个思路来考虑，我有几个问题。首先，设链行为是一个中性行为，我个人比较赞同，但是一个中性的行为本身不能构成一个信息网络传播权行为，它必须有意志因素，意志因素和行为因素是构成一个侵权行为的要件。

我想问林老师一下，在没有意志因素的情况下，我们有可能用推定或者其他的一些东西来佐证，但是，您提到一个主观标准和客观标准，这个标准是不是只能作为判断意志因素的一个前提，而不是一个最终的结果。想问崔老师的是，我躺在床上拿着手机看着视频，我有一个用户感知标准，无论如何，用户感知的时候是用户自身的感觉，它无法替代一个真正实施信息网络传播人的当时的意志因素。当然我并不反对把一个用户感知的结果作为当初实施信息网络传播行为人的目的，比如我实施了这个行为，我不告诉你我为什么要这么做，但是我的目的可以通过结果来展现出来，我认为这可以是一个很不错的用来佐证目的的一个标准，但绝对不能成为判断一个行为是否侵权的标准。

第三个问题还是问崔老师的。一个是直接侵权，一个是间接侵权，当然还有帮助侵权。在这个过程当中，我个人的理解是间接侵权行为在某种程度上是借助了直接侵权行为的一种行为，它单独无法满足信息网络传播权侵权行为的整个的法律规定构成要件。间接侵权一定要借助其他的行为。比如我看到网站上有个链接，就像您说的链接，我只要点进去以后，我的电脑自带的下载软件就会分析这个链接，然后自动跳转到某个服务器去下载，那么原先设置链接的人实际上默认了他人会下载，设链的人应该有实施信息网络传播权的行为的意志因素，他实施了一个设置链接的行为，但是提供作品的是一个授权或未经授权的网站，这个时候就构成了一个整体的行为因素和意志因素，这个时候就判断它的侵权行为是不是可以从这个方面来考虑，这种情况下我想问您一个问题，这个问题也问过王老师和吴汉东老师，有没有一种可能当存在直接侵权和间接侵权的时候，这两个侵权人的责任是否可以单独存在，比如一个权利人发现既有直接侵权又有间接侵权行为，权利人豁免了直接侵权人，给了他授权，或者追溯了他的授权，那从理论上来讲，直接侵权人侵权的可能性就消失了，但是间接侵权人有没有依托直接侵权人本身的行为而继续构成间接侵权行为的可能，如果可以，我们现在讨论的嵌套技术或者聚合技术就有了解决的方向。吴汉东老师给过我一个回答，直接侵权人和间接侵权人从本质上来讲承担的是连带责任，连带责任根本的含义就是当直接侵权人获得豁免的时候，间接侵权人照样可以获得豁免，但是在信息网络传播当中，特别是我们今天讨论的嵌套技术当中，很多时候间接侵权人获得的作品来源也许是合法的，或者是无法确定的，比如链接到一个网站，这个网站是不是获得了著作权人的授权，间接侵权人无法知道，也无法举证。

林　华：

我只能按照简单的方式来回答。可能是第一句话，实际上也点到了问题的根本，就是不管是不是服务器标准，实际上对信息网络传播都是法律的定义，而信息网络传播的定义本来就是一个行为，所以所有的判断最终还是回到行为上。你提到一个意志因素，我是这么想的，意志本来就是行为的必要条件，法律所规范的行为都是有意志的行为。你说的一个主观感知的问题，认知标准，我在想这里面是不是有两个意志，一个是用户的意志，另一个是链接人或者传播人的意志，这是两个不同的主体，两个不同的意志。

我自己所理解的行为标准专门是指传播人的意志，我们并不判断用户的意志，用户的感知可能是对的，也可能是错的。

崔国斌：

理解起来有点复杂，我综合起来讲一下你的困惑。我首先从用户感知标准来说，其实我们并不关心用户内心的真实想法，其实我们关心的是，举一个例子，比如说你去一个卡拉 OK 厅点播一个音乐，这个我们现有的法院绝大部分都是判卡拉 OK 厅自己营业性的播放侵犯机械表演权或者放映权，这个时候如果你要把这个细节展开，你会看到其实播放的行为都是自己在找，找完之后自己在播放，为什么我们法律上把它认定为是卡拉 OK 厅在播放，因为这个环境是卡拉 OK 控制的，用户只是在自己决定具体的由卡拉 OK 厅播放。

这时候我们集中关心的是播放这个问题，用户从零开始欣赏这个作品的过程，到底谁在控制这个事情，类推到现在已有的信息网络传播权的边界以及它的认定标准，我们假设这个认定标准是过去的，现在执行有什么意见，因为在将来我们要改变它。加框链接和深度链接，很多人理解为用户自己在家里躺在床上播放，还要找与第三方之间的联系，我觉得这种解释已经不符合我们的实际。我们认为是，行为人提供这个搜索界面，加框链接的搜索界面，告诉用户能够得到很多的作品，但不告诉你怎么得到的，用户搜的时候告诉你自己点击播放，从技术上说这些都是用户自己发动的，传统的侵权理论所强调的意志论，我们认为解释为是用户自己在播放，这个解释是过于片面的。

如果你要加个框，我就向你呈现这个东西，过去把他解释为用户，而这个新的技术同样可以解释为你向用户提供了获得作品的可能性。你提到的间接和直接行为的这种二分论，我个人认为著作权很多立法把间接的行为直接上升为一种直接的侵权，举个例子，比如说信息网络传播权，一定意义上在我看来，就是把一些间接行为直接化，因为本来复制行为就能控制，提供这种供用户获得作品的机会使得用户能够自己复制，如果没有信息网络传播权的情况下，我们可以利用间接侵权来规范网络的行为，因为用户的直接行为提供了帮助，或提供了便利，一旦把它上升到直接侵权行为，对于权利人有很大的好处，这是个很复杂的过错问题，因为证明过错很难，对于权利人而言这是比较低限度的保护，信息网络传播权跟我们说的加框链接的问题一样，当然我同意你的意见，我们可以按照传统的理论说，加框链接的人知道内容是盗版的，然后依然提供帮助，追究加框链接者一定的责任，这在一定程度上对著作权人是一定的弥补，但还不够，因为证明过错很困难。

第二，即使能够证明依然不够，刚刚各位老师说要区别内容是正版的还是盗版的，我个人认为其实没有必要区分正版还是盗版的，即使是正版的内容，如果行为人以加框的形式提供链接，在行为人的页面上对外播放，这也损害了著作权人的利益，即使没有损害网站著作权人的利益，这个时候如果按照传统的间接侵权或者说分界框架，因为被链接网站内容是正版的，行为人自己实际上通过加框链接直接获利，没有过错可言，因为传播的是正版的内容，现有的理论解决不了这个问题，所以我们要跳开这件事情，直接认定加框链接它自己控制链接人的行为，就是自己在播放，这是直接侵权的责任，没有必要走很负责地证明有过错的途径，这是我个人的想法。我不知道有没有解决你的问题。我们禁止提供加框链接不是禁止加框链接技术本身，这是我和王迁老师分歧的地方，我认为说有很多地方可以提供加框链接，只要你接受授权，这些都是技术正常的应用，我们禁止的是用技术来损害著作权人利益。

现场提问：

我是华东政法大学知识产权学院的学生，我想问崔国斌老师两个简单的问题，第一个问题是关于深层链接性质的，崔国斌老师认为我们应该扩充信息网络传播权，进行一个规制，那么我想问一下什么是深层链接行为？是从结果的角度来说，对原来的提供者产生一种替代性效果，就是刚刚老师给深层链接设定的一个定义，或者是从一种结果的角度来说，如果它产生了一种替代性的效果，那就是一种深层链接行为，就应该受到著作权法的规制了。在我之前看到的一些文献认为，深层链接，技术上的定义是让被链网站首页的链接，我们如果根据这个定义来看的话，深层链接有很多种不同的形式，我觉得可以分为两种，一种就是显示原来的网址链接，另一种就是不显示的，对这两种行为性质的链接，我觉得对著作权人的利益损害程度是不一样的。因为如果是加框链接的话，它实际上是产生了一种替代性的效果，如果是普通深层链接行为的话，它不一定会产生替代性的效果，因为它发生了页面的跳转。如果我们要扩张信息网络传播行为，对信息网络传播权作一个规制的话，我们是不是应该有所区分，或者我们对这种行为进行一个技术上的界定？如何去保护不同类型的深层链接行为？我的第二个问题是，崔国斌老师认为之所以要去规制深层链接这种行为，是因为著作权人对传播这个行为存在利益，著作权人可以选择让这个网站来传播自己的作品，而不让另一个网站传播。那么是不是存在这么一种利益要去保护呢？因为我觉得作为受众而言，我也有获取作品的利益，比方说我可以从不同的网站获取这个作品，这是不是受众利益的体现？对深层链接行为作一个规制的话，那么在一定程度上肯定是限制了受众获取这个作品的可能性程度，是不是存在利益就需要保护？这是我的两个问题，谢谢老师。

崔国斌：

我简单回答一下，关于第一个问题，因为深层链接有不同的类型，我完全同意你的意见，因为深层链接跳转的话，法律上的意义是说跳转之后的页面跟设置深层链接没有任何关系，在页面出现的任何播放行为跟设置深层链接那个人没有什么关系，它也不从播放行为本身获得利益，也不承担任何法律上的责任，最终承担的是向别人推荐这个页面，这个我认为是分得很清楚的，所以我认为这是合法的。假设它没有事先跳转，是在自己的页面上，通过非常底层的加框链接让人感觉是自己在播放，是在完整地从作品的播放行为当中获取利益，这种情况下就应该承担责任。想象下一家电影院用了其他公司的牌子，说某某公司在播放电影，这种情况肯定查电影院，而不会关心谁负责搭建屏幕，这种技术性的问题根本不是大家关注的焦点。第二个问题关于用户的利益与著作权人的利益冲突的问题。其实我觉得不是一个很核心的问题，就像反对我意见的人所提到的，因为这个作品已经在网上了，在任何一个授权的网站都能获得，此时对于某个途径的限制只是在不同的传播者和著作权人之间重新分配利益，其实对于用户没有特别的影响，这是其一。其二是经过合法的授权，本来就是我们希望通过网络这个途径获得，我们不希望限制本身是一个很大利益的损害。提供替代性途径的网站百分之百地获得利益，甚至比原始的网站获得利益更大，因为不用支付服务器费用。如果觉得这一点直觉都不能接受的话，我觉得这个比较奇怪。

侍孝祥：

各位老师还有没有补充？

林　华：

我想补充一点，关于控制理论或者是控制标准，在整个知识产权法界，我觉得尤其在红旗标准、避风港标准出来之后，这个是一个巨大的进步；另外它也需要我们在实践当中不断补充，比如这个控制是绝对控制还是相对控制，我自己个人意见可能在将来十年也许更长，这个标准会成为网络中讨论最热门的一个标准，大家拭目以待，谢谢。

侍孝祥：

谢谢5位专家，我想在华东政法大学这样一个高校，对学生来讲是一件非常幸运的事情，那就是我们经常可以听到如此丰盛的学术盛宴，这是一个非常让人羡慕的事情。所以同学们今天来听专家的讨论，应该可以学到很多东西。今天我们讨论的问题，无论是对现行法的适用，还是对制度设计来讲，都是一个非常复杂的问题。但是制度的发展必须有一个连续性，所以作为我们读法律的同学来讲，应该看到法律上既定的设计，也应该更多关注制度形成的过程，比方说我们今天所讨论的聚合行为是否应该受到规制。直觉告诉我们任由它发展是有问题的，但是应该如何规制，不同的专家有不同的观点和不同的路径，没有错误之说，只有不同之说。我们非常感谢 5 位老师，也希望各位老师以后继续支持华东政法大学，多来进行交流，谢谢。

商业秘密法相关问题研讨

【主 持 人】 何　敏　华东政法大学知识产权学院院长、教授
【致 辞 人】 刘春田　中国知识产权法学研究会会长
　　　　　　 顾功耘　华东政法大学副校长、教授
　　　　　　 王　闯　最高人民法院知识产权庭副庭长
【沙龙日期】 2014 年 11 月 20 日

何　敏：

大家上午好，前两天上海雾霾还非常严重，而且还阴雨连绵。今天阳光普照，这也是今天满座的原因，所以非常感谢来自全国各地的知识产权、商业秘密领域的各位专家、法官以及各位领导。大会现在开始。

进行第一项——开幕式。此次会议是商业秘密法问题的研讨会，主办单位是中国最高人民法院知识产权审判庭，以及中国知识产权法学研究会、华东政法大学中国知识产权司法保护理论研究基地，承办单位是华东政法大学知识产权学院以及知识产权研究中心。我们的第一项议程是有请华东政法大学副校长顾功耘教授致欢迎辞。有请。

顾功耘：

尊敬的刘会长、王庭长，各位法官、专家，上午好！

欢迎各位朋友在最美丽的季节来到上海，来到我们华东政法大学参加商业秘密法律问题研讨会。党的十八届四中全会刚刚闭幕，通过了《中共中央关于全面推进依法治国若干重大问题的决定》，作为纲领性文件更加明确地提出依法治国基本方略，进一步强化建设和完善中国特色社会主义法治体系的战略目标，确立

了法律是治国之重器，良法是善治之前提的治国理念。党的十八届四中全会指出在整个改革过程中都要高度重视运用法治思维、各种法治方式，发挥法治的引领和推动作用。要实现这个目标我们必须进一步加强法学研究、司法实践问题，以及相关理论研究。今天由最高人民法院知识产权审判庭、中国知识产权法学研究会和华东政法大学中国知识产权司法保护理论研究基地共同举办商业秘密法律问题研讨会，探讨商业秘密司法审判必须面临的若干基本问题，对商业秘密保护法律制度的完善和市场经济健康发展，具有直接的作用。希望最高人民法院知识产权审判庭以后能够多举办一些司法实践专门问题的研讨会。

现在我们举办研讨会的条件是完全具备的，现在我们不仅科研这方面的投入比较多，学校各方面软件、硬件条件在这几年也有很大的改善。非常欢迎不仅仅是最高人民法院，包括其他相关的兄弟部门，都能够安排一些会议到我们这里来举办，让我们可以学习更多东西。自最高人民法院在华东政法大学设立中国知识产权司法保护理论研究基地以来，我校的研究基地开展了很多研究讨论活动，其中包括每年举办 6~8 次东方知识产权沙龙、东方知识产权讲坛，以及其他研讨活动。就商业秘密、互联网领域不正当竞争等话题，承接若干课题，目前正在研究，已经出版《美国商标案件金钱偿还数额的计算：原理与判例》《商标共存：原理与判例》《计算机字体与字库的法律保护：原理与判例》《美国商业秘密判例（1）：公共政策、构成要件和加害行为》等著作，80 多万字的译著《全球反不正当竞争法指引》年内也将由法律出版社出版。华东政法大学知识产权学院一直秉承以点带面、点面结合的研究方式，在力求搞懂微观问题的基础上从事理论基本问题研究。华东政法大学知识产权专业是由专利法、商标法、版权法、竞争法、知识产权管理 5 个研究团队，对相关领域的具体问题开展研究，希望在座所有的法官、专家以后可以多关注华东政法大学的发展，关注我们知识产权学科的发展。在座的各位都是专家，相信本次研讨会一定会取得显著的成果，预祝本次会议取得圆满成功。最后祝各位朋友身体健康、工作愉快！谢谢。

王 闯：

尊敬的刘会长、顾校长，各位专家、学者，各位同仁，大家上午好！

今天，我们最高人民法院知识产权审判庭，与中国知识产权法学研究会，还有华东政法大学中国知识产权产权司法保护理论研究基地，共同举办商业秘密的法律问题研讨会，我在这里谨代表最高人民法院知识产权审判庭对各位的与会表示热烈的欢迎和感谢。审理侵害商业秘密这类纠纷案件可以说是最高人民法院知识产权审判工作的一个非常重要的责任。这一类案件可以说目前数量不是很多，但是影响非常巨大，因为随着市场的不断活跃，它已经触及商业秘密权人的根本利益，所以各方都非常关注，这一类案件审理难度和保护难度比其他知识产权案件难度非常大，主要有以下原因：

第一，它有很强的复杂性，还有政策性。根据我们的调研，它跟专利、商标还有著作权不一样，它并没有公知性，所以确定起来非常困难。在个案之中包括我庭审理案件，要确定商业秘密的内容必须经过严格审查、质证、辩论乃至司法鉴定，所以非常复杂。还涉及商业秘密保护和择业自由之间的平衡问题，涉密者竞业的限制和人才自由流动之间这个政策如何平衡需要考量，复杂性和涉及国家相关政策，融合在一起使案件审理难度非常大。目前最高人民法院研究室与知识产权庭统计的数据表明，商业秘密总体情况有几个特点：一是这类案件数量不是很大，非常平稳。不正当竞争案件每年有 1000～1200 件，商业秘密案件占 1/5，也就是 200～250 件，每年都是这样，基本平稳，将来可能数量会增加。二是分布非常不均匀，主要是分布在发达的省市，比如北京、上海、广东、江苏、山东等地；内陆贵州、吉林没有这类案件。在案件分布上，技术秘密并不是非常多，经营秘密占的量非常大，基本占 60%～70%。三是引发原因主要是内部员工跳槽，90% 甚至是 95% 以上是内部员工跳槽导致商业秘密侵害，外部员工作为单独被告的很少。四是案件的取证非常困难。在知识产权审判中，取证一直存在问题，商业秘密取证更是难上加难，因为侵权有很强的隐蔽性。为此我们为了加强这方面案件审理和商业秘密保护，我们这么多年来不断在司法解释、司法政策、典型案例方面往前推动。2007 年发布的不正当竞争司法解释❶就通过 9 个条文明确了一些商业秘密规则。通过规范一些调查取证的制度，在审判程序过程当中加强保护措施，包括作一些技术处理等，防止审判过程中出现二次泄密。还通过典型案例探索，在举证这一块儿应该如何处理。通过事实推定的方法来认定侵害侵权行为。2012 年《民事诉讼法》修改之后，其中将保全措施适用到所有的民事案件，这就为我们审理侵害商业秘密案件采取诉前禁令的保全，临时禁令提供了制度保障。虽然这些方面存在一定进展，但还远远不够。因为审判实践中发现这一类问题还非常困难，比方说这一类商业秘密如何确定？光靠技术认证是否就可以达到要求？而且，这次在北京、上海、广州设立知识产权法院，全国人大常委会决定中就提到把技术秘密也作为第一审案件的范围，说明其技术性非常强。这个时候就不得不提及确定商业秘密的时候要采取专家证人，这方面是法院的一个短板，需要进一步加强。

第二，在商业秘密举证分类上如何更合理？现在呼吁说举证很困难，如何让

❶ 《最高人民法院关于审理不正当竞争民事案件应用法律若干问题的解释》。——编辑注

举证可以在不违反民事诉讼法规定举证原则的基础上适当倾斜，使它的门槛稍微降低？如何使法官自由裁量权可以在这里面达到凸显加强保护司法政策，使举证更加合理？这些也是我们需要探讨的问题。《民事诉讼法》中规定可以采取诉前临时禁令。那么商业秘密的诉前临时禁令如何来进一步规范它的构成要件，适用条件是什么？这方面需要进一步完善研究。审判赔偿也是难题，如何赔偿更为合理、科学？这些问题是将来需要进一步研究的。最高人民法院知识产权审判庭，将商业秘密保护问题列为2014年的重点问题。所以我们目前准备起草两个司法文件，一个是关于商业秘密保护的指导意见，另一个是配合民事诉讼法司法解释起草，其中有一部分就是关于保全措施，其中涉及商业秘密的临时诉前禁令问题。今天开会想请在座各位代表能够畅所欲言，多提一些意见，为最高人民法院司法解释、司法政策的出台可以奠定扎实理论基础和实践基础。最后感谢华东政法大学知识产权学院、知识产权研究中心对会议所作的努力！谢谢各位！

刘春田：

顾校长、王庭长、曲三强院长，还有其他各位专家，大家早上好！

参加这个会议很有收获。之前王闯法官介绍的情况非常简明扼要，把事情勾画得非常清楚。我有几点感想。一是在创新驱动发展建设当中会遇到越来越多这类问题。大家知道，其实人类发展到今天，一切都是由技术造成的，技术决定一切。其中到了工业文明时期，技术通过专利制度变成了一项公开承认的财产。几百年来的发展说明专利制度是非常有效的，但也是非常有限的。二是很多技术，权利人是不通过专利进行保护的，而且这一部分内容会越来越多。事实上发达国家在技术领域，其专利占的比重应该说远比商业秘密小得多，只不过商业秘密是沉在水下，就像太平洋中的冰山一样露出水面的部分实际上是它的小部分，大部分在水下。所以如何将这些进行保护其实是一个非常迫切又实际的问题。三是过去，中国是靠出卖劳动力，低层次的劳动力，低技术含量的劳动来发展的。现在要转变增长方式，靠技术。这恐怕是一个不能回避的问题。如何对除了专利之外这些技术进行保护？个人认为我们需要长远思考。刚才王庭长介绍的情况，每年1200多件不正当竞争案例中，商业秘密案例不多，原因有很多。在刚才讲的几条理由中，这些困难就决定了发生诉讼也难。其实纠纷是非常多的，矛盾是非常多的。如何回答这些问题，我谈两点。

第一，途径无非是从实践当中积累经验。商业秘密不同于专利，露出水面的东西是大家可以认识的，水下的东西需要往下探索。实际上我们对水下的世界是讳莫如深，是不清楚的。如果想弄清楚，首先要积累经验，而这些经验就是重视每一次司法实践中的活动。中国在实施这方面制度当中的实践经验、理论积累是很少的，不要听人随便说，中国花 20 年走了外国 200 年走的路，那是自己逗自己玩，这不可能。人家 200 年经验，更多是教训，教训其实也是财富，而我们只觉得占便宜了。其实我相信西方 200 年所接受的教训，我们虽然不能遍尝，也不会少尝，所以我觉得要一点点积累经验，认真对待。不要认为我们跟西方国家并驾齐驱，其实我们是虚的。我觉得任何一个具体案件都值得深刻地思考，深入地研究，认真地对待，靠一次次实践去确立我们解决这些问题的一个个原则。如果说有中国特色，我们处在一个农业文明、工业文明和后工业文明同时并存（的时代）。想想在印度街道上，牛和自行车与小轿车一块儿走的时候，是按谁的节奏走？只能按照牛的节奏走，这是短板效应。所以我们实际的社会是很复杂的，有很多问题，只要有一件事情耽误就可以把整个事情耽误了。《著作权法》第三次修改，国家版权局现有官员任何一位都没有经历当时立法的过程，以为政府强势，想只修改半年就可以修改完成，原来以为当年年底要提交立法机关审议。到现在几年了？我当时就说了，因为我参加当时起草，当记者问我，我说如果三年能够完成这个修改，这就是非常快了。如今三年多过去了，还在国务院法制办公室，所以在这里也必须提到这个观点，有关《著作权法》修改问题，最好不要顾及太多细节、太多争议问题。我主张有一些人研究是很深入的，有一些问题也很有价值，一拿到立法当中就有很多争议，一旦有争议就停了，所以这个芝麻没有捡起来，抱着西瓜就不能往前走。我的意见是，扔掉芝麻抱着西瓜赶快走。如果可以把主要问题解决了，知识产权法这个体系可以按照《著作权法》的标准，从印刷时代进入网络数字技术时代是最重要的历史任务，如果可以完成这个，其他可以有所为有所不为。

第二，积累经验的同时，有必要考虑在中国构建一个成文的商业秘密法。英国是判例法国家，美国是判例法国家。即便美国是判例法国家，它都有一个示范法，都要弄一个统一的商业秘密法。判例法国家尚且如此，其他国家都觉得靠一个个的判例对解决这个问题是有难度的，所以很久以前就提出了统一商业秘密法这样的示范法，由各州去建立自己的成文制度。所以即便这样的国度都是如此，我国作为成文法的国家应该考虑制定一个统一的商业秘密法，我觉得也是非常必要的。所以，关于商业秘密的问题就以上这两点思考，提这两点意见。最后希望这个会议可以圆满成功，为我们商业秘密法律保护，以及将来的立法积累一些经验，谢谢大家。

何　敏：

谢谢刘会长。当牛、车、马、人同行的时候，是以牛的速度为限的。这个实际上告诫我们立法者、司法者或者是学术研究者，恐怕要有所为，有所不为，要学会选择，该放弃的就得放弃。从事专利法的人懂得一个道理，专利制度是非常有效的，也是非常有限的。这句话确实有道理，刘教授研究非常深刻，所提的一些见解都很有建树。也感谢刘教授、王庭长以及顾校长所做的欢迎辞以及贺词，我也代表华东政法大学知识产权学院各位老师和同学向各位表示感谢！也祝会议圆满成功，谢谢！

一、商业秘密的确定

主持人：徐士英　华东政法大学经济法学院教授
发言人：戴　磊　山东省高级人民法院知识产权庭副庭长
　　　　杜长红　国家工商行政管理总局反垄断与反不正当竞争执法局反不
　　　　　　　　正当竞争处处长
　　　　李德成　中华全国律师协会知识产权专业委员会副主任、金诚同达
　　　　　　　　律师事务所律师
　　　　关文伟　香港城市大学助理教授

徐士英：

各位嘉宾，各位同行，非常高兴能够在我校欢迎大家的到来，参加我们知识产权学院和中国知识产权法学研究会、最高人民法院知识产权庭联合召开的关于商业秘密司法保护的会议。我是知识产权学界的外行，让我来主持这个会议我也很忐忑。因为我是研究竞争法的，研究不正当竞争行为、反不正当竞争立法。现在竞争法、反垄断法与知识产权关系又加深了，所以竞争法学界与知识产权界交流会越来越频繁。我本人很盼望可以跟知识产权学界一起探讨这个问题。我也很期待这个会议可以很圆满成功地召开。

我们主要是讨论商业秘密确定以及构成要件信息类型等。这是商业秘密保护的前提，如果这个概念的内涵、外延、构成要件都不能很明确地界定，司法保护是很难进行的。所以，这个题目非常好。今天发言有 4 位专家、法官，其中有知识产权庭法官，有行政执法机构领导，还有律师、学者。下面请嘉宾们发言，每位嘉宾时间控制在 12 分钟。第一位发言的是山东省高级人民法院知识产权院副庭长戴磊法官。

戴　磊：

今天谈的题目是新颖性不是商业秘密的构成要件，以此来抛砖引玉。从最高

人民法院关于不正当竞争司法解释❶来看，商业秘密构成要件包括了秘密性、商业价值性和保护措施，学界存在另外一种声音认为新颖性也是商业秘密构成要件，有两种情况。

第一种是新颖性作为商业秘密独立构成要件，第二种情况是新颖性作为秘密性的内容。我个人认为这两种看法都干扰了以前的司法实践。对新颖性有这样的认识首先是脱离了竞争法思维，而把本来薄弱的竞争法知识嫁接到知识产权法思维上，影响了商业秘密司法保护的方向和商业秘密保护的分寸。具体说来有几个理由：不管哪一种观点，通常是从创新程度角度谈新颖性，是不得不或者是下意识借用专利法或者类专利法对专利基础新颖性概念的实质意义来描述商业秘密新颖性的面貌，但是专利法的概念原理和商业秘密不能互通。

第一，对于专利新颖性，《专利法》有专门的规定，但是法律没有规定商业秘密新颖性，商业秘密不需要向国家有关机关提出申请而加以确认。没有时间标准、地域标准、公开方式标准等对比依据。

第二，专利权是公开换取保护，具有直接权利性质和强流通的特点。而商业秘密是以秘密获取保护，具有反射法益性和弱流通的特点，所以这就决定二者保护原理和路径的不同。

第三，商业秘密不仅仅保护技术信息，还有大量经营信息，一般情况下经营信息不以创新程度论，所以专利法创新理论是不适用于商业秘密。

第四，专利法宗旨以保护创新为己任，商业秘密法是维护竞争为足。前者是权利保护法，后者是行为规范法。二者保护目的、规制方式、保护对象、效率范围、侵权构成等方面不同。所以个人觉得新颖性要件本质上是舍竞争法之本，而误入知识产权法的路径。

从世界各国协定的角度来看，事实上是以实质意义上的竞争法来保护商业秘密，即使是专门制定商业秘密法的国家和地区，也主要是以竞争法原理指导专门法，而不是知识产权法来指导专门法，其关于商业秘密判例立法也主张新颖性不是商业秘密案构成要件。

另外还有一个角度，2013 年年底欧盟通过了制定草案，这个制定草案直接否认商业秘密的知识产权属性。另外从诉讼的角度来看，将秘密性理解包含新颖性的内容，我个人觉得是不恰当地加重了原告的证明责任。因为《民事诉讼法》里面有一个原则大家都知道的，法院是以"肯定者承担证明，否定者不承担证明"作为标准，也就是在诉讼当中主张肯定事实的一方来承担证明责任，将消极

---

❶ 《最高人民法院关于审理不正当竞争民事案件应用法律若干问题的解释》。——编辑注

性的否定事实引入诉讼的当事人无须承担证明责任。不为公众所知悉是什么性质的要件？事实上就是相关公众不知道争议商业秘密信息的状态，这个状态性质上应该是否定性的状态，所以原告无法来证明这个事实要件，所以不负证明责任。如果对方当事人主张该信息没有秘密性，其应当承担有关信息被公开的责任。主张新颖性的人认为，新颖性是指诉争信息具有一定创新程度，这是肯定性事实，应当对此承担举证责任，这无形中就加重了原告的证明负担。原告应当对其构成要件提供相应的前提，证明其主张保护商业秘密信息内容以及载体，其中存在这些内容是否构成商业秘密判断问题。在可能和现实的情况下，这些内容如何才处于不被公众所知悉的状态，是要原告对这些信息采取保密措施的。需要注意，保密措施自身有一个合理性的自我要求，就是只有达到合理性保密措施才是商业秘密构成要件所需要的措施。合理的保密措施与秘密性或者与不为公众知悉的要件存在因果关系，否则合理性标准没有任何意义。

这个时候合理性的保密措施作用于信息载体，应当使信息具有秘密性，从这个角度看，持有人没有举证证明的必要。当然因为合理性判断是有一定主观色彩的因素，就像防盗门有防盗功能但不能绝对保证不被盗是一个道理，所以推定事实可以被推翻，这就是前面提到的对方如果主张有关信息被公开了，就会产生证明责任。所以综合这些理由，我个人觉得新颖性不是商业秘密构成要件，商业秘密应当具有新颖性这个观点，实际上是将知识产权思维套用于竞争法事件。从竞争法角度谈商业秘密是体系化工程，我个人觉得应当清楚、充分一些。这时候还应该谈到商业秘密司法定位问题、司法实践存在问题、竞争法与知识产权法关系问题，还有竞争法系统思维问题以及对商业秘密司法指导的问题等。谢谢大家！

徐士英：

刚刚的发言观点明确、旗帜鲜明，一下子把问题提出来了。我觉得给我这个竞争法的学者增加了很大的负担，应该从竞争法思维考虑商业秘密保护的问题，非常感谢。下面我们有请国家工商行政管理总局反不正当竞争处的杜长红处长发言，热烈欢迎！

杜长红：

很感谢有机会参加这个会议，我简单介绍一下工商行政管理机关。主要是行政执法机关，从理论性研究来讲是非常薄弱的，所以今天有机会听到各位法官、各位学者的高见我也很荣幸。下面我从竞争执法的角度简单给大家介绍一下工商行政管理机关在商业秘密认定中的实践做法。

我是从一起商业秘密案件来看商业秘密的构成。某建造公司成立于1991年7月，是从事熔炉生产，该企业主要产品为新三化系列大排距、双层送风的冲天炉成套设备，这些设备的设计全部是由投诉人完成的。投诉人于 2008 年开始重视并制定了厂保密制度，于 2009 年 1 月 1 日实行，2010 年 2 月 22 日根据保密制度对接触到图纸的相关人员发放了相关的保密费用。被投诉人成立于 2011 年 2 月，公司为自然人控股，股东为张某、苗某，其中张某、苗某曾经在投诉人的企业工作，任总经理和技术主管等职，二人离职的时候带走了一部分投诉人要求保密的图纸，并且离职后自行成立了相关的公司，也生产相同的设备，而且又在投诉人原工作单位客户处领取了一些投诉人已经要求保密的信息图纸，案情就是这样。工商行政管理机关调查过程中就在以下几个方面存在一些争议。

第一，关于商业秘密认定是否必须经过鉴定的问题，一部分执法人员认为技术信息复杂，应该请相关鉴定部门鉴定；另外一种意见是鉴定时间长，而且有可能接触信息的人员增多造成信息二次泄密。在实践过程当中对此案具体情况我们采用了第二种方法，对商业秘密中秘密点的认定，由工商行政管理机关根据投诉人提供的证据以及结果自行进行认定，没有申请知识产权鉴定机构的鉴定。

第二，关于非公知性问题、所载的设计理念、工艺思想技术信息等，在整体上是否具备公知性也存在一些争议。这些相应的技术信息虽然具备能为投诉人带来经济利益、具有实用性，并采取保密措施等商业秘密构成要件，有人认为在实践中只要信息是可以通过反向工程取得的，那么就认为这个信息不具备秘密性，这是一部分执法人员的观点。我们实践中采取的是另一种观点，权利人技术信息所采用的设计理念、工艺思想、技术信息具备商业秘密的要件，是属于商业秘密。这个案件中我们通过以下判定，被投诉人的股东是业内资深技术人员，其没有根据工商行政管理机关办理案件要求提供的相应证据，所提供的图纸是从公开渠道获得的。被投诉人采取上述信息主要证明有两个渠道：一是曾经在投诉人的单位工作过，是原投诉人的员工，有接触技术信息的条件；二是他从投诉人的客户中取得的。实际上这两个事实证明他们上述信息并非从公开渠道直接获得。所以我们认定为这个信息构成了商业秘密，具有非公开性。

第三，关于技术相同性问题，在被投诉人取得图纸和相应的资料以后，他们在一部分数据上、一部分数据尺寸上有所变更，但是整体的设计理念和思路都是参照原来数据。这里也存在一个是否鉴定的争论。在这个问题上，执法人员在双方技术人员的帮助下弄明白了改动的内容。确定改动的部分只是比例的缩放，其他实质性内容没有改变，因而就认定这个技术具有同源性，也是构成商业秘密的理由。

这个案件之所以给大家介绍，也是希望听听专家学者对我们工商部门办理这个案件的做法，也请大家对我们的工作提出意见和建议。我讲的就是这些。

徐士英：

谢谢杜处长的发言。其从案例入手，介绍了一些实践的做法，也提出了一些问题。案例涉及技术秘密，本人也参加过一些司法鉴定的问题，个人觉得经营信息似乎更难鉴定，杜处长提出的这些问题也会引起我们大家的讨论，希望在今天的会议上有所收获。接下来发言的是来自中华全国律师协会知识产权专业委员会副主任、金诚同达律师事务所的律师李德成。

李德成：

尊敬的各位，我发言的题目为"当前司法现状对商业秘密保护构成要件产生的影响与建议"，感谢有这个发言机会。

在月初参加的知识产权国际新视野会上我的发言题目是"当今司法现状——商业秘密的司法现状对技术研发产生的不利影响"，今天讲的内容主要是涉及作为职业律师在参与商业秘密诉讼过程当中的一些体会和感受，还有一些建议。

第一，技术的流转对商业秘密构成产生的影响。一项技术可能因主体本身发生变化，而引起技术的流转，比如公司的改制并购，会对商业秘密的构成产生直接和间接的影响。举例说明，A公司研发并使用商业秘密，A公司建立了保密制度，A公司投资成立B公司，又将技术人员转移至B公司，B公司使用技术生产但没有采取任何保密措施，后来A公司、B公司与境外公司C合作，员工离职发生了技术诉讼。第一个问题：C公司作为权利人没有采取保密措施，对商业秘密构成是否产生破坏性的影响？第二个问题：员工是否可以以技术秘密转移至C公司，而C公司没有采取保密措施为抗辩理论来抗辩作为员工虽然与A公司签保密协议，但没有这个保密义务？第三个问题：C公司声明A公司跟B公司可以作为共有人，A公司是否可以以这个作为事实一起成为共同原告？这是我们认为当前构成商业秘密涉及的几个问题。

另外一类随着技术不断研发和使用，在不同主体之间发生的技术流转，在流转的过程当中发生泄密，虽然有泄密，但并未导致对公众所知悉的程度，可是扩大了原有知悉范围。我说明这个问题，一项技术是技术包，权利人是A公司，A公司将技术许可给B公司建立生产线，并要求B公司采取保密措施，B公司委托C公司来作为施工单位建立生产线（这在化工领域很常见），并签署保密协议，C公司员工离职后将技术带走成立D公司，D公司又建立了一堆厂，使A公司的权利受损，纠纷发生。B公司已经采取了保密措施，没有过错。这种情况下A公司的选择是向C公司以下的公司主张权利，但是现在正面的问题与技术秘密的构成存在直接关系。第一，E、F、G、H这些使用技术的间接公司以与A公司没有保密义务来抗辩是否成立？第二，C公司对A公司没有保密义务，他主张如果规范与 C 公司的单位保密义务，应该由 C 公司主张权利，而不应当是 A 公司来主张构成的责任。第三，A 公司向 C 公司和 E、F、G 主张司法救济，是不正当得利，还是商业秘密侵权？是否可以主张停止涉案技术使用？我认为这是关于司法政策选择的问题。全国律师协会接受了国家工商行政管理总局的委托，在就商业秘密向全国律师协会上报的时候认为，作为一个公司，它以为第三方许可给它，其没有过错而使用技术秘密，这个技术秘密权利人向它主张权利的时候，可以要求它停止，并要求支付费用，如果拒绝支付则不应当使用技术。这个方案不是唯一的司法选择，这里面涉及司法选择走向问题。

第二，电子数据应用对商业秘密构成产生的影响。目前大量技术研发方案的修改，涉案人员在技术团队中的作用、某个技术信息在技术方案中的体现、实施某项技术方案可能的技术方法、某种技术手段多样化呈现以及非相关信息在技术成果中的作用等相关法律事实，都需要通过电子数据来证明，电子数据发挥着重要证明作用。商业秘密构成产生直接影响在以下几个方面。以电子数据形式保密措施在司法实践中被歧视，具体表现为：没有遵循电子数据的规律和形态进行举证和质证；通过电子数据来证明目前还需要多元主体配合的综合证明方式，比如委托鉴定机构；几家一起为一个电子数据真实性问题作证据保全。对于电子数据的质证没有科学有效地分配证明责任，这使电子数据证明商业秘密构成的成本加大。

第三，能给权利人带来竞争优势的保密信息，大量存在于涉案员工与供应商邮件中，以及与客户往来邮件当中。由于员工离职多次进行交接，正常情况下不是每一位员工离职电脑都要封存在那里，假如这个公司有一万名员工离职，那就有一万台电脑存在那里，这个不现实。这就说明有大量电子邮件原件不存在，是在不断离职以后，这些员工把相应的信息拷贝到另一台电脑上。我们认为这些电子数据都不是原件，这时候就需要用大量电子数据属性信息组成证据链加以证明，迫切需要在目前情况下采用证据优势的原则来处理。

侵权行为多样化对商业秘密构成产生的影响。当前侵犯商业秘密的行为呈多元化趋势，动态且主体分散。一个技术在一个阶段发生纠纷，随着技术的不断研发，纠纷也不断发生。一部分人先出去开公司，另外一部分人约好隐匿在公司，需要什么他们就提供给开公司的人。反向间谍性的情况也已经出现，甚至是有派卧底的情况，对权利人证明以及商业秘密构成产生非常严重的威胁。具体而言有三个方面。第一，通常情况下确定商业秘密范围，要结合已知和可能的侵权行为来准备，在合理推进与证据优势原则没有在司法实践中充分发挥作用的情况下，大量证据线索丧失了价值。比如通过电子数据的信息来推进行为人，并进而确定商业秘密范围的载体，比如在一个对象那发现了一个文件，这个文件通过属性信息作者、最后一次修改者、最后一次保存者发现相应主体藏在公司另外一名员工，对于这名员工电脑当中没有发现任何关于这个文件的文本，这种情况下可不可以有效推定是通过这种方式发现已经确立了的对象等这些信息是需要我们推定解决。如果这种证据优势的原则不能很好地运用，大量的证据线索就根本没有办法用，很多案件没有办法完全解决。第二，在境内诉讼过程中出现侵犯商业秘密的情况也时有发生，比如违反保密承诺协议的行为，违反不正当竞争法的要求进行超范围查看。其中涉及一个重要的案件，在中国台湾的专利诉讼中，原告权利人按照法院的要求去进行证据保全，保全过程中超范围察看，使被告的技术秘密损害。这种情况下就要考虑到关于技术秘密的秘密信息的载体本身就是机器设备本身，对机器设备本身的勘验行为，既解决了技术秘密信息载体的真实性问题，又要解决侵权行为的确定问题。第三，采取证据保全后，公安机关采取强制措施后获取的技术信息，目前缺乏相关制度来有效规制，这种有效实践信息对于科学分配证明责任产生一定的帮助，也是目前确认商业秘密范围的有效途径。

第四，司法现状对确定商业秘密的不利影响与建议。从某种意义上讲，商业秘密难以确定与当前司法实践中存在的问题有着直接的关系。具体而言可以体现在以下几方面：保密点必须先确定，或者是先审保密点这是目前操作的常态。但是我们认为，这种做法绝对化要求是存在问题的，没有针对窃取商业秘密行为在审判方式上作必要的区分，证明没有科学意义上的应用价值而排除，查证权利人主张秘密范围以证明秘密真实性，以及将侵权实施查证等相关事实完全割裂来看。需要结合侵权的事实来调整，是不是有必要、如何审理、包括审理的方法等。不允许针对发现新的侵权事实作必要的补充救济等。第一，明确司法政策的走向；第二，完善证据保全制度；第三，细化证据标准；第四，有效防止二次泄密等。这是我粗浅的看法，谢谢大家。

徐士英：

谢谢李律师精彩发言。李律师根据他在律师业务涉及的一些案件，谈了很多他自己比较独特的观点，包括商业秘密在流转过程中产生的保护范围、保护的主体发生的变化，从而提出了对司法保护路径选择问题；也谈到电子数据在商业秘密构成侵权保护方面的影响、证据的效力问题。同时对一些新出现的侵犯商业秘密的行为作了一些陈述，最重要是对司法保护的现状提出了一些质疑，这些问题对于我们有很大启发。竞争越来越激烈，真正好的商业秘密一定是存在激烈争夺的。下面我们有请学术界代表香港城市大学关文伟的发言。

关文伟：

我这里想讲主要是关于英国商业秘密保护这个体系，然后提供一些信息。主要的背景是欧盟在21世纪初有一个战略目标，它对数据库的保护，对商业秘密统一的地方，这是主要的背景。欧盟主要的问题在什么地方？商业秘密的保护在欧盟，按其统计，2012年，每18家公司中有一家公司在进行商业秘密诉讼，2013年25%的公司起码有一件案子涉及商业秘密的保护，所以这个问题比较严重。另外，欧盟本身统一市场里面对商业秘密保护的程序，采取措施相互都不一样，所以对欧盟本身自己对统一市场保护不利。在这种情况下欧盟想统一立法。那么这样做的主要目的是什么？提供统一的保护、提供救济。通过什么程序可以提供救济？可以采取什么禁令、可以采取什么纠正措施、如何赔偿？不过这个还没有生效，在2014年5月26日的时候，理事会推动进行，然后欧盟议会没有通过。欧盟议会按照其程序要求各成员国还要单独通过，所以大概需要三四年。它总的内容是什么？它保护的范围是取得公开和使用商业秘密这两种行为。

对于商业秘密的定义，这种信息必须是秘密的，它必须有商业的价值，所有权人必须有必要的保护措施。这与TRIPS第39条第2款的规定完全是一样的，它详细规定了什么情况下属于商业秘密侵权：若取得是通过偷盗、胁迫手段，这些都构成商业秘密侵权，因为取得本身不合法。如果使用或者公开是没有经过授权同意，这里的核心是没有同意。没有取得所有权人的同意，那么公开使用就存在问题。第三方使用：A转给B，B再给C，C是一个第三方，这有什么义务？它如果知道或者是应该知道有理由相信，那么也构成了侵权。法条中也提供了一些安全措施，同时明确规定反向工程是被允许的。因为他要取得所有权人、使用人、开发人的同意。进行反向工程要求拿到一个产品，反向工程可以取得的东西就不是这种商业秘密意义上的秘密，任何人都可以突破。所以要保护反向工程。

另外还规定了一些禁令。TRIPS第11条规定，可以禁止流转、生产。如果案件成立了，侵权确立了，这种情况下有普通法的做法。侵权人的产品送回权利所有人，这是免费的，这个跟我们的处罚没有一定关系，在英国普通法里面也有这种做法。中国香港和英国是怎么保护？有两种办法，一种是依照合同，一种是依照普通法违反保密义务。有合同当然很容易，经过签订合同授权使用，一旦一方把这个秘密信息给另外一方就违反了合同义务，就是违约。而且侵害商业秘密在中国香港和英国一直以来是按违约来处理。因为这个传统是比较相信合同，在维多利亚时代一直觉得合同很神圣，对合同是非常依赖的。但是没有合同的情况下问题就来了，其实真正的案件是1917年开始有这类案件，有雇佣、有合同、有财产，能用都用过，所以对商业秘密的保护其实没有完全统一理论的根基。在这种情况下，从历史上来说，真正确定这个原则要追溯到1849年的一个案件，关于杂志或者是报纸报道人家雕刻版石刻那种东西，这种东西是人家的秘密，他人无法合法取得，没有合同的情况下怎么保护？真正原则的明确确立是1948年的一个案件，真正说得很清楚是 Coco 跟 Clark 两家公司，两家商谈生产一款机器，谈了好几个月，被告自己生产了，原告把所有相关信息都告诉了被告，把生产模型告诉被告，如何生产也给了被告。而被告商谈了几个月却自己生产，于是双方就打起官司。但是这里面法官就提到，这种信息保护不一定要合同，普通法秘密义务也有规定，也可以提起诉讼解决这个问题。此处有两个要件，第一，秘密性；第二，被告人有义务，这是核心的东西，义务是怎么确立的？义务是任何人一旦知道这个信息的秘密性，那么就是已经确立了义务，这不是合同义务。如果一方告诉另一方这个是秘密的东西，对方知道这个东西是要保密的，那就确立有义务了。所以在这里我想阐述的这个案件很简单，但是有很多案件对什么样的信息要注意是英国的商业秘密保护，它其实是违反秘密义务的其中一个，如个人秘密、个人隐私。经过那么多案件，100多年建立起来的普通法保护，不只是保护商业秘密。英国做法很有意思是，两条腿一起走。如果是从司法解释方面来说具有一定启发性，学界认为司法解释提供的是普通法、案例法的功能，因为司法解释是提供那个功能来统一执法。如果我国想要出台相关司法解释，欧盟这种做法有很多可以值得借鉴的地方。

总体而言，第一，欧盟或者英国都没有统一的商业秘密保护；第二，其实商业秘密保护只是英国普通法对英国秘密保护违反的其中一小部分；第三，应该实际上想统一但是没有统一到商业秘密上的做法。另外有一个跟我国不同的是我国《反不正当竞争法》第10条。在反不正当竞争的框架中欧盟或者是英国一个特别，是一种自成一体的保护，但更倾向于侵权的确立这种保护体制，不是竞争秩序调整的保护模式，性质上存在不同。从中可以发现，欧盟、我国跟英国虽然性质不一样，但商业秘密要件基本上差不多，商业价值必须是秘密，必须采取一定措施，这是大家都承认的，但是具体做法差很远。我大概想讲的就这么多，谢谢大家。

徐士英：

谢谢关教授的发言。本节有4位发言者，如果要简单概括的话，观点、案例、质疑、启示可能对这4位发言者他们有特色的发言的内容以及他们的思考进行了归纳。接下来交给现场的所有参加会议的嘉宾，大家可以发表自己独特的看法，也可以向发言者提出问题，时间有限。

刘晓海：

本人觉得戴法官说的话很有意思，商业秘密究竟要不要新颖性，我觉得也不需要新颖性。举一个例子，如果公开的技术秘密是人家的专利，如果某一个企业在秘密地使用外国的某一个专利，这个行为是不是构成商业秘密问题？如果构成商业秘密，是构成技术秘密还是构成经营秘密，这个需要大家考虑。本人赞成不应该有新颖性，有新颖性是不成立的。

第二个是关于反向工程。反向工程是任何一个人都可以进行反向工程，但是结果是所有人都知道。问题是如果某项技术是技术高管发明的，或者是有技术高管参与或者是起到主要作用，如果技术高管离开原公司以后，技术高管能否使用该技术？如果技术高管通过反向工程，按照技术高管的技术水平达到反向工程的效果，那该技术还能否被使用？之后，技术高管自己反向工程按照这个基础标准能否使用？个人觉得这也是很有意义的问题。以上两点是我简单的想法。谢谢。

姚建军：

刚才听了各位的发言，我有很多感受。这里我想谈一下，第一个是商业秘密构成要件新颖性的问题。刚才关老师提到，TRIPS 第 39 条对商业秘密构成要件进行了界定，司法解释不为公众所知悉涉及的是"并非容易获得"和"不为公众所知悉"两个要件，这两个要件如何理解是否具有新颖性和秘密性？本人觉得商业秘密与知识产权是从不同的理念出发的。在审理案件过程当中，随着本人对商业秘密深入地研究与学习，个人觉得这两者不能一概而论，应该是相对的，新颖性和秘密性不能是绝对的。商业秘密包括技术信息和经营信息。这里的技术信息如果是现有技术，可能不具备新颖性，不构成商业秘密。经营信息中内容很简单的也可以构成商业秘密。因此简单概括所说的新颖性是相对而言，不是绝对统一化。刚才谈到的第二个关于商业秘密鉴定问题，司法鉴定是法院审理商业秘密案件的难点。鉴定涉及的是事实问题，而不应该把法律问题拿去鉴定。是否构成商业秘密是法律问题而不是事实问题。对于商业秘密构成要件效力中"不为公众所知悉"等可以进行司法鉴定，而对于商业秘密本身不应该司法鉴定。这时所强调的不能把司法权让给行政来审理案件。第三个涉及的是关于保全的问题。法院一线法官会觉得审理案件中需要进行保全。商业秘密取证比较困难，法院在审理美国通用公司案件过程当中，进行了三次保全，法官到山东各个地方进行保全。因此法官审理案件过程当中，当事人只要提出申请，法院会依据规定进行保全，而且是否进行保全也是最高人民法院关注的问题。行为保全是最近开始才出现的。对于关老师刚才谈到的欧盟立法问题，这对于我来说也是学习和启发的过程。简单说就以上这些。谢谢各位。

陶钧：

本人想要阐述一下对上述问题的理解。对于商业秘密判定的基本审判思路，以我所在法院而言，这个问题分两个方面展开。第一，是对商业秘密的确定有一个现实的意义，这个现实意义是从司法实践以及商业秘密的性质状况分析。对于北京市高级人民法院来说，2012~2014 年 10 月 20 日，一共受理了商业秘密案件 58 件，刑事案件 56 件，其中判决 23 件，胜诉达到 40%。在败诉的 14 个案件中，可以发现其中关于商业秘密确定占到了 11 件，商业秘密确定有很重要的意义。第二，商业秘密本身是一种非涉权性的法律权利，同时又不像商标权和专利权有专门授权的文本，这个权利范围很明确。因此在一般法院法官审理这类案件当中对这个商业秘密确定是首要的问题。这个重要问题确定后，法院应该是以怎么样的审判思路解决这个问题，个人而言分两个阶段：一个是形式要件，另一个是实质要件。形式要件作为权利人所主张保护信息权利是确定的权利，确定权利不是法律构成要件，而是权利本身跟其内容的范围，包括名称，以及相应的边界都应该是确定的。同时需要说明其所要保护是经营信息还是技术信息，由此根据确定信息前提下，根据不同权利的属性对其是否符合法律要件作出相应的判断。这个问题之中尤其是对技术信息而言，在我看来是完整的技术方案。技术本身作为一家企业来说是从设想到研发再到完成，会经过不同的阶段。企业没有完成技术方案本身的前提下，如果是以某部分技术数据或者是简单阶段性的成果不能构成完整的技术方案前提下，是不能确定为一个明确的秘密，同样边界首先是不能确定的。形式要件是按《反不正当竞争法》规定的"三性"基本要件，其中也提到关于司法鉴定的问题。首先这个诉讼鉴定是辅助的手段，更多是帮助法官对技术性问题作判断，而是否可以得出法律意义上商业秘密的界定，更多依据的是法官根据他所进行的内容，包括所要保护信息客体具体的"三性"进行判断，而不能依赖于本身得出结论的依据。

总结一下，对于商业秘密的判定，首先我们必须从形式要件和实质要件进行首要的判断，这是我们一般审理的基本思路，谢谢大家。

朱 理：

我主要谈两点。行为手段违法性到底是有什么作用？实质上，刚才也提到在审理过程当中，法院维护的前提依照该权利是否存在。商业秘密不是典型权利，但其要保护的客体是什么？如何确定它们之间是商业自由或者是行为自由的关系？如果在权利范围不清楚的前提下，如何对后续的内容进行区分？依个人经验，这两者之间不区分就意味着对这个社会竞争环境有一定影响。保护权利人权利很重要，同样第三人的择业自由和商业经营自由、创业自由也是很重要。从这个角度来说，要确定商业秘密的内容，任何案件比如司法、金融都是非常重要。在确定内容的时候，是不是跟被告违法手段存在一点联系？肯定是有，被告违法手段越明显、越恶劣，是不是就意味着要保护的商业秘密性越强，或者说是保密措施有效？从中是否可以产生至少是在该方面的推力，但是即使是这两者之间有关系，法院可以反推当事人秘密性是存在的。这些在司法实践中只是重点之一，能否完全替代对商业秘密信息的确定？本人认为是无法替代的。但是两者之间存在关系，通过两者关系的把握可以降低尤其是商业秘密证明的尺度，这种可行并不意味着一方可以替代另一方。

第二个问题涉及商业秘密当中第三人的问题。根据商业秘密在反不正当竞争的过程当中，实际上侵权行为都是明确的。首先存在不同的手段，或者说明明知道把权利人看作第一人。直接通过不正当手段获取商业秘密，这样的人我们称为第二人。所谓第三人是从第二人那里获知信息，但是不知道这个东西是商业秘密，而且是通过非法手段获得的，对这种人我们怎么处理？这样一来就会出现问题。如果通过第二人的手段，某人获得商业秘密，此人根本不知道这个东西是商业秘密，此人在任何法律体系下都不会承担任何义务。因为司法实践是根据反不正当竞争法的规定，其中行政具体手段是非常明确的。但对于这种商业第三人该怎样处理？这里面其实涉及技术合同法。技术合同法司法解释❶有一条规定，技术合同司法解释第12条第1款提到，如果是第二人侵害别人商业秘密，该第二人非法转给第三方。而第三人不知情，此时该如何处理？权利人可以要求确认该许可合同无效，第三方可以在原来授权范围内继续使用。但是应当向权利人支付合理的使用费，并承担保密义务，从知道该内容是秘密时开始承担保密义务。当第二人转给第三人时，第三人所掌握的信息还有秘密性，否则当第二人转给第三人时，第三人没有采取任何保密措施，行业内其他人可以获得这个信息，这个商业秘密就不存在了，那么这时候只能找第二人赔偿了。如果有人说一旦有纠纷当事人可以通过仲裁来解决，在如今我国的法律体系下，我想表达的是，那么对商业秘密权利人就不存在法律漏洞和空白，我们其实已经解决了。

李　森：

第一，本人赞成戴庭长讲的。个人觉得非公开性和新颖性没有什么本质的差别，既然商业秘密法用的是其法律语言，研究学者就应该按照这个法律语言分析法律问题，免得把问题复杂化。第二是关于权利驱动问题。商业秘密是两个角度，一个是竞争法角度，另一个是权利角度。在讨论商业秘密权利确定的时候，不能只看权利角度。尤其需要注意的就是民事案件和刑事案件有区别。商业秘密核心是调查得知被告是不是利用了原告的非公开信息，这是法律要解决的问题。当被告从原告处获取信息，这个行为性质不清楚，本人认为确定权利边界是什么

---

❶ 《最高人民法院关于审理技术合同纠纷案件适用法律若干问题的解释》。——编辑注

非常重要，当被告从原告那里获取信息是清楚的，我认为只要在公开信息里面找不到，这个窃取行为就是成立的。此时再花大量司法资源来确定技术是什么，有没有价值，个人认为这是不合适的。

顾 韬：

刚才提到的问题是经常讨论的问题，第一个是商业秘密新颖性问题。本人觉得概念上未必要分清楚，关键是背后的问题，应当由谁来承担非公知性的举证义务。这个话题已经争论很长时间了。个人认为，作为商业秘密，权利人提起诉讼要求取得司法救济，前提是必须证明有这样的权利存在，必须提供相应基础性证据。从证明责任角度来看，一方是主张权利存在的，应当对权利存在承担证明责任。这应当来说是一个能够说得过去的说法，至于这种情况下存在的举证难度，我们是可以通过证明标准的方式，降低证明标准，用优势证据或者举证责任转换来解决这个问题。第二个，顺便谈一下，刚才说了很多有关保密措施的问题，现在可能确实有一些个案当中是单纯保密措施否认商业秘密整个属性，有一些案例，在目前的状态下，埋怨权利人对篱笆扎得不紧，还直接打击那些翻过这些扎得不紧的篱笆来偷羊的这些人，在目前的状态下，选择后者可能更符合现在的社会经济发展的实际。实质上，从保密措施合理性判断，我个人认为是帮助法官判断秘密。判断秘密非公知性的一个辅助性的手段，从一定意义上来说就是保密措施的合理性。因此我觉得没有必要把保密义务、保密措施在司法当中设置过于苛严。

张玉瑞：

有一个案例中，一个教研机构，该教研机构参加行政机构的投标。该教研机构生产英语教材，而投标要花很多钱，英语教材每年变化一部分但是很少。教研机构有一位员工跳槽了，这位员工就出版了衍生的教材。原告想提起诉讼，这里面就存在一个问题了，这其中的技术秘密和经营秘密是什么？该案中存在的是英语句式的变化，后来经营秘密这一块儿是靠科学技术，不包括日常的各行各业存在的本行业科学技术之外的技巧。现在因为上海经济发展很快，最高人民法院进行司法解释，技术秘密和经营秘密似乎有所松动。这种类型的案件也可以受理，但这有一个保护的性质范围问题。

徐士英：

我们的时间到了，非常感谢大家的配合。黄武双教授邀请我来主持，我很担心，也谢谢大家的配合。虽然他是请我来了，我是把竞争法学者作为不是讨论这个问题圈里的人，但我想要讲一点。商业秘密保护涉及权利问题，也涉及秩序的问题。所以实际上这是一个可以从多元角度讨论的，从世界各国来看也是有这样发展的趋势。我国竞争法发展很快，知识产权法发展也很快，我想从一个角度讲一点，在讨论具体制度，讨论具体制度实施，是否也可以往上看，整个国家市场经济走向也可以影响我们法律具体制度的实施。总而言之，谢谢大家的配合，我们本节的讨论至此结束。

二、侵犯商业秘密行为类型、专家证人（非代理人）

主持人：郭　禾　中国人民大学知识产权学院副院长、教授
发言人：朱　理　最高人民法院知识产权庭法官
　　　　黄武双　华东政法大学知识产权学院副院长、教授
　　　　邓宏光　西南政法大学知识产权学院教授

郭　禾：

下面进入第二节。第二节跟上一节有所不同，上一节是讨论基础性的问题，这一节则讨论侵权行为，什么样的行为是属于侵犯商业秘密的行为。这一节参与的直接发言人有 3 位，即黄武双、朱理、邓宏光。首先有请朱理老师演讲 12 分钟。

朱　理：

各位同仁，大家上午好，很高兴在这个场合跟大家汇报一点简单的思考。今天我谈的是侵权行为，跟各位同仁探讨的问题，是在这个技术秘密侵权判定中需要考虑的问题。

我们在整个商业秘密侵权判定过程当中通常是看商业秘密是什么，商业秘密的具体内容实际上划定了商业秘密权利人和社会公众之间权利的边界。一是可以在商业秘密法这个框架下讨论，二则是通过行为来划定。在具体案件的审理过程中，法官首先根据权利人自己的总结和概括，在这基础上，通过双方当事人的辩论，剔除一些无用的信息来确定商业秘密的内容。有时候权利人概括商业秘密时存在过大或者过小的可能性，究其原因是概括过程中有权利人的一些顾虑，怕概括大了不成立。不管是概括大了还是概括小了，都会造成不良后果，使商业秘密的保护范围扩大或缩小。本人认为，概括商业秘密最理想的状态是反映和体现权利人的努力和贡献。如果概括过大可能就把公有领域信息概括了，这会给我们的侵权判断带来难度。我们的想法是在具体的过程当中，概括商业秘密内容，至于侵权判定，有时候要结合权利人的努力和贡献来确定保护范围，使这两者相适应。

举一个我得到启发的刑法商业秘密的案件。原告徐某，被告武某、汪某。商

业秘密的形成发生在1994年，原告是生产聚氨酯泡沫塑料的加工厂，我画了一个图，左边是权利人的大体加工流程，大家可以看到左边下面有一个发泡成形箱，原料反应之后可以形成泡沫往上膨胀，膨胀之后没过提转形成了固体，之后不停往上膨胀。在发泡桶的边缘有一些类似凸出状的凸起，插到聚氨酯泡沫里面，促使泡桶边缘有一个提升，这样聚氨酯泡沫下面是不停反应，上面是不停往上提，以此生产出聚氨酯泡沫塑料。从这个生产过程当中我们发现，研发的这个机器精髓就仅仅是发泡桶和发泡成形箱这两部分。原来发泡之后是通过两边的凸起状和这个往上提升，中间容易塌陷，这会影响发泡成功率和生产效率。因为存在该缺陷，原告通过不停实验进行改善，在中间增加提升装置——一个吊环。发泡开始的时候就放到这里，发泡开始时，这个聚氨酯泡沫首先没过这个提板继续往上升，在这个过程当中传送带也往上提拉，中间通过这个提绳又同步匀速往上提拉，这样可以提高发泡的成功率，同时降低发泡失败率，减少废料产生。权利人的商业秘密大概是这样的结构。原告主张的是这个研发过程。被告的操作流程是我右手边的这个图，中间提升的装置由这个提爪变成了锅状。被告曾经是原告的员工，1994年参加了技术改造，后于1996年3月离开公司，不到一个月的时候给另外一个发泡机增加了一个浅锅盘式的提升结构。

徐某在这个案例里面主张的是什么？一审过程中，他主张的是中间有一个提爪式的结构，由提爪、提绳、吊环组成。主张这个提升装置是这一部分整个的结构。二审中他又提到商业秘密范围很大，是在发泡桶内用绳同步提升泡沫塑料。分析这两个概括，你会发现，第一个是具体方案中具体的细节，第二个是一个抽象的创造或者是一个想法，创意则是增加中间的提升装置。法院对当事人主张的商业秘密委托鉴定，这个鉴定发生在2006年，报告的结论如下：第一，提爪式的结构在被告改造之前它不属于秘密性；第二，在发泡体内镶嵌内件以便于提升这一点两者是相似的；第三，这两个提升结构是不一样的，不相同也不等同。这个鉴定结论很有意思，首先它认为这两个结构之间有相似性，肯定商业秘密存在，认为商业秘密是提爪式的结构，然后又说在发泡体内镶嵌内件是相似的。实际上前面鉴定商业秘密内容提升结构是具体的结构，而第二点里面认为相似的地方是思想、创意的相似，即在提升同时再加周边提升装置，第三点又提到这两个结构是不一样的。

这个案件庭审结果又很有意思，一审法院认为该案当中商业秘密是一个创意的想法，就是在周边提升的同时再增加中间提升的装置，至于具体的手段和结构是把思想和原理付诸具体的差异，这个差异不妨碍两者的相似。二审法院认为一个抽象的原理如果不能具体实施，不能具体化为某种可以实施的技术方案，不具有实用性，而两者在具体实施方式上又是不一样的，所以认为不侵权。一审、二审法院的判断不一致，这种冲突是怎么形成的，又该如何解决？一审、二审确定商业秘密内容存在差异，所以我们主要需要考虑这个案件当中的商业秘密到底是什么。二审法院认为，原告主张的商业秘密是具体的实施方案，是提爪、提升、吊环三者组成的提拉装置，是一个具体的技术方案。如果反过来理解，认为该案的商业秘密是一个技术的创意，是一种技术的思想，是要在周边提升的同时，增加一个中间提升装置，那么如何判断浅锅盘式与提爪式的区别，如何判定被告有无侵权？本人认为，这就需要看上文提到的原告付出的努力和作出的贡献，以及原告和别人不一样的地方。以上分析得知，技术秘密在很多案件里面不仅仅是具体的技术方案，权利人可以有具体的实施方案和专利，也可以是相对抽象的基础信息，只要抽象信息具有相对的秘密性和具体性，可以提高竞争优势，通过该想法可以提高产品成功率，也可认定为商业秘密。商业秘密的保护其实跟专利保护是完全不一样的思路和特点。不同的思路下保护内容不相同，对于专业来讲，著作权保护、专利权保护的思想也不相同，我们所有的专利技术方案都是非常具体的，而且具有可以实施性，因此一定是一个由具体技术特征组成的方案，而商业秘密不一样，商业秘密是相对抽象的构思，只要这个构思能够带来竞争优势其实也是可以保护的。就是我们可以确定这个案件里面保护范围的时候，就要看与这个行业里面普通的生产者和普通的技术人员相比，原告的努力和贡献是什么？案件里面第一次提升的同时加上中间提升装置，我们在对比的过程当中就要考虑原告的努力贡献，不能机械照搬对比规则。所以在很多案件里面，要考虑的是权利人在相关领域相对于被告，努力在什么地方，法院就会以此为依据给予权利人保护范围，所以这局限于客体。这是我今天汇报的内容。

郭　禾：

刚刚特别提到技术秘密也可以是抽象的技术信息，我觉得这个问题咱们一会儿可以仔细讨论，这涉及今天研讨会的基础问题，即什么是商业秘密构成要件，商业秘密中的商业范围又是什么？侵犯商业秘密虽然是侵权行为，但从反面看，商业秘密包含什么。下面有请第二位发言人黄武双教授。

黄武双：

感谢各位法官、专家的参与，使今天的会议可以如期顺利地举行。我谈一个小的话题：关于专家证人。现行做法大家肯定比我清楚，在座有很多法官，实务中离不开两个词，鉴定和评估，包括以下三个重点：第一，所涉及信息是否已经为公众所知悉；第二，被控侵权人所使用的信息与原告信息是否相同或者是实质相同；第三，损害的具体数额。这么重要的内容，现在通常都委托给第三方去评估鉴定，尽管最高人民法院司法部会对第三方进行资格审查，但是从现实操作来看不尽如人意。我看到很多鉴定报告，基本材料都未整理明白就匆忙出具。今天最高人民法院领导也在这里，我觉得有必要在这方面加深讨论，并逐步提高审判质量。

我为什么今天讨论专家证人制度？在西方发达国家，不管是大陆法系还是英美法系，它们都讲究专家证人制度。故所有我们委托给第三方评估或者鉴定，是为了在当事人陈述后，专家在庭上交叉询问，体现了一个博弈的过程，而庭审中这个博弈的过程有助于法官理清楚事实，促进双方进一步博弈，把细小的非常技术的问题理清理顺。所以我想首先从刑事上讨论专家证人制度。现在很多基层法院审理案件，若涉及评估或鉴定，法官看到的都是静态的评估或鉴定结果，这个结果就是以为公众所知悉，或者不为公众所知悉，到底是不是这回事？尽管当事人请求法院要求鉴定专家出庭作证，但是很多案件尤其是刑事案件，很多专家拒绝出庭，所以这是公权力的原因，这种情况下就导致什么？这会导致很多弊端，却也是无奈之事，我国法律并无在该方面对专家有任何强制措施。法官并非技术专家，最终依赖于评估报告也是情理之事，但这衍生的问题却不容小觑：首先，静态的东西并非看一眼就能看懂；其次，专家也并不能把所涉及的专业问题完全通过文字而非言语表达清楚；最后，所作出的结论有无科学依据有待商榷。所作出的评估或鉴定结论的基础如果仅仅是基于研究的问题分析了若干样本。更偷懒的情况是，检索了三五件国外专利替代偌大的专利数据库来蒙混过关，再或者单一依靠查阅一些杂志。这种结论能相信吗？因为存在这么多问题，所以在中国，被告律师就显得尤为重要。所以很多案子高水平的被告律师，足够有能力推翻评估报告，就是这个问题。我只是一个学者并非权威，也仅仅从我研究的经验来论述。

但是，为什么西方国家推崇专家证人制度，这是我们必须思考的问题。专家证人是活生生的人出现在庭上，跟法官互动，和双方当事人探讨评估或鉴定内容及结果。只要不存在诱导或设套，法官不能随意阻止这个程序。西方国家通过实践证明，庭审离不开专家证人制度。不得不说专家证人制度扮演了一个重要的角色，但同时，总会有人纠结于一个事实，即专家跟法官如何分工。人各有所长这是自然规律，行政法非我擅长，但我知其精细的分工，尤其是法律化技术、技术化法律，所谓术业有专攻，你干不了我的活，我也替代不了你，法官跟专家的定位是非常明确的，专家干不了法官的活，法官替代不了专家，因此纯粹的技术问题必须交给专家。但是实务中，技术跟法律必须结合，而结合的关键是专家出庭作证，也就是专家证人制度。

既然谈到纯事实、法律、事实与法律结合的问题，我们需要作下区分。什么是纯事实问题，举个例子，被告使用化学配方公式及涉及的具体要素。公式及要素不牵扯任何法律价值判断，专家完全有能力判定被告的产品是否和被告提供的配方一致。这种纯技术的问题单纯依靠专家就可以解决。至于什么是纯法律问题，在座各位都太熟悉了，所谓法律问题是基于法律的概念、法律原理判断做出问题，既要有事实又要有法律判断。作一个简单分析，上文中涉及的鉴定、评估的三个重点，第一，鉴定中完全相同是一个事实问题，但相似该怎么判断？我个人认为相似涉及价值判断，涉及政策考量，收紧等同侵权是对的，所以不是纯粹技术问题，是事实跟法律的结合。再比如现在通常所委托鉴定是否为公众所知悉，我们认为是事实问题，其实不然。专家要做的是什么？这个事实有没有公开？这是一个事实，是否以为公众所知悉？其实它已经植入法律的基础，植入法律的概念，比如有 50% 以上已公开或者说加上是否容易获取。最高人民法院司法解释❶第 9 条这样解释，有关信息不为其所属领域的相关人员普遍知悉和容易获得，应当认定为《反不正当竞争法》第 10 条第 3 款规定的"不为公众所知悉"。具有下列情形之一的，可以认定有关信息不构成不为公众所知悉。其实是否以为公众所知悉不完全是一个事实判断，而是事实加法律判断，现在我们当作事实问题委托专家鉴定，这在法律上是存在漏洞的。为此我从一个学者的角度建议知识产权需要大量专家，将来以专家证人替代所谓的鉴定，鉴定是静态，专家是动态。鉴定没有办法交流的，所以把法官搞得稀里糊涂，会取得适得其反的效果。但专家证人制度的形成是一项艰巨的任务，不好好研究，专家制度用起来是非常难的，需要研究很多规则，专家如何选任，专家如何承担责任，庭上专家如何被询问，什么询问是不被允许的以及法院的阻止程序等。在西方如德国、美国、英国都有大量规则我们可以借鉴。

两年前我带领研究生团队致力专家证人制度，撰写了些许东西。我现在想招懂德语的博士生或者研究生继续该项工作。许多参考文献都是德文，而我只能通过翻译的中文来阅读研究，诸多不安，所以估计还要一两年才能提交一点有建议的东西。谢谢大家。

郭　禾：

黄教授提出一个很重要的问题，即事实、法律、事实与法律结合如何判断的问题。纯技术、价值判断、法律判断该如何区分，这在学术界依旧是值得讨论的。下面有请邓宏光老师发言。

---

❶　《最高人民法院关于审理不正当竞争民事案件应用法律若干问题的解释》。——编辑注

邓宏光：

谢谢有这么好的一个机会交流，我想跟大家交流商业秘密保护中违约行为侵权化的问题。司法实践中之中90%～95%是公司与员工引发出来的商业秘密案件，由此可以看出，司法实践中，这有一点像违约行为侵权化。我给大家从4个角度方法交流一下，立法上有何体现？这种规定在理论上有什么贡献？对我们实践有什么影响？对我们将来有什么启发意义？

第一，《反不正当竞争法》第10条规定了违反约定或者违反权利人有关保护商业秘密的要求，允许他人使用其所掌握的商业秘密，这是违约行为变成了侵权化，这种违约行为侵权化，这是不是理论上的语言障碍？违约行为侵权化是不是所有的行为都可以按照侵权处理？第二，如果违约行为是归入《反不正当竞争法》里来规制，是不是导致违约行为都作侵权行为来看待，是有这方面的担忧。商业秘密跟普通的违约不相同的地方是传统的违约一般而言针对的是债权债务，是相对权。未经许可使用商业秘密，披露商业秘密，这种侵权行为构成的要件是完全可以对应的。如果从理论上可以解释通，这种规定将表面上违约行为侵权化，对商业秘密有什么意义？我个人感觉可能一方面它揭示了《反不正当竞争法》里面对商业秘密的保护，从传统上所说仅仅是制止不正当竞争或者是从合同违约的角度向财产化发展，这里面蕴含商业秘密是作为一项独立财产这种内涵。

第三，我国《反不正当竞争法》里面规定有商业秘密，而且将违反约定视为侵权，《反不正当竞争法》本身应该有可能蕴含财产法的因素。这个规定或者是这个理论对我们实践有什么影响？影响最大的是，《反不正当竞争法》第10条第（3）项规定，是规定有约定或者是签订合同，现实生活中出现的情况，有的当事人因为种种原因没有签合同，没有告知对方，但是双方都知道这是商业秘密，是否意味着没有做出约定这一方就可以将对方商业秘密的东西拿过来随便使用，随便扩散？我个人认为实践当中是争议比较大的。包括签订保密协议，后面因为没有付补偿金等，对方有没有继续保密的义务问题。我个人感觉如果从商业秘密角度来说，第一是制止他人不正当行为，第二是将商业秘密作为财产看待，己所不欲勿施于人，对方的财产要给予充分尊重。基于这个角度来看，我们知道对方有商业秘密，应该给予尊重，就像其他国外法里面，包括前面的交流里面也提到了，在国外这种情况下，很明显有一些时候是基于信赖保护，一些时候是基于其他理论的原因，只要知道了对方是商业秘密，就有保密的义务。我们司法实践当中来说，如果对这种行为进行规制，怎么样用规定来做？从下面这些角度来做。

对《反不正当竞争法》第10条第1款第（3）项规定首先要引入保密义务，

保密义务有明示也有默示，合同里明确了这种保密的义务是大家所共识的。双方当事人，员工与企业之间本身也是有合同关系，当然也可以由此引发出有默示保密义务。这里面规定内容的目的是什么？实际上指明确行为人知道或者是应当知道对方是商业秘密，如果朝这方面引，就和英美法系里面理论以及民法里面其他的理念是相同的，引入这一款规定，可以推导出侵害商业秘密的要件，主观上是故意或者是过失，只要有故意或者是过失这个行为就构成侵权。

我们将违约行为侵权化这一条规定，对将来整个商业秘密制度有什么影响或者是启示？第一，商业秘密是一项财产；第二，在违约与侵权竞合时，权利人有选择权；第三，侵害商业秘密的构成要件是故意或过失，故意或过失是对注意义务的违反。而注意义务的来源，既可以是法律的直接规定，也可以是双方的约定；双方的约定既可以是明示，也可以是默示。我跟大家一起交流这点。谢谢。

郭　禾：

刚刚提出一个挺高大上的命题，所谓的违约行为侵权化的问题，由此推出反不正当竞争法也有侵权责任法的因子。刚才邓宏光教授提到反不正当竞争法是从竞争法角度考虑这个问题，财产法作为一种权利的保护，又是另外一个角度，这个中间就有另外一种解释，刚才提到的违反约定，是不是可以简单理解成就是违反法律规定，或者上一节讨论商业秘密保护的时候，作为要件，侵犯商业秘密的行为一定存在违法行为或者是违背公共秩序的行为。刚才邓老师提到，比如说基于利益、基于义务违反相关的规定，这本身也构成。这就相当于作为利益来保护而不是作为权利来保护。从这种角度也能够说得过去，总之刚才3位演讲人从各自不同角度，从技术秘密它本身的范围，从如何去认定技术秘密，以及刚才黄教授的角度，各自把有关侵害商业秘密的行为，以及中间涉及具体的内容，作了一个比较完满的阐释。现在还有时间，下面把这个时间留给大家。

关文伟：

邓老师说到默示保密义务的，我联系起来他提到的一个问题，这个问题普通法解决是稍微彻底一点。刚才提到第三人知道这个秘密，那么这个人有没有保密义务，普通法的结论是要解决秘密，从源头把这个问题解决。刚才默示义务不管是默示还是明示，但凡是秘密就不能扩散，这是作为普通法值得借鉴的。英国的做法是不适宜，太过强调功能属性。英国对商业秘密侵权构成要件中有3项规定，第三项要求非经授权使用造成被害人的损害。损害这个要件不是特别需要，因为有时候用了之后若没有损害，此时能否要求保护、能否要求停止侵权？这是可以的，涉及的问题不是财产也不一定不能请求禁令，所以财产这个可能不适宜太过强调。

黄武双：

有关商业秘密，英美法中源于财产理论，然后经过合同理论，最后发展到现在就是关老师讲的违反义务理论，违反义务理论夹杂着所有的理论合理的部分。

彭学龙：

在侵权问题中，我个人觉得是过分纠结于客体和手段之间。刚才黄教授讲到获取这个要件不是绝对的，也有容易获取和正当获取，即便这个技术是公共领域的，事先不知道是公共领域，所以把公共领域概念移到其他法里不见得适合。通过专家解说认定相关信息是否容易获取，我个人觉得也不见得完全合适，因为这个本身要求没有那么高，解说不到并不意味着不易获取，即便容易解说到，但是若不知道用什么技术，仍旧无法下定论。所以在这个意义上说，商业秘密法很纠结、复杂、有趣。

吴登楼：

刚才听了3位老师的演讲很受启发，我特别想讲一点，刚才黄院长讲到的专家证人，我觉得很有道理，现在鉴定很多技术问题，后面过渡到把技术问题推向市场，经过这么多年的时间后发现鉴定有很多问题。第一，鉴定收费过高，一个鉴定收费就非常高，一般一个商业秘密或者是涉及专业的案件，有一些稍微有技术难度，收费可以到十几万元至二十万元，实际上真正用的专家也就一两位，为什么会造成这种现象？鉴定资质很难获得，有一定垄断性，从而造成鉴定费用过高。第二，鉴定质量也不一定保障，鉴定过程当中往往从理论上来讲会把事实委托给法官，委托给技术专家，但是有一些问题是事实跟法律交织在一起，但是不对内容进行判断确实有一些难度，所以对这种技术处于中间问题进行判断。第三，有一些专家判断跟法院判断，这个判断会不一致性，从将来整个趋势来说，专家证人制度是让当事人通过举证方式来查明事实，但是这种制度还需要对专家证人在法庭上就一些相关法律责任进行进一步规范。前一段时间做了一个调研，调研我们院从2003年到现在的专家咨询，不是鉴定，也不是专家证人，是法官觉得这个技术问题通过专家技术库，或者是通过大学老师向懂得相关技术的，有一定途径通过咨询方式来解决一些我们包括商业秘密，以及专利当中的问题。对案件调查发现，现在总体上有14件在我们法院，一审全部采纳专家咨询意见，这些意见当中，对改判案件高院没有采纳的只有1件。第四，对专家咨询的费用作了初步统计，14件中有2件是免费。专家为什么免费？专家觉得钱很少，后来咨询也不愿意收，现在法院专家咨询行政内部的经费最高是一件案件500元，还有后面其他的一些案件大概是最高收1万元，其他案件平均只有1000元，有一些是2000元到3000元，部分是由当事人出，绝大部分专家费用是通过法院经费承担。专家咨询这一条途径，如果将来规范的话，这个费用应适当提高，也是解决商业秘密包括其他案件当中一个很好的途径。知识产权法院现在采用的技术调查官制度。我觉得这项制度也是一项将来我们可以期待解决技术问题很好的制度。谢谢。

曲三强：

侵权行为应该算是违约行为的一个概念，合同相对责任只是侵权行为当中的一个特殊的情况。按照法定基本原理，特殊法优于一般法，也就是在有合同约定的情况下产生的违约责任，肯定是要优于侵权责任，即一般的侵权责任。所以这两者之间是上下位概念的关系。侵权责任包括很多，包括刑事侵权、行政侵权、违约侵权，包括我们通常意义上讲的这种侵权。这些是一个普遍的、一般的概念，就像我们物权法一样，物权法规定签订一个合同，合同标的是物权，当出现违约责任的时候，首先是要使用合同当中相对方解决侵权责任的问题。并不意味着除合同财产的保护以外，对于相对其他人财产就不受保护，这是两回事。违约责任侵权这个概念可能是值得推敲的。还有一个值得讨论的问题，商业秘密到底是一种什么性质的东西？有一个实质的问题没有搞清楚，但是谈的时候有的说是看作信息，或者是一种财产性的利益，在这里首先应该肯定的是，商业秘密作为一种财产性的利益，这个前提必须要加以明确。而且要加以肯定，否则大家讨论这个就没有意义。商业秘密如果说不具有财产性，为什么要放到知识产权圈子里，大家组织这么多人讨论这个问题？

还是一种无形的资产，这是大的前提。当然不像是成熟的专利法、著作权法这样的权利，但是具有财产性的本质必须加以肯定。从这种意义上来说，对商业秘密的保护一定是多元的。这里面可以用合同来保护，也可以用一般性的侵权责任法保护。合同保护是保护财产的利益，侵权责任法保护也是保护财产性的利益。即这种对事的权利的属性就是商业秘密本身的属性。至于商业秘密边缘和保护的方法和特征，必须与专利权加以区分，这是一种财产性的利益。这种财产性利益的本身，其中一个很重要的特征就是它的保密性。权利人的一种技术秘密不愿意公开，不愿意贡献给社会，这时候对于权利人来说，若自己采取一种保密的措施，这就构成商业秘密一个重要的特征，首先要保密，并且有这个义务，这个财产看得住看不住是权利人自己的事情。专利是把技术推广给社会，用公开换取保护，没有这一点。这时候权利人的义务性是非常重要的，也就是说一定要履行保密的义务，至于侵犯商业秘密权利人的这种保密性，这种义务是紧密相关的。若自己保护了，同时对应获取商业秘密人的手段必须是违法的。如果不是通过违法的手段获得商业秘密，法律就不应该对它进行限制或者是禁止。所以我想是这样一个问题。最后还有一点商业秘密的知悉范围、义务范围到底应该怎么来设定？在理论上就可以解释清楚，只要权利人不公开，另一方知悉了，无论是合同相对方，还是一般的公众都要承担对商业秘密保护的义务。

刘春田：

我很赞成曲老师的说法，建议邓宏光教授研究一下这个问题。刚才说经验很重要，这是因为法律是重于经验。法学不是这样，法学要重视逻辑，要说清楚，重要是方法和逻辑，如果方法错误，逻辑不清楚，很难说服别人，而且方法和逻辑错误在实践当中一定是错的，我不做结论。但是提议认真研究，是否有人把反不正当竞争法立法上的错误当成理论研究的突破和创新，也不是没有。其实很多法律的立法，无论是语言和法学的水平，逻辑水平很低。尤其改革开放以后，什么人都立法，我们不要太迷信立法，法学研究既要面对制度，也要讲究学理。所以我对戴法官提出的一些想法，我觉得是非常有意思。至少给我一个启发，商业秘密是在知识产权中的，可是在我国的高等教材中对知识产权定义不涵盖商业秘密。所以刚才戴法官发言很有启发性，现在需要弄教材，教育部非常重视，党的十八届四中全会提出要高大上的教材，我们也不高不大不上，但是希望在教材当中有回答。

第二，商业秘密肯定是一种财产，我们干什么来了？都是为了财产，人民的一般社会活动都是围绕经济进行的，如果没有经济利益，没有财产性。刚才有的观点说只要有义务，义务是什么？一定是财产，我们讨论所有的问题都是财产，没有财产毫无意义。所以商业秘密是财产上的一个利益，是毫无疑问的。至于说叫不叫商业秘密权？我们从法律逻辑上叫"权"的东西不符合这个，我们也曾经犯过这个错误。前几年博士生考试，有一个名词解释，中国人民大学的考试制度不太严格，漏题了，头一天晚上考生在挑灯夜战复习的跟我们第二天考试的试题一模一样，后来给知识产权专业重新出一套题，其中一个题出错了，叫"商业秘密权"，我们博士生考试里面有很多学生解释为什么叫商业秘密权，就顺杆爬；只有一个学生是江西出来的，解释了商业秘密这个概念，最后一句话说"商业秘密权"这题是错误的。后来我翻卷子就这一个考生没有上杆，所以我们商量5分是满分，5分之后又加了5分。这说明这个问题从概念上讲是非常重要的。其实刚才曲三强教授讲，对商业秘密定性怎么确定这是理论问题，什么是商业秘密这是我们要反复思考的问题，学者研究一定要把这个问题弄清楚，我觉得是非常必要的。谢谢。

邓恒：

我觉得就刚才黄老师说的司法鉴定问题，现在的专家证人制度还是专家辅助的制度，其实都要回答一个问题，就是技术专业性问题。司法鉴定确实起到这样的作用。但是为什么说要引导它，对于这个问题我确实思考过。我也是一名职业律师，我就把结论抛出来。我认为目前的商业秘密司法鉴定要规范两个方面。

第一，司法鉴定的范围在哪里？司法鉴定范围应当鉴定双方当事人所提供的范围内，不能有检索的行为。司法鉴定之所以具有权威性，是因为具有专业的技术支撑，包括传统的司法鉴定，包括物证、法医类鉴定、精神病鉴定。这是通过技术知识解决技术问题，商业鉴定也是一样，不应当存在检索。但是目前来说，都是由一些科技单位信息检索中心来承担这个检索业务，它们的惯性思维是拿到当事人委托之后作一个全球性检索，相当于专业的查新，这就偏离了司法鉴定本身的法律地位。商业秘密司法鉴定应当界定在委托人提供的检索范围内。

第二，商业秘密司法鉴定只能局限于相同或者近似的判断，不能说是不是为公众所知悉作一个判断。从这两方面规范化，商业秘密司法鉴定还是利大于弊，关键是没有引导、没有规范化，这是我的观点，不管是专家证人还是专家辅助人，所解决的是技术问题，是做一个辅助性建议，对司法鉴定的采纳与否还是法官自身要有一个内心确信。

郭 禾：

大家提出了很多需要解决的问题，理论很丰满，现实很骨感，好在大家接下来可以在补充物质食粮的时候接着就精神食粮进一步讨论。

三、民事责任（停止侵害、损害赔偿等）

主 持 人：刘晓海　同济大学法学院教授
与会嘉宾：丁文联　上海高级人民法院知识产权庭副庭长
　　　　　张玉瑞　中国社科院知识产权中心研究员
　　　　　彭学龙　中南财经政法大学教授

丁文联：

这个环节是民事责任，要讲的一个问题是有关损害赔偿的问题。今天黄武双老师讲商业秘密案件，提到了一些问题，当中有一个问题是商业秘密的损害赔偿的计算问题。和其他问题相比较，这个问题是法院实践最为缺乏、也是思考最浅的问题。因为前面的问题是露出水面，然后才有丰富的审判实践，大家可以深入细致分析。但是损害赔偿这一块儿，法院的判决还不够精深。我来之前作了一个上海法院商业秘密损害赔偿的5年来的案件分析。

过去5年上海法院审理商业秘密案件不多，一审案件114件，结案157件，其中判决 36 件，有 15 件判决支持并赔偿。大家可以看到这个比例，15∶157。在 15 件当中我作了一个分析，没有去准确地计算到底是多少损失，采用法定赔偿的有 10 件；根据数额计算的只有 5 件。法定赔偿当中综合性衡量根据行为，侵犯商业秘密行为发生时间、情节、规模等综合行业的情况，综合衡量是 8 件。只有 2 件是有比较具体的理由，一件是被告虽然没有使用原告的技术秘密，但是由此得到了技术启示，根据这个技术启示节省的费用大体也是有一定的自由裁量，最后是用法定赔偿的方法。还有一个案件，被告盗取原告的网站用户信息库，原告是一个游戏网站，被告盗取其用户信息库。原告主张其整个网站的价值整体受损了，不仅仅是数据库被盗后的损失，这时法院判决书当中明确说重点考虑了整体价值受损的事实，但是也是酌情的判定数额。

在确定准确的损失数额的 5 件案件中，有 2 件确定了赔偿损失，其他的没有认定损失或者主张，在劳动合同当中赔偿都没有支持。可以看到 15 件案件反映出来的问题，可能确实很多权利人认为，商业秘密案件法院赔偿的保护不受重视，有多数原因会呈现现在的结果。主要原因是原告在这方面的举证不利，原告自己有多少损失，被告有多少获利，这确实是没有证据。这是一个方面，然后对于怎么解决目前存在的问题？我有几点思考。

第一，标准的选择问题。根据最高人民法院的司法解释❶，商业秘密损害赔偿可参考专利案件的损害赔偿。这里有一个顺序问题，但是我的考虑是否可以不要去讲究顺序，由当事人去选择，这里面事实上提出了一个我常年思考的问题。法院判决利息有两种表述方式，一种是因为延迟支付，要支付同期存款的利息；另一种是同期贷款的利息。存款利息是乙方欠甲方的钱，如果钱还给甲方，要按甲方在银行存款有多少利息。流动资金贷款利息，是乙方欠甲方钱，甲方现在没有钱用，甲方要贷款会产生多少利息，这是甲方的资金成本。从法理上讲都是甲方的损失，法律人的思维走到这里就已经走到尽头了，个人觉得经济学引入可以帮助思考这个问题，在这种情况下到底选择哪一种利息？如果用经济学判断非常清晰，如果是理性经济人，如果我是被告，我肯定希望法院判同期存款利息。对被告来讲资本成本小，这是最佳的选择，如果法院判同期存款利息，我的最佳选择就是赖着不还，利息这么低，比我到银行同期贷款低，甚至可以拿这个钱放出去，可以赚取利差。这种选择情况下，法院追求这个判决的有用执行就是选择高的利息。用经济学思维这个问题就很清晰，所以在这个标准问题上面，个人觉得

---

❶ 参见《最高人民法院关于审理不正当竞争民事案件应用法律若干问题的解释》第 17 条。——编辑注

应该是哪种对于执行判决更有利，就应该采用哪种。另外也是考虑原告的选择，哪种更容易证明就去证明。所以说这是第一点思考标准的选择。

第二，在计算损失时候的原则，应该是在对比的情况下，如果没有被告侵犯商业秘密的行为，原告会有多少利润损失？或者被告会有多少获利？这时如果没有思考的路径，我发现现在的判决当中，在这一块儿体现了不足。个人觉得这个应该是对比原则，不仅仅是商业秘密案件、专利案件、反垄断案件，所有这种涉及损失赔偿计算里面应该确立的基本思考路径和原则。

第三，怎么去计算损失，个人觉得现在法官在这一块儿的判决还可以做得更深入更细致。同时也是给当事人一个引导，有几点值得注意：第一，全部损害都要赔偿，全面赔偿。全面赔偿要注意理解的范围窄小了一点。比方说，专利产品中甲方的专利产品是一个产品，然后还有一些配件，如果这个产品专利被侵犯之后，它导致的损失是在这个产品上的利润损失，但是同时也要考虑，因为这个产品卖不出去，或者是减少了销售的配件和辅助产品，原来是跟专利产品一起销售的，这些产品实际上也是可以考虑的。商业秘密是涉及商业秘密产品以及跟商业秘密一起销售的产品，全部损害赔偿规则，在前面提到一个案子，是网站的整体价值，可能是网站部分客户的信息被盗取了，这一部分信息只是玩部分游戏，不是玩网站所有的游戏，但是法院考虑到实际上互联网平台经济的特点，这个平台一旦减弱了吸引力，这个平台就越来越差，所以说这里面有一点体现了对全部损害规则，对全面赔偿规则的理解，不单单是某一部分，而是体现整个网站价值的减损，有一点像专利产品和其他配套产品销售的问题。第二，因果关系。确实是因为侵犯商业秘密导致了利润损失，这是一个复杂的计算过程。销售的减少可能有很多原因，包括市场本身的减少，包括销售体系，销售的规划，可能正好是在这一段时间有销售规划，而产品能不能跟上等。有很多更为细致的原因，因果关系要理清楚。第三，利润的计算，利润的计算更细致，需要看很多经济学的书。最根本的是关注可变成本和固定成本。上海市第一中级人民法院前不久判了一个案例，这个案子里面详细计算了可变成本和固定成本，厂房、工人、工资这些是固定的。增加多少产量，这些成本是要扣除的，但是有一些东西是可变的，是因为增加了产量就增加了这些成本。所以要扣除可变成本，而不是固定成本，这些计算是让损害赔偿计算更加专业化，更加清晰。我想讲的就是这些。

第四，很鼓励原告主张损失。但看到更多的情况下，原告没有办法证明被告获利，也没有办法证明自己的损失。不知道自己的损失在那里，原告可以作财务上的计算。理论上应该是可以计算出来的，实际上应该也可以提供一些证据。

李　森：

我觉得有一个问题要问一下，什么叫商业秘密侵权？这个问题其实是很值得思考的，特别是我们案件里面用了一致性鉴定，这时候，我觉得更要问什么是商业秘密侵权？一致是不是侵权？不一致是不是不侵权？一定要回到商业秘密这个立法的法条语言上，上面说窃取或者是获取、使用、披露这三种行为对应的是未公开的信息，这样的行为构成了侵权。

张玉瑞：

诉讼法虽然是程序法，也关系到实体诉讼权利，我有一些看法：

第一，商业秘密权利人的诉权保障。最高人民法院有一个司法解释，其中谈到商业秘密起诉的问题，权利人起诉普通的被许可人必须有书面授权，否则不能起诉❶。现在有一个问题，我们有一句话特别明确，控制商业秘密的人就有诉权，这句话说得特别清楚，那造成的现状是什么？商业秘密到底是什么性质？似乎是一种利益，而不是财产权。这个问题我有一个结论，这个道理有一点似是而非。我以软件为例，这个软件版权属于计算机软件著作权权利人，同时这个计算机软件又是商业秘密，尤其是原程序通过版权法就是财产权，通过商业秘密就没有权利，这个思维不连贯也是有矛盾的。我认为这种观点是导致我们对商业秘密权利人的诉权（一部分诉权）保护不利的障碍。

第二，诉前保全。如今已经把诉权应用到商业保护上，其实这个特别有必要。在过去碰上一些案例是要公安介入的，导致出现一个状况，员工一块跳槽，都拿着笔记本电脑就走了，走了就干活，法制观念也是比较弱。结果公安抓人，就是举报抓人，抓人以后大概有 5 个人的电脑里面什么都有，一算犯罪数额就够了。有一个人的电脑丢了，那个人没有被判罪，其他 5 个人都有罪。这就是诉前证据保全我们干不了，但是恰恰要我们执法机关介入的工作。过去，这个实际上我们维权律师都建议先公安、后工商，最后不行再到民事法庭。证据没有达到民事证据的要求，今后如果按照设想，等于没有这个问题，当然没有这个困难了，在这里提供一些想法。日本人的法律思维很严谨，认为知识产权法是独特法律体系，跟谁都不搭。日本知识产权法跟有形财产一点关系都没有，不能借鉴日本财产权法有形财产来解释知识产权。自打文艺复兴、科技革命以来，知识产权法诞生以后有了自己的发展规律。日本也是不断借鉴，沿着延长线发展。还有侵权行为法，这是两条路，这两条路综合起来就形成了知识产权。这两条路是在不停借

---

❶ 参见《最高人民法院关于审理不正当竞争民事案件应用法律若干问题的解释》第 15 条。——编者注

用比喻，实际上知识产权是财产，日本认为是一种比喻。

专利授权、专利权转让、专利权入股、评估、继承、公司投资，这是财产权领域。到了侵权法这一块儿，财产权是调整财产流转，延续增值，侵权责任法是保护财产，这是两个范围。有一个比喻，侵权责任法不止保护财产权，反不正当竞争权也是一种权利，这个反不正当竞争权利受侵权责任法的保护，是保证实体权利。知识产权法要保持一个界限，知识产权法不是有形财权法。第三，至于商业秘密是不是财产权，我曾经也探讨过。自然科学里面有一种测不准理论，我们当代人的认知永远说不清楚，怎么办？用综合数据，用屡次测量的结果说话。实际上所谓社会科学，我觉得我们没有能力对某个东西断言是什么东西，我们都是每一个阶段的活动分子。所以这就是说，推崇一种实用主义态度，从权利人出发，从社会使用者为大众服务出发，采用一种实用主义的做法，尤其是国外市场经济发达国家已经采用一些成熟的做法，我们要借鉴。其实知识产权的对世权有两个层级。一层是版权作品、未注册的商标，商业秘密是另一个层级，因为它是一个相对权利，这一层权利比较相对，特别像民法上的财产权，但是它缺一个最根本要素是对世权利，知识产权里面最标准的对世权就是专利权和商标权。这个其实跟民法又不沾边。版权是创作出来的，有自己的权利。专利和商标作为一个对象在中国可以禁止所有人，这是一种垄断，是国王特许，国王特许相当于我国的计划经济法。这是一个经济法的概念，是超财产。所以知识产权一定是财产权，很多基本概念我觉得应该有一个界限。谢谢。

彭学龙：

各位下午好！感谢主办方给我这样的机会。坦率地讲，我是十多年前跟老师做过商业秘密方面的项目，但是有一个很大的缺点，用的材料基本上是美国的论文，然后判例主要是美国的判例。当时有一个客观的情况，要收集国内判例不像现在这么容易。我选择的题目是"美国商业秘密法中的禁令救济"。禁令救济相当于什么？我的理解是相当于我们国内的禁令，一个是授权禁令，这个禁令有一个临时禁令是诉前禁令，还有一个初步禁令是起诉以后的保全，还有就是判决完有一个永久禁令。

禁令救济是最核心的救济。还有一个说法，商业秘密诉讼中，禁令救济目的是先堵住大堤的决口，然后再从容计算损失。主要聚焦于四个问题：（1）商业秘密侵权救济；（2）禁令救济的地位；（3）签发禁令与利益衡量；（4）各种禁令及其适用条件。

第一个问题，商业秘密禁令救济。权利不同属性，利益也不一样。侵害方式与后果也是千差万别，这样有量身定做的救济体系。就商业秘密来讲，救济主要是两个方面，一个是禁令，另一个是损害赔偿，还有给付律师费。虽然我们国家现在表达上面有区别，但是大致的救济措施也就这几方面。

第二个问题，救济体系当中禁令的地位。第一，禁令是面向未来的，普通法救济是面向过去的救济，损害赔偿不足以弥补损失才发布禁令救济。商业秘密不论是不是财产，在比喻意义上可以说，比喻意义上商业秘密是财产，这个财产很脆弱，这个盖子不紧就跑掉了。第二，有一些商业秘密特别重要，有一些企业经营维护是靠某一个商业秘密，这样两方面就决定禁令救济特别重要。我们也看到美国一些法律文件，禁令救济是排在损害赔偿前面。相关法律文件也很明确了禁令救济的规定，我觉得对我国相关的禁令救济还有参考价值。

第三个问题，签发禁令与利益衡量。使用禁令后会导致严重的后果。被告在相当长一段时间内不能在熟悉的领域从事本身很擅长的工作，这事关到被告的择业权甚至是生存权。也可能使得被告使用涉讼商业秘密的生产线报废，也牵扯到竞争市场的秩序。这里主要讨论这几方面的因素：雇主利益、雇员利益、公共利益。

第四个问题，各种禁令以及其适用条件。临时禁令相当于诉前禁令，还有诉讼保全以及永久禁令，临时禁令跟预先禁令对法官审案没有约束力。临时禁令具体的条件就不讲了。临时禁令是在起诉之前要求发布这样的禁令，也有特别严格的条件，要有胜诉的可能。预先禁令也有在受理到审结期间为了维持证据，防止商业秘密进一步泄露，请求法官的禁令。最终是一个共性，临时禁令和预先禁令这都不是终局的。关于永久禁令是要考虑有效维护原告的权利，又不至于使被告陷入不应该有的困境。

禁令涉及各种利益，法院应该是慎重权衡。至于怎么权衡是法官的事情。禁令主要有几个方面，事实上现在跟我们国内制度也有对应的。同时还有一点要强调，禁令在英美法上是属于衡平法的方式。原告曾经用语言和行动允许被告使用他的商业秘密，或者是原告在经营过程当中有不正当的行为，这种情况下禁令救济不适用。谢谢大家。

李　森：

听了丁庭长讲损害赔偿，这是我另外一个特别感兴趣的问题。知识产权案件有人说98%，有人说是99%都是法定赔偿。这种赔偿不但低，还对审判结果合法性是有影响的，所以我是探索了其他清晰化的赔偿方法。修改决定把2001年司法解释❶里面一个非常好的赔偿条款拿出来了，提到怎么样算侵权损失，这里

---

❶　参见《最高人民法院关于修改〈最高人民法院关于审理专利纠纷案件适用法律问题的若干规定〉的决定》。——编辑注

面特别要讲许可的倍数，这跟商业秘密的赔偿是特别相关的。我们知道商业秘密的损失有很多复杂性，因为技术到产品有很长的链条，中间有很多环节，而许可费刚好是从技术角度看问题，所以用许可费的倍数衡量商业秘密损失是很重要的方法。据我了解，美国有75%的案子也是用许可费的方法，我们为什么不用？这让我感觉到一个很大的证据问题。有很多人认为，要用许可费必须要有一个侵权的在先许可费，即使有在先许可费，因为许可人和被许可人条件不一样，所以在先许可费有很大变化。这次广东省高级人民法院审判华为的案件用了虚拟许可费的做法。这个做法有灵活性，用虚拟谈判的方式来做。这个方法是值得探索的。

李德成：

我觉得关于责任的问题，首先要确定一个损害的基本观点。在获得竞争对手的秘密信息后，没有应用到生产当中去，但是实际上使竞争对手既有的这种优势丧失。在讨论关于赔偿问题的时候，首先要确立所知即损害，但在目前还没有找到解决问题的办法。涉及秘密邮件误发给乙，他发现以后，通知乙删除，乙说保证不用但是就不删除，就留在那里。这种情况下如何寻求司法救济？是用排除方案还是怎么解决这个问题？

彭学龙：

我个人觉得可以请法院证明，然后发布禁令。这个发布禁令是没有问题的。乙如果一旦泄露或者是使用，对原告造成损失是不可估量的，同时对乙没有任何损害，本来就不该给乙，我个人觉得发布永久禁令是没有问题的。起诉之前先请求一个临时禁令，永久禁令是打官司完了再发布的。

李德成：

他不会用，但就是不删除。

彭学龙：

如果法院有禁令，乙用了就构成了藐视法庭罪。

刘晓海：

彭教授回答起来也是比较累，以后留给法官解决。

李秀娟：

我想探讨一下损失赔偿的问题。作为专利法的老师说专利价值，我今天说专利价值、商业秘密价值是市场价值。我接下来想探讨的问题是，丁庭长最后说是如何证明自己的损失？我们说的损失是这个意思吗？是利润损失吗？从整个市场角度来看，是什么意思？一个新产品生产出来之后，市场可能是在扩张的，就算有人侵权，权利人的利润可能是在增加的，就是侵权行为帮他扩张了整个市场，被动侵权人、权利人利润都是增加的，这种情况下利润损失，从自身的利润角度是看不出来的，怎么办？就要看整个许可之后，当事人有可能获得的潜在的市场利润，而这个许可刚好又和李律师刚才说的许可费计算结合在一起。只有外观设计适用，为什么只有利润损失和合理许可费，因为很简单，就是他的配件、附件要不要算进去？整个专利损害赔偿，或者说知识产权损害赔偿，我个人觉得是市场利润的计算。如果要算权利人的利润损失，前提是封闭市场。什么意思？因为侵权导致权利人，权利人如果是做机床的，现在市场是封闭的，这个产品整个社会上可能一年只有100台销售量，侵权人的加入导致权利人此涨彼消，如果没有封闭市场的假说，没有封闭市场的存在，权利人难以证明自己的利润损失，这种情况下怎么证明自己的损失？更多是通过合理的许可费，这是一个合理的许可费率，为什么美国大量损害赔偿是以许可费来算？因为有行业指导标准，每一个行业大概的技术许可有一个许可的范围，我们国内行业上在这方面的数据显示很不周全，法官也很难获得这方面的知识，也很难获得信息。国外行业每年都会发布信息，这就可以作为一个基础，至于前面的损害，或者是合理预见，华为案是用美国经典损害赔偿的交接案，有15个因素，其中谈判只是其中一个而已。关于损害赔偿，可能我们更多要分析、要研究的是全面赔偿原则中，怎么可以适用。在这样的市场动态的过程当中该怎么适用，什么意思？若我是侵权人，大公司和小公司我要付的许可费是完全不同的。但是费率基础没有影响，所以是可比的许可，美国在2001年的案例里面可比许可的要求更严格。之前有过许可，法官可能都不会适用这个许可费率。3倍许可费是罚责吗？若我是被许可人，如果不赚钱就不会要这个许可，通常情况下从一九五几年之前形成的费率标准是什么？所有的利润，这里面25%给权利人，75%是被许可人，所以我们说3倍损害赔偿，许可费赔偿刚刚是填补，没有任何惩罚的意义在里面。

丁文联：

跟您的意思差不了多少，损失、赔偿，原告证明利润、损失，既包括封闭市场的情况下，市场份额减少导致的损失，也包括这个市场在扩张过程当中本来应该更多一些销售，但是没有多到应得的市场份额，我觉得是可以计算出来的。还包括市场在减缩，这是一个萎缩的市场，如果没有被告的加入，则萎缩得没有那么快，这是可以根据市场份额考虑的。原理是一样的，之所以问原告为什么可以主张这方面的损失，这是跟合理许可费举证相比较的。我们处理的案件当中许可费举证更困难。美国有很多标准，各行各业精算师都很厉害，都可以算出这个东西。我们没有这个条件，计算许可费很困难，但是不算许可费你会认为受到了多少损失？一个制度也说不出来吗？这个是欠缺的。

黄武双：

损失该如何认定？损害的认定刚刚从李德成律师的对话当中可以听出，可能是因为没有使用，没有被公开就不会导致损失，不过我得提醒大家思考一个问题。比如商标，如果对方侵权使用了，权利人可以让侵权人不使用。而如果广告费花了1亿元，因为侵权人的影响，权利人要消除广告费带来的负面影响，要给权利人带来25%的影响，这个所谓的损害是多元的，不仅仅是我们讲的经济上的损失，还有多重损失。商标这种标识是可以还原的，但是技术能不能完全返还？尤其是技术秘密，拿去了之后不直接用原来的配方生产，但是完全可以节约开发成本，获知者在后续技术当中，在权利人的肩膀上再往前走。这时候直接竞争者在这个市场上尤其需要小心，获知者拿去以后节约了大量开发成本，事实上这个对竞争者来说，我个人认为也是一种损害，对司法实践来说这可能有一点太远了。我就提示这么一个理论。

戴　磊：

我个人觉得许可费的问题，在商业秘密环境下使用是受到限制的。为什么受到限制？上午提到商业秘密的特点，对商业秘密而言最重要是什么？最重要的价值所在就是秘密，而流通就给权利人带来泄密的风险。我们现实当中遇到很多专利的许可，但商业秘密许可的情况我不了解，我感觉少很多。因为性质上不适合从流通的角度谈这个问题。如果说在现实当中流通性质很少，许可费的参考性在什么地方？

刘晓海：

前面丁法官说希望采用自由选择赔偿方法，如果选择自由赔偿方法，选择了以后可以改吗，这是一个问题。选择赔偿实际损失，如果可以改了，侵权者的利润这个可以改吗？这种情况在德国法上是不用改，当事人可以选择，但是不能修改。在商业秘密案件中，就我所知，德国的案例基本是禁止，所以损害赔偿几乎是没有的。这个究竟是什么原因造成的？我们还得仔细考虑一下。损害赔偿是很少的，很少说赔多少钱。还有损失怎么计算？应该说美国的计算法相对比德国要赔偿的数额多一点，德国赔偿首先不论是不是实际损失，实际损失也有法官酌定的因素。外国不是说损失100元才判定赔偿100元，而是提供一系列材料，这个材料可以罗列出受到的损失，然后法官根据所提供的资料证据来酌定一个损失，这也是一样的。

我国民事诉讼法里面也是有酌定的，是法官根据证据确定数额。国外也是这样做的，国外法官也不是说判定100元就是证明损失了100元。第二是关于成本扣除的问题，德国原来的做法是，比方在一个车间里面，一半是生产合法产品，一半是生产违法的产品，是侵权的产品。严格按照涉及的损失，生产合法产品的一部分，把厂房、用电的成本都扣除了，只有另外一半是不应该扣除的，这个费用可以包括在里面，另外一半是生产违法的，这一部分费用是不应该扣除的。实际损失是多少，我认为是合法的一半就不算成本了，合法的一半里面有这些费用，能扣除吗？法院说这个是不能扣除的。现在做法是生产的合法这一半也不能扣除，因为在一个车间里生产，但是反过来是两个车间，这间生产合法，另外一间是生产非法的，这个是可以扣除的，一个车间里面又生产合法，又生产非法，这是不能轻易扣除的，这样就加重了侵权人的责任。我觉得法官也是在探讨如何来真正保护受害人或者是权利人的利益。

四、举证义务的分配

主持人：王艳芳　最高人民法院知识产权庭审判长
发言人：顾　韬　江苏省高级人民法院知识产权庭副庭长
　　　　陶鑫良　上海大学知识产权学院院长、教授
　　　　许春明　上海大学知识产权学院副院长、教授

王艳芳：

这一节我们的主题是举证义务的分配，实际上商业秘密这类案件证据的问题是特别重要的问题。今天上午王庭长在他的致辞中讲到，商业秘密案件审理当中举证责任的分类，包括证据的取得、对证据的审核，是审理案件的难点。实际上今天上午的演讲当中，已经就举证责任的分配、证据的审核问题实际上开始提到了。今天下午有3位重量级人物，就这个问题给我们带来他们的一些见解。有请第一位发言人。

顾　韬：

大家下午好！很感谢主办方给我的发言机会。今天下午就我们经常争论的商业秘密侵权纠纷的举证问题跟大家作一个汇报。从我们的司法实践当中来看，商业秘密在所有知识产权审理案件中是难度比较大的。实质上，个人感觉，商业秘密这类案件的审理中的焦点在于事实的查明。这是一系列的查明问题，在一系列查明问题的背后就隐藏着实质上牵涉的各方的举证。司法实践当中各方应当包括法官在内，或多或少有一些抱怨。我们看到的权利人或者原告最明显的抱怨是"维权难，取证难，我要求对方提供相应的资料为什么法官不理我"等，这是一系列意见。实质上，从另一方面讲，被告也会有抱怨。案件还没有开始进行，原告为什么就把被告所有的生产资料保全了，这个案件秘密没有成立为什么一定要

被告拿出所有的技术秘密，拿出被告的秘密跟原告进行对抗式诉讼，被告可能还存在二次泄密的问题。所以从被告来说，作为法官群体的抱怨是什么？原告不配合法院，原告拿出一堆技术方案来，称这整套都是我的技术秘密，这是我的诉讼主张，法院必须尊重我。如果这样走下去这个秘密怎么鉴定，或者说过于计较程序方面的利益，原告拿出秘密时候提出的要求是什么？这时候要求被告也要把技术固定一下，否则看到我的东西被告会改动。被告会说凭什么拿，原告的这个秘密不成立，得等到原告拿过来，审完原告的商业秘密成立之后被告才拿他的技术跟原告对比。两者之间技术上的交锋似乎都有一定道理，但是法官就很难把这个顺利诉讼下去，这个情况我们都会遇到此类的难题。

实质上分析这个问题有很多原因。

第一个原因，可能是商业秘密本身的特点，决定我们的诉讼或者举证难度，商业秘密本身具有一个藏着的特点，提起诉讼之前理论上这个秘密除了原告没有任何人知道。这时候原告提出了诉讼，法院面临，或者是司法面临首先要解决原告有没有这个权利，然后才可以谈是否侵权，这个跟其他的知识产权具备共识效益的性质是不一样的，这也是导致我们商业案件举证困难的原因。

第二个原因，我们的当事人确实有一些案件中存在的诉讼能力，或者是对法律的理解不统一，诉讼能力相对比较欠缺，也导致我们举证分配上，包括案件推进会比较难。

第三个原因，我们现在从司法来说，对现有技术查明机制的欠缺，我们很高兴看到，现在我们在几个知识产权法院有审查管的机制，之前确实没有，从法院的角度来说，最多是用技术专家和司法鉴定。从技术专家角度，法院我们经常从实践中面临的问题，双方当事人找出技术专家没有难度，可以要求双方提供，但是问题在于他们所提供技术专家毕竟是他们提供的，很难保证当事人所提供的技术专家可以对涉案技术作一个全面客观的对比。如果这样要求技术专家也是强人所难。这时候就需要司法提供一个自己找到的鉴定。

毕竟是一个尝试性机制，不是所有专家都愿意出庭，更多的是愿意提供咨询意见，怎么把这个变为认定的事实，这在环节上存在缺失，还有一个问题是钱的问题，前几年我们的基础专家费用是200元，加上差旅费50元，大概专家费用是500元左右。

第四个原因，我们遇到司法鉴定我个人感觉我们的司法鉴定机构越来越会做司法鉴定报告，所有的技术组合一起必然有这么一句，上述技术的组合构造不为公共所知悉，具体怎么组合没有答案。实际上我也跟司法鉴定机构沟通过，他们说言多必失。如果回答各位律师的提问，专家不知道怎么回答，所以司法鉴定最大的问题是缺乏我们诉讼法官的积极参与。这是我分析的原因。

接下来是几个问题的探讨。第一个问题是回到上午证明责任的问题，作为主张权利的当事人，必须承担真伪不明带来的责任。第二个问题是确定证明责任之后必须面对的，即怎么来解决举证困难？这里的观点是什么？这时候可以及时调整我们的证明标准，以及各个主张，进行主张责任的转换。从理论规则上来说有很多种方法，可以把证明标准转化为优势证据，可以用推定，用各种各样的规则来帮助我们实现这个目的。但是归根结底一句话，如果放到具体的个案审理中需要司法或者是法官解决举证困难的问题。也是解决商业秘密，特别是技术秘密，技术设施查明的问题，更多体现在个案当中灵活掌握，以及法官的及时介入。比如说我们可以要求不为公众所知悉的举证转移，如果原告提供一定理由，或者是充分理由说明这个技术，在此情况下就可以要求被告证明其为公众知悉，完成举证责任的转移。

另外一点，在具体侵权领域，我个人的体会是关于诉讼辅助人的。诉讼辅助人最大的要求是如果有技术专家出庭的情况下，最好是有法庭技术专家，在三方都在情况下，对一些技术分析的分歧就会缩小。如果没有法庭所聘任的技术专家，则很难保证最终可以达到诉讼辅助人所起到的作用。关于我们经常讨论的司法鉴定，怎么减轻举证责任？我自己有一个体会，当时有一个案件，我们的鉴定报告四张纸，我当时觉得这个确实很有问题，我直接找到了鉴定专家，鉴定专家告诉我不知道鉴定报告怎么写，他说这些问题在技术上是很容易解决的，但是不知道怎么转化为鉴定报告，鉴定专家解决不了，那需要主动介入，这样才可以保证整个鉴定程序是在法院控制下进行的，以最终达到此报告是为法官能够接受的鉴定报告的程度。所以在这个问题上，实践中的方法有采取审查的制度，对这个鉴定报告梳理，必须说服对方，必须有一个明确的结论，并且要有一个充分的梳理。

最后聊一下刑事案件，现在刑事案件方面的问题很突出，很多当事人选择走刑事司法程序。我跟公安机关接触比较多，最大的问题是钱。整个鉴定费用怎么解决？如果全国所有的鉴定费用都由公权力来承担，则不符合我们立案审查的标准，这种情况下，我觉得由权利人承担一部分费用比较合理，先由权利人、公安机关报案前鉴定一遍，报案后再鉴定一遍。另外鉴定报告出台之前，公安可以采取一定措施，且一定要引入被告的答辩，否则等到鉴定报告出来，再采取措施，必然会面临很多律师的强烈反扑。此种情况下，不如将此程序前移，最终决定是否刑事立案。

陶鑫良：

商业秘密是知识产权领域的后起之秀，我自己也参与了一些商业秘密保护。

我看到最高人民法院司法解释❶谈及对原告来说，商业秘密的整个诉讼胜诉率不高，关键是在于证据，原告举证不一，究竟怎么评判最高人民法院司法解释里面有14条。实际举证承担涉及以下几个方面：第一，对方的信息与使用商业秘密的结果相同；第二，对方当事人采取不正当手段的事实。下面将围绕此处对证据进一步阐释。

知识产权重大案件，包括商业秘密重大案件，犹如海上冰山，法律海平面上只露出一角，可能在商业秘密领域，法庭往往是市场竞争的延伸，知识产权诉讼常常是当事人正当竞争的武器，另外，恶意诉讼，尤其是商业秘密诉讼的界定比较模糊，滥用的空间更大，包括泛形式化，也是客观的情况。通过商业秘密案件、技术秘密案件获取对方的技术秘密。还有先刑事后民事，实际上市场经济条件之下，人才流动尤为关键，人才流动是必要的，也是必然的。

有几个案件是我亲身经历的。当时西安电子科技大学领导跳槽，对事不对人，一定不告人，只能告公司，对方的产品和我们研发的结果相同，后来该案件和对方，即当时的西安电子科技大学，有过一些交割，在这些交割过程中，该成果是我的，我们原来与他们合作开发，而且该合作开发并没有约定知识产权，包括技术秘密和专利申请权的归属等。

第二，我们代理过一个案件，无锡中级人民法院一审的时候，实际上原告主要的技术分两块，一块是探头，技术含量很高，配比组分等，另一块是仪表电路组合，要求我们将其作为一个共同的主要技术秘密诉求进行保护。要不要把这个技术秘密拿出来？最后他们的决定是宁可输官司也不能拿出来。其目的是抢先推上市场。当下中国这一类案件审理过程如何？当时还没有鉴定机构，是各方组织鉴定。实际是两个科技人员，两位工程师跳槽，到乡镇企业生产出这个产品，该产品于12月上市，但是12月，相同产品已经在市场出现，现在这家企业被指控侵犯权利人商业秘密、技术秘密时找不到决策路径，所以当时法院也在讨论该诉讼能不能受理。后来为了这个事情，我记得当初跟他的董秘到青岛，当时有个技术检验证书，安全部门找到这份证书，然后带这份证书跑到青岛研究所，找到研究室问"这份报告是你们出的，是谁来送检的？"回来以后提交给法院，法院因此解决了是否受理该诉讼的问题。针对前面讲到作为原告，法院受理是不是一定要接触要件的问题，现在看还是要的。

第三，我们旗下的杰事杰新材料有限公司跟某公司1998年有一个问题，对方究竟拿了我们多少技术秘密，现在的确不太清楚，它的技术秘密主要是工程塑

---

❶ 参见《最高人民法院关于审理不正当竞争民事案件应用法律若干问题的解释》。——编辑注

料，即这个工程塑料的配方和加工工艺。这种情况下，当初我们好像是作了这样的安排：该技术秘密可能涉及 34 种配方，我们把这 34 种配方打包起来交给法院，告诉法官这不是完全的证据。根据这个案情进一步进展，我从中指出哪几个配方属于商业秘密的主张和指控对象。这里面我的建议是什么？对于原告主张商业秘密、技术秘密的范围，江苏省有一个规范性文件。关于举证，应该确定逐步减少并且不能申请增加。我把我的观点讲一下，我认为原告的举证第一需要证明技术载体客观存在，第二是全面符合法定基本要件，起诉固定后只减不增加。谢谢大家。

许春明：

刚才顾庭长讲到了案件中的三个抱怨：原告抱怨举证难；被告抱怨举证责任负担太重，且有二次泄密的风险；法官又抱怨要查明事实。所以我们非常能理解商业秘密案件的特殊性，且都集中在举证义务的分配上。我就这个问题跟大家作一个汇报，也是一些粗浅的看法，正好与庭长还有我们的陶老师不谋而合。

根据我看的一些材料以及自己的学习经历，在商业秘密的举证义务分配当中最大的争议是，在不为公众所知悉的证明义务的分配当中。无论是学者的观点，还是中国各法院的司法实践当中都有不同的做法。争议非常大，我看了最高人民法院的调研、各省市法院调研报告，其中就有完全不同的观点。我总结一下有三种。

第一，不为公众所知悉的证明责任应该由原告来对诉求承担完全的举证责任，理由是谁主张谁举证。

第二，应当由被告来对原告诉求商业秘密进行举证，即举证责任的转移，理由主要有两点。（1）不为公众所知悉是一种消极的事实，原告难以举证，应当由主张积极事实一方进行举证。（2）反不正当竞争法司法解释❶当中的第 14 条解释，其中关于"商业秘密符合法庭条件的证据"没有涉及不为公众所知悉、具体内容、商业价值、对商业采取具体保密措施等，但是实施的第一句话清楚表达了三方面的事实举证责任，对其拥有商业秘密且符合法定条件的负有举证责任，这是第二种观点和做法。从法官角度来说，当原告将其所主张的信息具体明确提出后，从效率的角度和查明事实角度，由被告对公众所知悉进行举证更有效率，这是毫无疑问的。

第三，应当由原告对不为公众所知悉负举证责任，但是同时适当降低证明的标准，比如采取优势证据的规则来衡量原告的举证是否达到标准，以及通过司法

---

❶ 参见《最高人民法院关于审理不正当竞争民事案件应用法律若干问题的解释》。——编辑注

鉴定来降低原告的举证难度，以及通过被告为公众所知悉的抗辩来降低原告举证的证明标准。

我总结主要有三种观点跟做法，本人的粗浅看法是同意第三种观点和做法。理由有几点，第一，我觉得对商业秘密当中的秘密性的举证义务的分配，既要遵循举证责任分配的基本原则，同时更要充分考虑商业秘密特殊性，商业秘密特殊性在于无共识举证难，这是商业秘密最大特殊性。第一种按照谁主张谁举证的原则，原告理应承担对他主张信息不为公众所知悉的举证责任，更重要的是原告主张商业秘密，他的基础性权利在于商业秘密的成立，而秘密性就是不为公众所知悉，这是商业秘密的三大构成要件之一，即原告主张的基础权利的构成要件。所以原告首先应当对他基础权利本身存在的这种事实承担证明的责任，否则就违背了责任分配一般性的、基本的原则。

如果将这种责任给被告，一定是过度增加了被告的证明负担，所以不为公众所知悉是基础性事实，涉及商业秘密权利是否存在的重大基础性的问题。应当由原告来承担最终的证明责任；第二种，不为公众所知悉是不是完全消极的事实？我看了一些材料，一个报告当中讲到不为公众所知悉事实上也能够为原告初步证明，司法解释第9条里面讲到不为公众所知悉包括两个方面，其中一方面是不为所属领域所知悉。

第二，不普遍知悉、不容易获得。在研究报告里面提到不为领域当中相关人员普遍知悉，的确，对原告而言，举证是非常困难的，但是对于"不为相关领域当中相关人员容易获得"，是可以通过与工资信息的比较、原告递交他所开发的情况以及成本来给予证明，当然也可以通过技术鉴定来证明。我基本同意这个观点"不为公众所知悉"并非是一种完全的消极事实，是原告举证困难，而不是举证的不可能。很绝对地认为"不为公众所知悉"是一种消极的事实，而将这种举证的义务转移给被告，这理由也不是太充分。

第三，通过司法鉴定和技术辅助人，或者是专家证人这种方式解决原告举证难问题，是可行的，这也是司法改革的一个方向。在确定原告的举证时，原告对"不为公众所知悉"举证前提下，专家技术辅助人，就是否"不为公众所知悉"进行司法鉴定或者是发表一些意见，依次来解决原告举证难的问题。

第四，原告需要证明的初步事实有哪些？我的一个基本观点是，原告对"不为公众所知悉"首先是负有初步的举证义务，同时最终又要承担结果意义上的举证责任。举证义务是从行为这个角度考虑，就是首先必须提供能够证明"不为公众所知悉"这一初步事实，该事实包括具体确定的信息、相关的技术背景以及所主张的技术信息、与公众公知的这种信息相比它存在的一些区别和进步。这是一个初步的举证，在初步举证的基础上，如果被告认为原告所主张的这些信息，已为公众所知悉，如果原告对被告这种抗辩又无法进一步举证，"不为公众所知悉"在这种情况下应该怎么办？这就是刚才说的法院是否可以根据原告的申请，通过委托司法鉴定或者是引入专家证人的这种制度来解决。还可能最终没必要采取司法鉴定。

第五，不经济、成本过高、时间过长这种情况出现怎么办？上午某位法官提到利用证据优势规则，根据证据的情况来比较它们成立的可能性，得出谁的可能性更大。这是一些粗浅的看法，总的观点是我刚才说的，原告对"不为公众所知悉"有先举证义务，也有最终举证义务。最终举证义务是指如果没有充分的证据可以证明所涉案的信息是否公之于众，原告要承担一切不利的后果。

陈　宇：

在实务中，权利人起诉，起码要提供一个报告或者是初步结论来证明专家意见，"不为公众所知悉"有一定的理论技术，而且有很大的可能是现有的程序上不足以证明"不为公众所知悉或者是获得"，这时再由被告人行使。然后双方互相交换秘密点，查清一点，最后是证明责任：如果被告不能证明已经公开，最后证明利益还是归原告所有，我们是这样简单操作的。我自己碰到一些问题，比如黄教授说的专家证人的问题，现在各个高院都有自己的专家库，我们有这样的优势，很多专家证人是有自己的学术良心的，不会作出反面陈述，通过我们自己聘请的专家，可能会麻烦他很久，通过他跟他的学生，我们与专家再三对话，把他们对学问的认识转化成我们的认识，用我们的口吻阐述出来，使得我们对自己的判断有信心。还有普通技术人员的问题，依普通技术人员标准来判断，有的案件里面会涉及普通技术人员，例如在工厂车间找一名技工问他对该问题的看法，我们会得到一个交叉重合的部分，我们认为这是可信的，也代表普通技术人员的观点。最后，我们经常碰到秘密形成时间的问题。原告承认其这几年一直在修正，就没有办法证明被告跳槽的时候，在他认知时间里面已经形成了，在商业秘密诉讼过程当中，商业秘密形成的时间常作为一个公知和防御的要点。刚才提到损害赔偿，损害赔偿参照专利法，严格限定使用的顺序。首先是权利人的损失，其次是许可使用费，这样我们在有的案子里面推行先民事后刑事，来保证权利人的利益，也让被告人利益得到充分肯定，毕竟利益平衡是知识产权案件里我们永远要把握的主题。

张玉瑞：

我们构成商业秘密有一个保密措施，但是现在经济生活比较复杂，原告曾经自愿把东西交给被告，后来产生争议、提起诉讼，就被告骗取商业秘密这一商业行为而言，该行为表象上是自愿的，但有胁迫欺诈的因素，欺诈包括民事行为当中一般的欺骗行为，我想提个问题，这个问题是保密措施和自愿交付在欺骗当中是什么关系？

顾　韬：

我个人理解保密措施只要达到这种程度，即如果想偷的人知道这是秘密，知道这样做不对就够了，至于采取的行为，我个人觉得对保密措施没有什么影响。只要保密措施合理，我个人认为只要达到其他的相对人知道这应当是一个秘密，自己不付出代价是不应当拿到并使用这个秘密的程度就够了。

陶鑫良：

保密措施的门槛不应该太高。

姚建达：

这个问题我们在司法实践中多次讨论，许老师就这个观点综合了一下，实际上我看了一位法官写的一篇文章，这个问题我们也会经常遇到，我们认为"不为公众所知悉"在某种意义上是原告举证，原告举证完以后，被告就"为公众所知悉"提供相关证据即可，也不存在太大争议。我们争议的是原告、被告举证不一致时，需要我们找专家证人，对这个专家证人也会提出质疑，法院是专家，从专家条件到内涵界定，第一，怎么样称得上专家，我们对专家的标准是什么？第二，鉴定费谁提供？按照谁举证谁预付鉴定费用的规定，被告提供"不为公众所知悉"以后，原告不认可为鉴定的结论，则原告来主张申请鉴定，如果原告不申请鉴定就面临被驳回的风险，在现实中也没有可操作性。回到专家问题，我们后来问专家，专家说还是由被告举证，我们后来综合一下觉得原告举证更妥当一些。"为公众所知悉"由原告来举证鉴定，我们是这样来做的。

黄武双：

关于举证义务，我想描述几个观点，第一，根据最高人民法院的司法解释，价值性、秘密性。各国司法实践中，只要原告可以证明采取过一定措施即推定为具有秘密性，然后由被告反证没有秘密性，是这样的逻辑，所以这是没有问题的；第二，保护措施在逻辑上不独立于秘密性，但是只能是合理的，只要求合理程度：保护措施只要求防君子不能要求防住小人，否则权利人的成本高了，最终都要分摊给消费者，这是违反经济学上的消费者福利，美国若干次判决当中明确强调这一点；第三，我们看到一些判决当中推定"为公众所知悉"，有一些证据我觉得值得进一步研究和探讨，包括推敲。出版物公开、互联网公开我们推定没有秘密性，这个没有问题，但是不能说明这种推论就没有问题。尤其是某些特定场合有人看过，有一些观点直接推为丧失秘密性，这个要小心，美国有很多判决中，如果可以证明有人看过而这些人看过是不会导致秘密性丧失，仍然不能推定已经丧失秘密性，因为这是公共政策的问题，要刺激鼓励研发投入，鼓励技术往前发展，在技术秘密是否已经丧失的推定时，尤其要对证据的认定谨慎。谢谢。

王艳芳：

感谢黄教授这样的分享，在我们这一节已经没有时间插入演讲，我们可以花5分钟时间请楼洪介绍一下观点，仲裁是不是有利于商业秘密的保护。

楼　洪：

非常不好意思，非常感谢黄老师，也非常感谢王法官。我们探讨一下仲裁制度是否确实保护商业秘密，我作了一个普通法系关于仲裁制度秘密的研究。一般说来，隐私性、保密性是仲裁的特点和优点，一些涉及商业秘密的案件倾向于用仲裁方式解决，我现在看到各国的司法与实践，发现各国有一些是普通法，但是发生了分歧，以英国为代表的国家和以美国为代表的国家对该问题有两种不同的认识。首先对这两种观点作一个基本介绍，也介绍核心的案例来看国际的协调以及未来的发展。第一个案例在1990年，仲裁一种很隐私的争议解决方案，内容不应该公之于众。后面的案例有了进一步发展，即 Dolling – Baker 案，内容大致是原来只约定部分仲裁裁决不能公开，后来又说关于这些笔记也不能公开，其实是一种强化。之后的 Hassneh Insurance 案，再次强调了这一问题，但是法院给出了一些额外排除条款，在特定条件下有一些信息还是可以公布的，比方得到双方同意，还有一些法院的介入、法院命令或者是批准，还有兜底公共利益的考虑。这个观点在英国国内也有批判性的意见。英国枢密院在这个案件里面就提到在一些特定情况下还是公之于众。该案件是两个保险公司，它们有过一个仲裁协议，后面又有一系列案件。它申请禁令，如果不公开内容后面就很麻烦，所以法院批准了它的请求。最后还有 Ali Shipping 案，就提到以后也可能还要考虑公共利益和隐私性，以及透明度的平衡。法国则更进一步，它是要绝对保护仲裁的隐秘性，普通法国家新西兰则将其写到相关法律里，仲裁裁决内容不应该公之于众，该做法跟澳大利亚有很大区别。在 Esso 案件中，在新西兰法院也是支持保护仲裁裁决各种内容的隐私性。另外，澳大利亚作为普通法国家，它跟英国在这个问题上有一个很大的分歧。澳大利亚有一个重要的案件，关于天然气的供应问题，即一方面觉得应该涨价，因为税涨了，此时作了一个仲裁裁决，后来政府介入了，觉得这些裁决内容需要公之于众，这个案件后来就上诉到澳大利亚高院，考虑了英国 Dolling – Baker 案件，法院反对不利用普通法判决，该价钱不是绝对保密，另外认为此做法不符合普通法的传统，最后需要考虑特殊情况，即考虑公众利益，所以只有两者之间有确定的情况下才会保护。美国在地区法院一些判决里面也是这样认为的，它认为只有在双方的仲裁协议里面明确确定了才可以这样。

其次，国际上各个机构关于保密性问题现在没有说出一定非常明确的内涵和外延，现在各个国家之间也都有很大差异，对概念也不是很清楚。再次，现在这个问题导致了商业投入的增加，非常注意写保密条款。最后一点是未来的发展，我认为首先从多大程度上保护商业秘密是一个重要的问题，对于比较不涉及公共利益的一些隐私的案件，应该保护它的商业秘密，把它区别于诉讼的公开性，仲裁应该有这个隐秘性，一些涉及公共利益问题上还是应该保证它的透明度，以保证公众的利益。基本上是这样。谢谢大家。

五、刑事责任

主持人：曲三强　　北京理工大学法学院院长、教授
发言人：史仲凯　　深圳市中级人民法院民三庭副庭长
　　　　　　肖　凯　　上海市人民检察院金融检察处处长
　　　　　　姚建达　　上海市公安局经济犯罪侦查总队二支队政委
　　　　　　李　森　　拜耳公司法律顾问
　　　　　　李顺德　　中国科学院大学教授

史仲凯：

大家下午好。非常高兴有这样的机会。今天我讲的主要是我们深圳法院在商业秘密刑事案件审理当中出现的一些问题。深圳法院三审合一现在有 4 年了，我们现在已审理 48 件，技术秘密涉及了生产配方、软件程序、硬件程序，还有一些生产工艺等。2014 年 4 月，美国联邦巡回上诉法院前首席法官专门到我院，就刑事、民事、商业秘密审理情况进行座谈。

第一个问题，上午王教授讨论了鉴定，评估报告评估之后，在刑事案件中这是必需的，这些鉴定对刑事案件的认定可以说起至关重要的作用。损失认定、损失赔偿、定罪的标准等非常重要，这些往往也是庭审当中控辩双方争议的标准。现在就我们对于这些鉴定所遇到的一些问题跟大家汇报一下。

第一，非公知信息的问题，我个人认为非公知信息的现有设计跟现有技术类似。我们现在采用的标准是世界性的标准，不仅仅在国内刊物上公开，也有可能包括国外的一些公开的资料，这样就会造成一些鉴定不完整。在审理"王卫东侵犯超美公司"案时就有这样的问题。日本公开出版的一个杂志记载了一个产品的

生产配方，类似于技术的生产配方。后来经我们比对，认为这两个技术不一样，我们没有采纳。如果这两个相同，这个案件中的商业秘密就不存在了。所以刑事诉讼当中，我觉得对于被告人申请重新鉴定权的保障很重要，即《刑事诉讼法》沿用这样的设计程序，在侦查阶段鉴定报告出来之后应该通知被告人和被害人，他们有权利提出补充鉴定或者是重新鉴定的请求。在庭审当中充分地辩论，充分鉴定，充分发表他们的意见，弥补这方面的瑕疵。

第二，对于鉴定，法院是否完全依赖于鉴定？鉴定非常重要，法官也会审查鉴定，至少要检查三性，鉴定跟案件有没有关联性、真实性怎么样都要检查。有一个案件，被告人在 2004 年因侵犯商业秘密被行政处罚，2004 年作了一个鉴定，行政处罚之后这个被告人仍是不知悔改，继续生产产品，然后公诉机关对被告人进行起诉，依据 2004 年的鉴定报告。我们认为，2004 年的鉴定报告是对 2004 年产品作的鉴定，对之前的产品是没有关系的。所以这个案件，我们认为因为鉴定跟该案没有关联性，故判定无罪，检察院没有上诉。还有一些案件当中，特别是价值评估报告，当时被害人提出价值评估很多，其中一个案件涉及 1500 万元，后来经法官审查，有一些开支的费用非常不合理，与案件没有关系，砍掉一半，所以对于鉴定报告我们法官还是没有完全让出我们的审判权，我们还是要解决审查，三性审查包括结论逻辑的审查，是否具有逻辑性都要审查。有一些鉴定报告比较模糊，前面的报告人也提出这个问题。法院审理了一起服装设计案件，这个款式跟颜色搭配是非公知信息，然后有一个比对相同，就问颜色搭配是红与黄还是蓝与白搭配，这个秘密点非常模糊，没有办法比对，也没有办法确定。这个案件要求公诉机关补充侦查。对于审理刑事案件当中的鉴定，我们非常重视，也发挥了法官的主观能动性。这当中也有一个不是问题的问题，比如法院审理的案件涉及一个绞盘，涉及许多技术，技术经比对大部分不相同，有两个技术要点是相同的，并且产生了一个争议：这种商业秘密技术比对达到什么程度才构成犯罪或者是构成侵权？这有可能受到著作权比对的影响。我们认为这两个技术要素是商业秘密，被告人使用了商业秘密就构成了犯罪，鉴定这部分我就简单讲这些。

第二个问题是大家谈论比较多的——损失计算的问题。损失计算的问题我先结合行为的一个特征谈一下。《刑法》第 219 条实质上是拷贝了《反不正当竞争法》第 10 条，其中第 1 款第（1）项被告人通过不正当手段获取了商业秘密，这种行为是犯罪的方式之一。通过不正当手段获取商业秘密之后，即使没有使用、没有披露，或者没有来得及使用披露就被抓了怎么办？侵犯商业秘密罪是一个结果，以造成重大损失作为定罪条件。深圳自 1997《刑法》修订之后有两种做法，第一种参照民事赔偿的许可费方法，我们认为许可费方法是当事人之间的合约，有高有低，与民法确定的标准有本质的区别；第二种商业秘密研发成本，商业秘密研发成本是参照盗窃犯罪的思路。盗窃犯罪是什么？盗窃类的公司财物的定罪量刑标准是犯罪对象，即财物本身。但是商业秘密不是，商业秘密是以造成重大损失作为定罪量刑的标准。如果按照研发成本，若我使用了商业秘密不久，我获得了按照销售数额乘以被告人的利润率是60万元，但是有的研发成本非常高，现在总结各地的做法有几十种算法，这是很具体详细的。但是我认为商业秘密犯罪，商业秘密本身的价值分自身价值，即凌驾在商业秘密对象之上，是按照自身的价值，另一种为其因商业秘密而保有商业价值，这两者要根据不同的犯罪情况确定不同的计算标准，最起码不能简单地用商业秘密的自身价值来确定商业秘密犯罪的损失数额。

前几年深圳市一半以上判决是按照商业秘密自身价值作出的，后来纠正了这种做法。

肖　凯：

从上午到现在，大家集中谈了商业秘密构成的条件是什么，以及在司法当中的一些问题。今天下午的主题是从个案当中呈现出来的非常小的切口，到底我们在刑事案件当中对于商业秘密或者是一般的知识产权的鉴定怎么来看？

例如一个案子，这个案子涉及汽车节气门的鉴定意见。当时公安机关找了一家上海科技咨询机构出具了一个报告，里面有不为公众所知悉的技术信息。一审当中辩护人提出了一个抗辩，鉴定的机构不具备法定的资质，没有拿到司法鉴定的许可证，所以从鉴定意见的合法性来看，这个鉴定意见是无效的。

现在无论是司法解释当中还是包括2013年生效的《刑事诉讼法》当中，对于知识产权的鉴定都有双重审查，包括鉴定机构资质问题，也包括鉴定人资质问题，同时在庭审当中要求鉴定人出庭甚至是接受质询。

2012年《刑事诉讼法》当中有一个重要的修改就是把鉴定结论改成鉴定意见。如果作为定案的根据来看，实践上我们会发现在商业秘密刑事案件当中出具鉴定意见是一个案子可以进入刑事程序的关键一步，以及作出刑事裁判的一个关键流程。最高人民法院在2013年对刑事司法解释中明确规定，既要审查鉴定机构也要审查鉴定人。现在有一个问题，这个商业秘密案子当中可能涉及公司，或者是企业权利人特定的技术信息可能具有专业性，这时候有没有可能或者是能不能在目前的鉴定资质要求下找到具有并真实具备鉴定资格的鉴定机构和鉴定人。经常碰到有的鉴定资质机构对特定委托的问题是没有鉴定能力的。这时候通常是到高校找专家教授在一起最后出一个意见，最后署名是鉴定机构当中已经登记的一个鉴定人，然后盖章后向委托人提供。这是实践当中的做法。现在我们经常会碰到这样的问题：在特定商业秘密案件当中找不到，或者虽然找到具有鉴定资质的鉴定机构但其确实对此没有能力或者是缺少相关的鉴定人就特定技术作出相关的意见。在这个案子当中辩护人指出，提出鉴定意见的机构并不在我们所说的司法鉴定机构的名册之内。如果我们进一步思考商业秘密的技术鉴定，我国对司法鉴定技术是有管理规定的：在 2005 年，全国人大常委会作出过决定——司法鉴定的管理问题决定❶。决定第 2 条当中所说的国家对下列司法鉴定业务限定人和管理机构是限定于司法类；其中第 4 项，如果行政主管的部门由于诉讼需求，可以会商最高人民法院和最高人民检察院就特定事项确定业务登记管理。现在商业秘密鉴定是否需要登记管理制度？登记管理制度能否满足诉讼的要求？这个案子当中涉的鉴定机构在 2003 年被列入最高人民法院的司法鉴定人的名册之中。2008 年出台的《司法鉴定机构登记管理办法》不再进行这样的审核，该机构又没有在上海司法行政部门取得鉴定机构，所以这样来看我们会发现其中的一个在知识产权或者是说更广泛，更直接涉及商业秘密鉴定实践当中的问题。

　　一方面需要鉴定的东西无法预知，可能涵盖各种行业当中特殊的技术信息，另一方面在诉讼要求当中对鉴定的法律资质有严格的要求，这是两难的困境。当时检察院跟法院之间有很大的分歧，公诉机关认为全国人大常委会的决定，关于司法鉴定的决定和司法部的鉴定管理办法当中，限于前面提到音像资料和之前所说的三类。至于知识产权是不是一定要求有登记资质、法定资质的许可，它们之间是存在分歧的。回到黄教授所提到的专家证人的制度，其实最核心的一点是我们怎么看待司法鉴定：到底是国家机关的公权力还是诉讼当事人的私权利？我们注意到，对于这个问题我们现在的行政化的管理体制和包括现在最高人民法院一直强调以庭审为中心的诉讼模式的改造，这个对于鉴定意见怎么发挥更有效的作用？从我个人来看，鉴定意见实际上是诉讼的证据，到底属于哪一类，更主流的看法是属于延迟的证据，这是作为辅助法官解决专业性问题的依据。

　　如果从这个意义上来看司法鉴定的落脚点，其实不在于哪个机构或者鉴定人是否需要在行政部门进行预先资格审查，而在于鉴定意见本身所依据的科学性，能不能够达到。从这个角度来看，我个人觉得鉴定，特别是知识产权鉴定，应该从行政管理的角度向诉讼司法角度进行转换。这需要在庭审过程中更多地发挥鉴定当中的资质和双方当事人之间的交叉询问。我觉得对于商业秘密当中，对于鉴定人这样的依赖，事实上远远大于对鉴定机构本身是不是需要注册的依赖。所有的这些司法鉴定如果着力于解决专业性的问题，它的落脚点一定是对于相关专业

---

❶ 《全国人民代表大会常务委员会关于司法鉴定管理问题的决定》。——编辑注

知识科学规律和原则的把握。所以从这个案子出发所引起的思考来看，当然我们法律上已经都解决了，鉴定意见本身需要实质性审查，也不是定案唯一的根据。问题是在鉴定人目前这样的框架当中，如果要求双重法定资质，事实上导致很多鉴定意见在形式上符合法律要求，在实质上没有起到这样的作用。在鉴定人出庭要求当中公诉人面临很大困境，它允许鉴定人出庭，这个鉴定人本身对这个专业知识虽然有鉴定资格，但是对于鉴定事项本身没有专业的能力，可能在整个庭审过程当中非常被动。

这是我基于前面所遇到的商业秘密案件实践当中，对一个合理的商业秘密的司法鉴定机制到底应该是什么样的，怎样才更符合于诉讼或者是在司法实践中起更大的作用，简单作了一个细小的分析。谢谢大家。

姚建达：

各位专家，很荣幸能够参加这个会议。我首先介绍一下上海近 5 年来受理商业秘密案件的情况。5 年来我们总共受理大概 211 起案件，立案 75 起，其中侵犯技术信息类 54 起，经营信息 12 起，最终移送起诉 12 起，法院判决只有 8 起。这么低的原因有以下几个方面：被侵权人举报的时候出现很多问题，有的是信息不实。我们实际办案当中主要是这几个问题的困扰。

第一，公安机关办理案件当中明确规定我们受理线索以后，立案期限是 7天，重大疑难复杂案件是经领导批审起 60 天。对于复杂专业的犯罪案件，办案人员不可能很短时间根据举报人所举报的材料，不作深入的调查研究作出正确的判断。究竟是否立案，这里面就刚才说到接受举报的时候，有的是举报人错误的，将自己早已公开或者是曾经公开的技术信息作为自己的商业秘密报案；有的是自己的商业秘密没有采取保护措施，经过鉴定以后就是商业秘密，但是权利人没有任何的保密措施以及保护措施；还有是出于恶意的竞争，为了打压竞争对手到公安机关报案，在拿到通知书以后，用这个通知书在行业里面作快速宣传，导致公安机关被举报投诉。在日常当中举报以后要补充很多材料，要求举报人补充举报材料后重新举报。

第二，商业秘密案件不同于其他的案件，公安机关受理以后必须经过调查判断，另外专业技术性很强，需要专业技术鉴定，根据鉴定意见我们才可以作出综合的判断。即使有了鉴定意见，举报人举报的时候带了一些举报意见过来，但是这个鉴定意见我们认为还不能作为证据使用，按照《刑事诉讼法》第 110 条规定要经过核实，另外要证明犯罪行为是否发生这样的问题，涉及证实是不是有犯罪行为发生，要求被告人在办案过程当中按照《刑事诉讼法》规定不立案就不能调取证据。如果要立案我们又没有证据。

第三，在调查审理过程当中一个审数额❶的鉴定问题，要作这些鉴定必须调取相关的证据。如果被举报对象不配合，我们就没有办法。在审查线索决定是否立案当中，不立案就没有证据，但是不查、不调取相关证据、不鉴定就不能立案。

对于鉴定机构的聘请问题，按照法律规定是由公安机关办案部门在办案过程当中聘请相应的鉴定机关进行技术鉴定。但是现在对举报人，权利人在报案之前所聘请的鉴定意见，是不是符合法律效益，是不是符合临时诉讼检举的效益？

第四，现在碰到商业秘密的内容、外延与内涵、刑诉法方面的规定及反不正当竞争法里面的一些内容。法律里面没有对商业秘密的技术信息和经营信息到底是什么东西作出说明，只有国家工商行政管理总局关于反不正当竞争法、禁止侵犯商业秘密作出了明确的解释。我们认为在刑事诉讼过程当中用规章引用在法律效益上有问题。另外，商业秘密鉴定的机构问题，现在涉及商业秘密鉴定机构很多，但是涉及鉴定机构技术问题，作出的技术鉴定质量是参差不齐，这就造成了重复的鉴定。为此我们建议：第一，最高人民法院与最高人民检察院是否能明确规定一下哪些机构可以作为商业秘密鉴定机构，从而避免重复的问题。第二，最高人民法院与最高人民检察院对商业秘密损失问题，是否有统一的计算标准。比如我们认为被害人损失 50 万元，可能是作为开发成本去认识，但商业秘密是长期的投资研发积累的过程，我们建议把商业秘密作为一个财产，在企业来说是否可以作为固定资产的投资，按照国家的《企业会计准则》，每年待摊的方式把它研发成功以后开始使用，分年限把这个成本待摊一部分，然后待摊一部分来计算。

李　森：

我跟大家分享一些体会，主要是一个字——难。前面讲了很多骨头，我来讲刑事案件分析这个骨头，我们对损失要求怎么解决。

大家非常熟悉我们的《刑法》第 219 条，大家看这个红字部分，我想讲重大损失问题，我想强调获取、披露、使用这三个行为之一——任何一种行为都可以构成犯罪，对语言客观的理解有利于我们更好地了解"损失"的意思。司法解释要求损失有 50 万元以上，加上其他一些情况，比如破产。这个"损失"，法律原文讲重大损失是一个定性的表述，我认为最高人民法院司法解释给了一个定量的参考。定量到什么程度——一个 50 万元的程度。我认为应该是既可以定性也

---

❶ 《最高人民检察院、公安部关于公安机关管辖的刑事案件立案追诉标准的规定（二）》第 73 条规定侵犯商业秘密罪的主要追诉标准为给商业秘密权利人造成 50 万元以上损失，或非法获利 50 万元以上。

可以通过定量的方式来看待。前面讲民事赔偿谈论这个问题，我们从刑事方面看这个问题，它带来的困扰比民事案件更大。为什么？这个司法解释给出了三者计算方法，销售乘以合理利润。很多时候是没有销售，刑法要不要规制没有销售、投产运营的行为。另外，商业秘密本身只是产生利润的一个要件，产生利润有经营、生产、劳动力、投资、厂房等要件，技术只是之一，它产生多少利润？侵权获利计算所依据的侵权人数据不准确，盗窃商业秘密者也不是很老实交税，合理利润也要计算。很多人讲许可费不是直接损失，是间接损失。个人倾向于看司法解释的历史，我认为实际损失包括间接损失。先有许可后有许可费，在现在的条件下，严格要求其实就是算不出来，这是一个问题。法律规定的都是一些方法，在关键上如何理解重大损失还是有问题，这是我自己的见解。看几个问题，怎么样认识商业秘密所谓的损失？商业秘密就是带给权利人竞争优势的信息，价值信息是带来竞争优势，一个人拥有秘密优势和两个人拥有秘密优势是不一样的。当优势发生变化的时候，既然客观的价格不一样，这个经济学是有办法的，经济学模拟、评估包括利用简单倍数，这是很简单的方法。经济事实要按照经济规律来，不能想当然，要有一套特别准的方法。我觉得用我们认为客观事实的能力，目前经济学提供的就是这个能力，所以这时候不能抽象考虑准确的程度。另外只要做到经济学允许的程度，就是可能的方法。再看一套商业秘密技术，生产产品一年30亿元销售额，这套技术被盗了，这套秘密可以确信形成，刑法要求证据确实、充分，一个是证据量要够，最后达到排除合理怀疑，这是一个确信的过程。我们应该考虑证据形态的现实，看是否达到内心确信的程度，这是第一部分。

《刑法》总则第23条讲直接故意犯罪是可以有未遂的，犯罪数额较大是量化的要求，如果没有盗窃成功呢？是可以有未遂的，为什么《刑法》关于商业秘密第219条就不能了解未遂？我在理论上看不出根据，但是有人说我们立法的习惯是有缺失的，这个缺失是构罪要件。我认为是技术要件，应该是有未遂的。纵观各国，世界上主要国家商业秘密犯罪立法都是行为犯，它有超越刑法的边界。今天早上争论很多关于商业秘密的两性，它有财产性和秩序性，还有传统道德性。我们的刑事认知在传统道德的考量、现代利益的考量和财产利益的考量三方面加在一起，在今天这样一个鼓励创新的社会更是如此。交易环节、投资环节都会对此影响，核心是商业秘密保护可不可以预见，比如上亿生产线评估出来5万亿元的损失，在这些政策的基础上考虑到处罚的难度、民事救济的不足，商业秘密在司法理解上是可以有未遂，应该是行为犯。

李顺德：

我感觉有几个问题可以探讨，第一，现在在商业秘密刑事责任追究方面，前一些年出了一些问题，有一个重要的原因就是现在刑事诉讼跟民事诉讼、行政诉讼之间不协调，突出原因是什么？是《刑事诉讼法》的规定，轻罪的一审管辖是在基层法院，而我们商业秘密民事纠纷按现在的规定一般是在中级以上法院，除了有最高人民法院特别规定的在基层法院。所以这样一个矛盾非常突出，有很多基层法院是无权受理商业秘密的民事纠纷的，但是可以受理商业秘密的刑事纠纷案件。这样很多年来就出了这种情况，特别是出过类似的，为了拉管辖权，跟本地法院关系比较熟，怎么办？不是先解决民事，上来就立为刑事案件，把这个案件拉到基层法院来处理解决。而这个基层法院对商业秘密而言，或者是对其他知识产权根本没有做过民事案件，上来就做刑事案件，这样出的错案比较多，特别是在地方上。我就呼吁，我觉得这个问题应该从修改刑事诉讼法上对这个问题有所解决，我认为或者是对立法作修改或者是用特殊情况进行处理，这是第一。

这个问题类似在行政诉讼法里也依然存在。行政诉讼法刚修改完，我看了一下，仍然没有涉及这个问题，也存在类似的问题。按照现在的规定，行政诉讼基本上一审管辖仍然是在基层法院，所以如果是涉及商业秘密，如果这个案件首先是找到工商行政部门来处理，往下接着走，可能一方不服提起行政诉讼，所以这个问题不单单存在于刑事诉讼领域，远不是那么简单。

第二，涉及商业秘密刑事，有一个问题近些年来美国在每年特别301报告当中，都要针对中国提知识产权问题，把商业秘密作为一个题目，做了很多年。而且主要是说中国关于商业秘密的追究刑事责任，一个是门槛太高，一个是打击力度不够。这个问题我觉得也值得很好研究，关于刑事门槛的问题涉及知识产权不是只针对商业秘密，前一些年特别是针对盗版，版权方面的折腾很多年，一直到最后2007年提交WTO的案件裁决，裁决的结果是在刑事责任问题上没有支持美国。其他一共4个问题，有1个问题撤掉了，有2个支持美国，没有支持的一个就是刑事门槛问题上。所以美国现在在这个问题上虽然讲但是不好直接提，但是把矛头集中针对的是商业秘密问题。所以我觉得这个问题也值得我们很好地研究和关注，到底在我们国内现在在商业秘密的刑事责任问题上，是轻是重？门槛是高是低？我觉得还是值得认真研究的。因为这个问题不仅仅是美国每年特别301报告要提，实际上我们自己也应该很好地妥当解决。我觉得国内实际情况是两种现象都存在，一方面是商业秘密的刑事追究问题上，有一些方面实际上打击力度不够，门槛好像显得高了一点，其实是不是真高还另当别论；另一方面确实有把大量根本够不上犯罪的都稀里糊涂追究刑事责任，造成很多错案，乃至最后出现一些案件判完，刑满出狱后重新被纠正。这是值得很好研究的问题。

曲三强：

这 5 位发言人分别来自公、检、法、企业和大学，应该说是从不同的角度对刑事责任的问题作出了非常全面的系统解释。我借着主持人的权限，谈一点自己的看法。

首先，我先回应一个法律技术上的问题。刚才李森法律顾问提到，将来有一个立法的建议，通过修法确定侵犯商业秘密罪在犯罪构成上能够有犯罪未遂这样的一种状态。就我自己理解来说，这个好像不太可能，这不光是现实经验的积累，从法理上来说有不可逾越的障碍。李森顾问刚才说了刑法则当中有很多直接故意犯罪，都有未遂。其实不是所有直接故意犯罪都有未遂，举一个简单例子：杀人和伤害。杀人罪是有未遂，但是伤害罪是没有未遂，伤害罪是结果，伤害罪取决于最后的结果，是轻伤就是轻伤害罪，重伤就是重伤害罪。现在把商业秘密罪也定为结果犯，主要的原因是跟犯罪行为所指向的最后犯罪的客体是否具形有很大关系，身体健康被伤害是不具形的，商业秘密本身的价值究竟有多大都不知道，只能以结果来考量刑事责任。这方面我作一个回应。

其次，关于侵犯商业秘密的刑事责任问题，我自己觉得确实不论在法理上还是制度安排上现在存在很多问题、很大的问题。现在是一个跛脚制度安排，这一点是直接跟我今天上午提问的时候提到的，商业秘密本身的属性和性质到底是一种信息还是一种具有财产性的利益，还是一种财产权，跟这个属性是直接有关系的。大家探讨这个问题的时候，都注意到了侵犯商业秘密罪，是一种刑事责任。但是刑事法律制度的安排和民事法律制度无论是从侵权法意义上，还是民事法律意义上都是不一样的。大家知道民事法律关系的客体，和刑事法律关系客体不是一个概念。民事法律关系客体是物和人，而刑事法律客体是指某一种社会关系，这个社会关系本身它就是客体。所以这两个法律功能是不一样的。

这里面考虑到的有很多问题，比如说民事侵权这种损害和刑事损害不是一个意义上的概念。现在在谈侵权损害赔偿的时候，如果民法意义上谈，将来要解决的问题是解决赔偿问题，比如说商业秘密本身价值如何？就是说侵权人的获利状况如何，侵权人侵权行为给权利人造成的损失如何？这些东西都可以称为民事侵权，计算的时候需要考虑这些问题。但是刑事损害考量这个问题的时候，解决的不是赔偿的问题，解决的是刑事责任的问题。所以它专注的是什么？专注的是犯罪行为人给权利人和这个社会造成了多大的损害，只强调这一点。至于商业秘密的价值如何、犯罪行为人的获利状况，其实不应该在刑事责任考量的范围内。刑事责任和民事责任不在一条线上，大家要知道，现在谈论商业秘密更注重是知识产权一部分，它是具有财产性利益，但是侵犯商业秘密罪在刑法当中并不是财产类的犯罪，是放到破坏社会主义经济秩序，是放在这一类罪里面，所以保护的点是不一样的。刑法作为社会防卫最后一道防线，所有民事关系都会得到调整和保证。如果我们作为民事财产性的权益，刑法当中是找不到保护，现在制度安排，侵犯商业秘密罪，更多是从反不正当竞争法涉及的商业利益，作为它最后的防线加以调整。这种意义上是跛脚的刑法保护，我觉得这是不一样的，将来可以通过制度建设和理论研究来解决。刑诉和民诉不协调，其实这跟商业秘密理论定位不准有很大关系。就自己本身来说，我更希望商业秘密的保护强调它的市场调节和民事法律这方面的一些调整，而就刑事责任这一块儿来说，我自己觉得门槛不宜过低，用一句专业术语，刑事责任这方面我们要讲究慎刑、谦抑原则。

张玉瑞：

在推进中，要有特殊使命，我汇报一些我的观感。曾经因为一些事情，我调查了美国计算机商业秘密犯罪网。美国所有追求商业秘密责任载体，不管损失多少，偷了就有罪。违反权利要求约定构成犯罪的一个突出特点，这一块儿打击面很大，门槛高在什么地方，就是50万元。很多老板满足不了50万元，最后说我们保护力度小。日本就更奇怪。我印象特别深的是，它强烈要求有文件保管义务，这个保管义务拿走了是犯罪，在职的时候合法获得商业秘密，退休以后在海外使用构成犯罪。日本的条文解释，国内公职人员在职期间公开，或者在国外使用，回国一样会治罪，在某一个阶段确实很实用。但是刚才说了刑法本质维护竞争秩序，在中国目前阶段只要拿单位东西判罪了，现在至少是造成50万元的损失。我顺便提一下民事的责任和行政责任构成，证明责任强度不一样，辛普森案件杀妻证据不足，承担民事责任，辛普森民事赢了有没有可能？

史仲凯：

这个规则证明的标准是非常高的，这种怀疑是什么？并不是随便。这种怀疑是建立在合理的基础上，一般能够认识到这个东西有可能有疑点，然后法院再鉴定。作为刑事案件必须了解到这个程度，但是由于我们现在对于损失计算，包括鉴定，还有很多模糊的地带，我们自己还没有统一的认识，我们现在审理刑事案件损失的时候，是参照民事的司法建设，参照专利赔偿，判决下去心里也不踏实，尽量要求证据确实充分。深圳的商业秘密刑事犯罪数量在全国占相当的比例，我们也觉得很恐怖，这实际上不利于社会技术进步和人员流动，好像拿一个刀子放别人头上，所以对这方面要求还是比较严格。

刘晓海：

我讲德国法对商业秘密保护、反不正当竞争法与刑事规范，我发现几乎没有刑事案件。在为数不多的案件中有一个刑事案件跟中国有关，是行为犯，只要侵犯商业秘密就是刑事犯罪，包括未遂都在里面。我发现有一个案件是真实的，有一个幕墙招标，经过规定，幕墙招标要和国外先进的企业合作一起投标，这时上海老板找德国企业，德国企业在世界前三位，德国企业邀请他参观工厂，他去了，去了就说不能拍照。参观走到最后发现，腰带上有一个摄像机，结果没有注意让员工发现了。后来就做了一个辩诉交易，判他一年刑驱逐出境就解决了。这个案子不是最高法院判的，但是这个案例库里面、杂志里面没有收录这个案例，没有提及刑事案例，只在第二次世界大战时期有一点，后来就没有了，虽然是刑事案件，但是没有一个案例，这是一个问题。还有一个没有谈到的问题，中国的刑事犯罪是第三人明知应知也是犯罪，最高人民法院怎么解释明知应知就是知道，按照我们的理解，应知在刑法里面是过失，有一点很清楚我国台湾是取消了，民事跟我们是一样的，但是修改法律的时候，刑事里面就把应知取消了，就是明知。

李德成：

有两个问题请教一下肖处长和姚建达。第一个问题是《最高人民检察院、公安部关于公安机关管辖的刑事案件立案追诉标准的规定（二）》第 73 条里面的"其他"，这个"其他"是怎么掌握的？第二，地方公安厅很多警官他们讲到是不是考虑有充分的证据证明某一个技术秘密研发成本的数额相当高，超过 100 万元是否可以考虑作为立案要参考的重要因素。我们建议小组还是要写进去报给公安部，但是出台的这个到底实践当中怎么把握？第二个问题我想了解一下在公安检查和检察院审查起诉或者是在研究批捕的环节当中，涉及鉴定的全部文本，在哪一个阶段给嫌疑人看？或者是给被告人看？实践当中有没有统一的要求或者是禁止性的一些规定，因为这个问题和二次泄密的问题，对嫌疑人、被告人能有效行使抗辩权问题有什么建议？

肖 凯：

很多司法解释当中一些数据标准明确列明之后都有一个兜底的条款，是否涵盖现实当中出现的一些其他情况，从司法实践当中来看，对于"其他"的适用实际上是非常地谨慎。而且我觉得实践中肯定有一个反向的思维，如果说没有在司法解释当中，如果有第 1～4 个选项，没有在这些选项当中明确列明，从另外一个角度涉及知识产权损失的认定当中来看，我个人觉得，这个跟实践当中整个诉讼的流程确实有关系。如果立案进入检察院采取措施的时候，当这个案件往下面走的时候，通常是有一个定罪驱动的机制推动，这样来看可能在个案当中会出现，在什么案件当中以什么方式更有利于达到追诉标准的计算就采取哪一种追诉衡量的标准。还有鉴定所有的证据材料，作为辩护人怎么样、在什么阶段可以查看这样的问题，我觉得在修订《刑事诉讼法》时也没有明确。通常情况下我们知道在侦查阶段，公安把相关证据作为立案依据加以衡量之后，然后辩护律师会见当事人是要在第一次讯问之后。目前来看，在移送到检察机关审查起诉的过程中，我们基本上有一个案管的流程。只要是辩护律师事先有一个预约，在预约的时间段当中相关所有的证据，辩护律师是有权进行查看的。

曲三强：

研究法治原则，罪行法定要求不应该在立法当中出现其他的情况，我们国家有这种情况，法定是禁止推定。这个"其他"所使用的手段一定是跟杀人放火一样的，最后法院判案的时候是用的"其他"，这个手段跟前面法律列举的是同等的。

李德成：

第一，这是经济犯罪立案通知标准，我们不是讨论这个行为是否构成犯罪，公安机关在涉及什么问题才可以立案，这是两码事情。公安机关采取立案以后推动将来一系列的措施，这个问题跟刑法当中讲的罪刑是两个概念。第二，目前存在的严重问题，类似于高速公路入口，一伸手给我卡就进去了，现在不是这样，他会问我去什么地方，而不是我保证开到苏州就放你进去。我问的是其他问题怎么操作，我们应该在这个地方。

姚建达：

刚才讲的是有关问题，实际上按照《刑事诉讼法》的规定，有犯罪事实公安机关才能立案，对举报提供的材料，公安机关首先是审查，举报的内容是否属实，根据举报的内容对照标准有没有损失。刚才听了结果犯必须达到 50 万元，刚才讲到如果商业秘密研发成本很大是不是可以计算？现在操作当中没有一个统一的标准，我刚才讲到这里有的地方计算权益人的损失是把研发成本还有被侵权以后市场销售的萎缩都算里面，有的是单独计算，有的是合一起算，没有一个统一的标准。所以也建议最高人民法院和最高人民检察院能不能规范一下。

顾　韬：

我们会发现商业秘密犯罪损失的计算有很多情况，甲把这个秘密偷走自己成立公司，甲在厂里制造涉秘的机器，这个机器用途是用于生产产品，但是产品没有出来，这台产品的价值能不能视为损失。总的来说，我很同意曲老师的观点，公安机关追诉标准如果是对法院来说没有约束力，从罪刑法定的原理来看，法律没有明确告诉社会公众这个东西是违法的，要记录损失在内是否要相对迁移一些，如果我的观点极端一点，在一般情况下应当认为这种"其他"是没有"其他"。另外，研发成本的问题，我个人理解如果是按照民事的最高人民法院的司法解释，这个商业秘密如果公开，研发成本才能作为损失来进行赔偿；如果没有公开，研发成本不应当是损失，这个道理是不是也可以在刑事诉讼中一样可以适用。

六、闭幕式

主持人： 李秀娟　华东政法大学知识产权学院教授
总结人： 王艳芳　最高人民法院知识产权庭审判长
　　　　郭　禾　中国人民大学知识产权学院副院长、教授

李秀娟：

进入最后一个环节。我一直在下面很认真地听，听到后面发现所有的与会人员的表情是越来越僵，而我自己的头是越来越疼，工作人员跟我说了非常重要的一件事情，我决定先把重要的事情说完。

我个人实际上是来学习的，因为我对商业秘密根本不清楚，整个筹划的时候我个人的身份是华东政法大学知识产权学院副院长，我上个星期一自己辞掉行政职务，现在我是老师的身份。我对商业秘密是外行，我看到整个设计之后觉得整个对商业秘密考虑比较全面，在今天学习过程当中所有的发言人包括参与人可以说是把这个整个商业秘密的问题还是讨论得比较深入的。我们接下来请王法官先谈一谈，请王艳芳作一个总结。

王艳芳：

作一个总结主要是想跟大家表示一下感谢。这个会议咱们用了整整一天，大家知道法院受理知识产权案件很多，商业秘密案件不是很多，虽然这些案件量不大，但是这些法律问题很集中，也很难解决，刑事、民事，以及有可能产生冲突的问题。通过今天这样的研讨，大家对这些问题有了更进一步的认识，我们可以看到从今天研讨当中，我们有分享，然后我们有争论，有共识，但是更重要的是，通过今天这样的研讨，我们从各自的分享当中引发更多的思考。这可能是更重要的，像王庭长所说我们最高人民法院作商业秘密这样的调研，有可能2015年我们可能会出一个关于商业秘密案件审理若干问题的指导意见，今天这个研讨也给司法解释文件的起草打了一个很好的基础。在这里也是非常感谢这次会议的召开。这次会议从筹办到最后的顺利召开其实时间很短，但是中间周折很多，从最开始日期的确定，到最后人员规模等，在这里也是感谢华东政法大学知识产权学院的支持，对会议各种事务性工作的努力。他们在繁忙的日程当中赶过来参加这个会议，更是体现对这个会议的大力支持，还有对赶到咱们会场的各位专家学者表示非常感谢。这几天在上海也是有好几个会议同时召开，这里是大腕云集，

对这个会议特别重视。我非常感谢大家对这个会议的支持，感谢法院同事。法院有一个特殊的现象，到年底我们的结案压力很大。可以出来参加这个会议是非常不容易，我作为一线法官是非常了解这样的事情，不管是院长还是庭长，作出这个决定都是很难的。要来参加一天会，就等于是加五六个班，有很多法官需要在年底结案，我对法院的同事们表示感谢。最后祝大家工作顺利，生活愉快。

郭 禾：

今天咱们这个会议从质量上讲是非常高，每一节发言讨论的过程当中没有冷场的现象，大家都在"抢麦"，这也是研讨会里面罕见的现象。从另一方面说明在座都是专家，否则不至于是这种状况。另外，我们今天会议有一个特别突出的特点，每一位抢到话筒的人往往不是跟发言人提问题，大部分是阐述自己的想法，这说明他有想法，对这个问题作过思考，所以这个研讨会确实是让我很长见识。我今天一次话筒都不敢抢，是抱着学习的心态求教于诸位。商业秘密客观来讲很复杂，在法理上一定存在违法行为或者是违背公共秩序的行为才有可能救济，通过合法渠道获得商业秘密是不可能获得救济的。我们今天讨论的远不限于此，我们接着往前走，用什么样的证据证明原告还是被告负这样的举证责任，这个问题在实践中很显然存在争议。还有上午提到通过反向工程获得的信息是不是商业秘密？这些问题在现实当中大家有争议，也有不同看法，通过这样的讨论，包括下午谈到刑事责任问题，涉及总体问题，先刑事后民事这样的顺序，最后一节讨论公安机关立案的问题，调查跟立案两件事情存在的矛盾，这还是先刑事后民事的问题，这是在商业里面特有的一些法律问题，虽然我们今天不一定得出很完满的结论，但是至少向前走了一步，至少我自己收获不小。所以我觉得从我自己来讲我也很感激大家，感激诸位今天为我们这个会议提供的贡献，谢谢。

李秀娟：

我们做这一块儿其实整个研究工作，已经远远超过 5 年的时间。这个研究的过程当中，大家看到，这个今天会议只是一个中间或者是一个开始，希望可以把这个会议每年进一步深入，可以让我们前期讨论过的问题成为一个商业秘密研究的论坛，也希望可以这样继续做下去。刚才跟黄老师商量，2013 年有开这个会，今年有开，明年继续开，我们做成品牌。如果明年有机会约大家再聚首，希望大家可以支持我们。如果有明年，希望明年能够把这个问题研究得更深入，也希望我们的会务人员提前把议题进一步细化深入。最后也请黄老师对大家说两句。

黄武双：

非常感谢审判长王艳芳法官，在讲话过程中也是表露了我们一波三折最后成功了。今天是我学习的机会，有那么多内容我实际上都没有思考过，非常感谢。我们秉承一个宗旨，想做一些大家不屑于做或者是没有精力做的细节。华东政法大学是这种风格，我们在操作上解决一些小问题，这也是我们诸位老师的风格。希望以后大家经常来华东政法大学。祝大家一路顺利，也希望偶尔惦记我们这个地方。非常感谢。

互联网竞争行为正当性的判断标准

【主 持 人】 黄武双 华东政法大学知识产权学院副院长、教授
【致 辞 人】 张钦坤 腾讯互联网与社会研究院副秘书长
　　　　　　 何　敏 华东政法大学知识产权学院院长、教授
【与会嘉宾】 欧修平 广东省高级人民法院知识产权庭副庭长
　　　　　　 丁文联 上海市高级人民法院知识产权庭副庭长
　　　　　　 石必胜 北京市高级人民法院知识产权庭法官
　　　　　　 芮文彪 上海市第二中级人民法院知识产权庭庭长
　　　　　　 李　臻 浙江省高级人民法院知识产权庭法官
【沙龙日期】 2014 年 6 月 8 日

黄武双：

各位嘉宾、各位法官、各位朋友、我们校内外的朋友，下午好。我们按照时间，应该开始了。非常感谢我们跟腾讯原来一直有商谈，他们希望各个大学做一些巡回的知识产权与互联网有关的一些学术活动。北京大学搞过了，中南财经政法大学搞过了，西南政法大学也搞过了，还有其他大学也搞过了。协商过程中，我想假如很长时间，我们华东政法大学也可以搞一次。原来腾讯互联网大讲堂可能是请学者来讲比较多。这次我想借助于腾讯互联网大讲堂这么一个形式，经过磋商，我们作了一些改革。我想近期有非常吸引眼球的互联网有关的纠纷和热点问题，所以我们想是不是就请法官来对话。我们把北京、上海、广州、浙江的法官请来，尤其是他们都审判过非常著名的互联网与知识产权竞争有关问题的案件，大家在互联网上，有时庭审直播看到比较熟悉的面孔。也是一个尝试，大家

都知道华东政法大学一个学期至少在这里搞两次跟知识产权有关的沙龙，辩论还是非常激烈的，我们这次把桌子拿掉了，跟观众之间的距离更近一点，但我们条件还不够。非常热烈欢迎5位法官、腾讯公司以及在座各位的到来。

我们先有请协办方腾讯互联网与社会研究院的副秘书长张钦坤先生作一个简短的致辞。

张钦坤：

谢谢黄武双老师。尊敬的各位老师、同学，大家下午好！我是腾讯互联网与社会研究院的张钦坤。很高兴来到华东政法大学，来聆听各位的观点，也非常感谢华东政法大学搭建的平台让我们司法领域、学界、法务和实践领域各种的观点更好地碰撞。今天的主题是关于互联网的竞争问题。首先作为一名互联网的法务从业者，今天是与各位法官第一次见面，但神交已久，他们创造了一份份对互联网有重大影响的互联网文书，书写了一系列的互联网发展规则和竞争规则。诉讼是一种利益争端的解决方式，同时也是理性辩证和求证的平台。在这种观点的交锋中，法官通过他们的理性思考，沉淀出一份份对行业有重大影响的法律文书，特别是典型案例的裁判文书也是承载了很多对于社会实践的集体反思，也构成我们学习法律的源头活水。非常感谢在座各位法官的辛勤付出，也感谢各位老师、各位律师以及行业同仁。我刚刚谈到了我们法官所撰写的法律文书对互联网健康发展起到了重要作用，也是由于在座的很多律师，以及互联网法官同仁们对于每个案件的精彩辩论精心准备，也正是由于学者们提供的富有启迪的精彩智慧才使得我们的判断更加正确。我相信这次的活动将取得圆满成功，我也相信将在本次活动中收获更多知识。谢谢。

黄武双：

谢谢腾讯互联网与社会研究院对我们的支持。下面有请华东政法大学知识产权学院何敏院长代表我们主办方作一个简短的致辞。

何　敏：

大家好！尊敬的各位来宾，各位法官，以及各位律师，各位企业界、实务界的人士，非常高兴今天和大家在这里一起共同讨论互联网竞争行为正当性的判断标准，我代表华东政法大学知识产权学院全体师生向各位来宾表示衷心的感谢。

随着网络技术的发展，现在越来越多的人关注相关的知识产权问题，以及竞争法方面的问题。在座今天来了那么多的客人，我想也反映了这样一个问题，而且这些问题是越辩论越清楚，所以也感谢腾讯公司能够为我们提供这样一个平台，使大家能够在一起讨论一些非常前沿的问题、非常关键的问题、非常核心的问题。所以希望我们今天的讨论能够达到我们的预期，我也相信我们今天的讨论一定会非常地激烈。因为现在有各方人士都已经作好了相关的准备,针对这样一个大家都关心的问题,大家一起讨论一定会有非常好的效果。谢谢大家。

黄武双:

谢谢何院长的致辞。下面非常简地要宣传一下今天的规则。我们还是采取一轮轮,我抛出问题,引导各位法官一起来互动。法官互动完,每个问题之后也都为下面的参与者留下提问题的机会。

最后隆重地介绍一下主席台就座的各位资深的法官。第一位是广东省高级人民法院知识产权庭副庭长欧修平法官;第二位是上海市高级人民法院知识产权庭副庭长丁文联法官;第三位是北京市高级人民法院知识产权庭石必胜法官,石必胜法官判了很多案子,我们在这里都讨论过;第四位是上海市第二中级人民法院知识产权庭庭长芮文彪法官;第五位是浙江省高级人民法院知识产权庭的李臻法官。

下面就开始我们的主题。诚如各位所知,媒体上已经报道了非常多热点的、与互联网有关的,有些是跟知识产权有关的案件。曝出来以后,在近期,好像在北京市高级人民法院也开过会,在北京市法学会也开过一两次会,都在研讨这样一个热点的话题。当然有一些行业也在研究,互联网因为涉及面非常广,可能不仅仅涉及竞争者之间。比如说我们有很多业务,它有直接的竞争者,承如我们所看到的案件,百度和奇虎360偶尔会有诉讼,包括其他的一些互联网大鳄之间都会有诉讼。除了竞争者之间之外,事实上我们在座各位,为什么那么积极呢?我想今天为什么坐满了呢?其中一个原因就是互联网大鳄之间的竞争,跟我们的利益休戚相关。它们有竞争,它们有纠纷,它们双方在较劲,某种程度上规制的结果,跟在座每位都有关系。在座这种年纪几乎没有不上网的,跟大家非常有关系。我想第一个讨论什么话题呢?

大家争论得非常激烈。到现在为止,也没有定论。我想待会儿你们提问的时候,不要直接针对某个案件,直接针对某个法官。因为这样的话,不是我们的初衷,有些案件就是在座的法官判的,比如说一个最重要的问题是,互联网采取的经营模式,一定是"免费加广告"。到现在为止,据统计60%以上的互联网企业还是靠这个生存。这种基本模式下面,如果出现竞争者,可能就会采取一个措施。你不是免费加广告吗?广告是你的主要收入来源。如果竞争对手,采取一个什么方式提供一个服务导致竞争,让你的广告收益受到影响。这样就会讨论一个前提。也就是说,如果你实施这个行为,就像人一样,你把我生存的机会、机率都给剥夺了,那可能很多人就会说这好像有点不公平。就像自然人,要保证每个人基本的生存机会、生存的权利。这是人的基本权利。在互联网领域,是不是也存在这样的问题呢？

举一个例子。前段时间有一个诉讼纠纷，我们大家相信在座的对我国视频网站所做的广告都有切身的感受，有的时候不一定我们非常喜欢。所以，我们在网上已经有一些软件，它可以把广告给屏蔽掉，当然，如果我不采取屏蔽的方式，我可以采取快进的方式。屏蔽掉以后，很多用户是很欢迎的，这个屏蔽后很多的视频，可以直接看视频了，广告就省略掉了。比如说两分钟的视频，前面植入了15～20秒的广告，我们现在做广告的方式，是不看这个广告，就基本上看不了后面的视频？所以我把它屏蔽掉直接看我想看的视频，这是一种技术。第二种技术，我也不做得那么太过，我把你的30秒广告在3秒我就播放完。这个完全可以做到，现在互联网上面已经可以提供这种软件。

这样必然会影响到平台，影响视频网站经营者的收入，如果把它所有的广告或者是大部分的广告都屏蔽掉了，快进掉了，广告的收入是靠点击量而且要看时间来计费。所以这就涉及什么？大家近期都在讨论，当然这个问题还没定论，还有争议。在座的法官们对于类似的问题都有非常深入的思考。

我想请问各位法官，对于互联网领域，大部分企业所采取的"免费加广告"的模式，如果竞争者用一个技术，让对手的广告收入下降，那么这个竞争行为，到底有没有正当性？我们在考虑这种正当性的同时，到底应该考虑哪些方面的因素？我们在座的各位都很关心，包括我在内，也非常关心。我想能不能请各位法官发表一下意见。先请丁庭长。

丁文联：

在最不该看你一眼的同时看了你一眼，我本来想看你看到谁了。

其实讨论互联网问题，应该按照互联网的技术规则，谁的网速快，谁就先发言。谁脑子反应快谁就先发言，我还没反应过来。

互联网生存模式，是"免费加广告"。首先，我信奉一句话，"天下没有免费的午餐"。所谓"免费"，我们是这样去看。有很多经济学家研究的时候，说互联网的特点是平台经济和双边经济，在一边是免费的，但在另外一边会收费。这是它共同的特点。

在免费的那端，看起来是免费的，但实际上是你必须有付出的。可能要占用你的时间看广告，当然你可以把这段时间不用去看广告，拿一本书在边上看书，把这段时间打发掉，都可以。但作为一种生存模式，现在看起来，要打破这种生存模式，我们好像还没看到一种更有竞争力的方式。因为互联网的特点就是这样，以最低的边际成本，来增加它的供应。免费这种方式，恐怕在一段时间内，会长期存在。如果说一个企业，它必须靠免费的方式来获得注意力，来吸引用户的话，它必然采用其他的方式来增加它的收入，不是广告而是其他的方式来增加收入。对于这样一种商业模式，我觉得倒是无可厚非。这是一个客观的存在。

昨天微信里面看到作文题，各地高考的作文题。有一个地方的作文题这样出的，一群游客上山去旅游，走到一段路的时候，山上下来人，然后上山的人问这些山上下来的游客上面好看吗。有人说好看，有的人说不好看，再走到半山腰的时候，又有游客下来再问他们说好看不好看。有人说好看，有人说不好看。然后走到山顶看到满天是云，这些到了山顶的人，有的说好看，有的说不好看。作文题请根据这个题材写一篇作文。刚才的问题基本上就是这个问题。这就是一种事实状态。让我们来作一个评判。

黄武双：

我再追问一个问题。它确实是一个事实状态。我看了一个统计数据，大约60%的互联网平台至少是靠广告收入来维持它的运营。我这里想深究什么问题呢？"免费加广告"能不能成为类似于自然人这样基本的生存权利？也就是说，竞争对手可不可以采取技术手段，让对手的广告没法盈利，可不可以对广告进行阻击？

丁文联：

这个问题，我总体上这样判断。腾讯诉奇虎360的案件大家都看到最高人民法院的二审判决。在这个案件中被告抗辩说原告的商业模式，就是说在QQ里面加了很多其他的东西，这种商业模式是有损消费者利益的。最高人民法院的回答是：所谓消费者体验，不同的消费者有不同的体验感受，所以这种商业模式不是违法的。它是合法的。消费者可以自己作出选择。

在这个案件中，被告是以消费者的名义，说消费者不喜欢这些东西。所以通过自己的软件，把这些东西都给剔除掉。

如果我们打一个比方，现在说，消费者不喜欢广告，所以我把这些东西都剔除掉，我不知道可不可以这样类比，因为法官有一个原则，是不能够未审先判。现在没有一个真实案例到法院来，经过具体的审理过程中，我们还会根据事实，根据行业的情况，作更细致深入的分析。但你抛出这么尖锐的问题，让我马上想到的是这个案子的具体情况。被告以消费者的名义，说消费者不喜欢这些东西，所以我做了一件正确的事情，我把它都切割掉了。

回过头来讲，我们不讨论广告收入是不是要把它作为一个生存权利，我们不讨论这个话题，我们就说被告的这种行为的合法性。有没有可以腾讯诉奇虎360的案子中得到一些启示。被告能够这样做，或许可以得到一些启示。我不知道其他法官有什么样的建议。

黄武双：

谢谢丁庭长的回应。下面有请欧庭长。

欧修平：

很荣幸有机会在这儿跟诸位探讨一下这些问题。

首先，我说一下对互联网的态度。我对互联网本身，是既爱也恨。爱它，是因为它方便了我的生活；恨它，是因为它改变了我的生活。大家都知道每个改变都是很痛苦的。它又方便了我工作，同时也改变了我的工作。尤其是我们搞知识产权审判的，互联网给我带来很多的痛苦。我作为一个网民来讲，比普通网民所感受的痛苦要多得多。比如说刚才所说的"免费加广告"这种模式，究竟我们怎么看待它？怎么评判它？我总的观点就是免费与不免费，广告还是不广告，这是互联网企业它们的自在权利。

我可以打一个比方，互联网实际上就是一条信息高速公路。它是无形的，我们还看不清它该是怎么样。我们可以先从现实的高速公路来看一下。在这个世界上，高速公路在中国有收费的、有不收费的，有过节收费的、有过节不收费的（免费的）。在欧洲、美国是不收费的。所以说高速公路收费与不收费，在后面有很多的原因，那都是可以的。

对于广告，现实的高速公路上也有广告，它要打广告是因为它有权利打，只要别人支付费用就可以占那个位置打广告，开车的人看不看没关系，不是一定要让你看。它有免费打广告的权利，你很难禁止它打广告，不能说我是网民你不能打广告。因为没有权利基础，凭什么去禁止人家的广告呢？如果开发一个技术，目的不能就是限制广告，因为在互联网上很多的技术本身应该是中立的，不能为了侵权的目的，或者是限制他人的目的。总的方向来讲，互联网应该是免费的，方便每一个人的。别人在方便每个人的时候，你要制止它，因为方便他人的同时，互联网企业也不可能是无私奉献，它也要有回报的。所以纯粹针对它的广告来搞一种技术，我觉得首先要对这个技术本身打一个问号。这是我的初步看法。

黄武双：

欧庭长的观点非常明确。就是说他人没有权利干扰我的广告。这是最核心思想。下面听听石法官的观点。

石必胜：

感谢黄老师和何院长给这样的机会跟大家交流相关的问题。董老师提出这个问题的时候，因为之前没有跟我串过，我不知道他的具体问题会是这样子。当黄老师说这个问题的时候，我脑子里就在想我自己亲身经历的两个事情。

第一个事情，有一天我带着孩子在大街上走，去公园里玩了出来之后，小孩子嚷嚷着要买西瓜，看到门口有西瓜摊，卖西瓜的阿姨说不用买，切一块给你吃。真的给切了一块，我就觉得不好意思，就买了一块走了。

第二个事情，我爱吃川菜，然后北京的川菜馆有几家比较好，因为人多会等位，等位的时候会有免费的瓜子、花生，还有饮料喝，我有一天跟老婆说我们多吃一点多喝一点，一会儿就走了。

我说这两个事情为什么呢？我觉得这个问题能不能换一个角度来看。在经济学上最基本的原理，商人怎么做生意，柜台东西怎么摆，怎样去吸引顾客，谁有权利来评价他和干扰他？这是非常值得思考的问题。互联网上视频前面加一段广告，跟他摆一个摊，或者开一个饭店采取了某种特定的经营模式，本质上我觉得是一样的。谁有权利去评价他？去干扰他？

第二个问题，我们法官在裁判完案件之后还有一个很重要的思路，就是当法院认为这种行为行还是不行的时候，它产生的后果是什么？如果我们认为"免费加广告"这种不行，别人有权以某种手段去干扰它的话，它带来的后果是什么？这个后果是一个积极的后果还是消极的后果？往深了说，您刚才提到的，对消费者、对网民来说会不会一定是个好事？有一次开会有人提出来说，美国的某个影片，进了国内没有经过国家的审批，就被在网上播放了，对于消费者、对于用户是好事。如果抛开这个著作权的保护去谈消费者利益保护的话，会是什么样的后果？

我一直在思考，两个层面。这个问题我觉得还是可以的。第一个是后果怎么样？我们确定一个规则，后果是什么样子的？第二个从法理，从社会管理，从经济学的最基本道理来说，谁有权利去干涉别人，去评价别人？我觉得这个可以进一步讨论。谢谢。

黄武双：

谢谢！观点有两个，第一个，谁有权评价？是不是作为竞争对手没有权利评价？第二个，允许干扰以后，不一定是积极的后果。也可能导致对最终用户是非常不利的。所以应该谨慎。我想这是最核心的两个观点。下面有请上海市第二中级人民法院芮庭长。

芮文彪：

各位来宾下午好！非常高兴来跟大家作一个交流。今天交流的题目，事先也不清楚。事实上今天作一个即兴的讨论。

当黄教授抛出这个问题的时候，我突然脑子里反应出来的是昨天的高考题目，昨天上海高考的题目就是穿越沙漠的自由。这个题目是这样：你可以选择穿越沙漠的方式和道路，那么你是自由的；但是你必须穿越沙漠，你又不是自由的。这引来使我想起今天讲到的题目，就是商业电影加上广告这种模式，觉得对于网络的用户来讲，你选择看电影方式，你是自由的，但是你看电影的时候必须看广告，你又不是自由的。我是这样联想起来，引来这样一个商业模式的问题。

第一点，现在互联网当中，这种商业模式是不是合理的？它是不是现在互联网企业一种公认的商业模式。刚才黄教授讲的数字，现在互联网企业大约60%是靠这种模式来生存。这就是说，这种模式，对互联网企业而言，可能成为一种公认的商业模式。实际上商业模式有很多种，以前互联网企业收费来让用户看电影，我想早期，企业购买了这些电影、电视剧的版权以后，为了维持这些高额的成本，向网络用户收取一定的费用。然后用户才获得观看电影的权利的自由。这种商业模式，在以前可能存在一定时间以后，觉得效果不太好。现在，互联网企业更多的是选择提供免费电影，然后在看电影之前加一段广告的模式。这种模式经过了很多年的运行以后，现在为大家所接受，为网络用户所接受。因为无非就是看一段10秒钟或者15秒钟的广告，用户可以在放广告的时候做一些其他的事情，它并不影响用户对这部影片的观赏。

现在得出这样一个结论。互联网企业所推行的免费电影加上广告这种模式就是合理的。有80%的企业这样推行这种模式。那么我觉得，根据存在就是合理的原理，这种模式是合理的。而且我没有调研过，这种模式是作为那些提供影视电影的网站，即它们公认的一种商业模式和规则。

第二点，如果有一家互联网企业，假设它发明了这样一个软件，屏蔽了这些广告，那么这种行为到底正当不正当？我不知道是不是有案件。最好没有案件，我们讲起来更自由一点。

如果这家企业它发明了这样一个软件能够屏蔽网站的广告的话，我感觉虽然它的出发点是好的，它使网络用户能够很快地看到电影，但是我觉得它这个方式可能影响到大部分互联网企业公认的商业的模式、公认的商业规则、公认的生存法则。我觉得这个行为可能存在一定不正当性，这个不正当性可能在反不正当竞争法里面很难找到一个规则来规制。但根据《反不正当竞争法》第2条，如果违反了诚实、信用、公认的商业道德的话，同样是一种不正当竞争的行为，有违正当性。我的观点就是这样。如果有这样的企业，有这种行为的话，我觉得这个正当性确实是存在问题。我不能今天下结论构成竞争，但我个人觉得正当性存在一定的问题。

黄武双：

谢谢，芮法官的核心观点存在即合理。下面有请浙江省高级人民法院的李臻法官。

李　臻：

谢谢大会主办方给我们这样一个交流的机会，我也向大家说一下我的看法。首先我觉得互联网现在出现的技术革新的方式已经不是普通反不正当竞争法规定的不正当竞争行为，从反不正当竞争法不正当竞争模式找不到法律来进行规制，但我同意刚刚的观点，用《反不正当竞争法》第 2 条，原则性条款来判断互联网上这种行为是否具有正当性。《反不正当竞争法》第 2 条核心的原则是诚实信用原则。判断是否具有正当性的时候，可以看它是否违反了互联网公认的商业道德。是否违反了公认的商业道德这个判断还是要跟互联网行业的特点相结合在一起。

从现在互联网这个行业特点来看，我们可以看到网站是靠点击量或者访问量来获取它的利益。也就是说网站的访问量越多，它的访客越多，点击量越多它获取的利益越高。而且我觉得现在的"免费加广告"这种形式，也是通过市场自己的竞争得到了目前的生存状态。如果觉得不合理的话，也可以通过市场本身来进行调整。比如说刚才黄老师提到的如果认为，如果觉得现在"免费加广告"的行为有一些问题的话，可以通过自己的公司，比如说不提供广告的形式来获得市场竞争优势，而不是说去开发这样的软件，盗取别人网站，或者屏蔽别人网站的形式来获得它的利益。

我们前段时间受理了一些案件，跟黄老师提到的案件有点相似，但不是通过软件开发来截取视频网站的相关广告，它是通过深度链接的方式。我们现在上网的时候，也看到过一些网站，可能就是它提供的深度链接，就是点击这个链接的时候，比如链接的是优酷网、土豆网等具有正版片源的网站，但提供这种深度链接的时候，也提供一些技术手段屏蔽掉这些网站的广告。我们受理这个案件的时候按不正当案件来起诉，权利人通过信息网络传播权来诉讼的，从著作权的方面来讲，提供的链接服务，链接的是正规网站的片源，不一定会得到著作权方面的保护，但是从不正当竞争角度来看，还是值得探讨的，因为毕竟正规的视频网站，为了提供正规的片源也付了相应的对价，它可能通过免费广告的形式让大家观看这个片源之前观看一段广告来收回它的成本或者获得收益。但第三方的网站把这些广告屏蔽掉之后，方便了大量的用户。因为从用户的角度来看，我们肯定希望看到没有广告的视频，没有广告，可以直接观看。但这种行为就会使得大量本来应该点击到获得正片售卖的访问流量流到第三方的网站上面，从而使得获得正版片源广告的访问量、点击量大量地减少，另一方面也减少了它的访问客流。

从商业道德的角度来看，它是损害了他人的合法权益。所以我们觉得这种行为，是不是具有不正当性还值得探讨。

黄武双：

谢谢李臻法官。总体来说，李臻法官表达的观点还是他人的广告最好还是不要去干预，否则是可能侵犯他人合法权益，也可能是违反商业道德，甚至完全可能认为构成不正当行为，这个观点也非常明确。从台上5位法官的观点来看，基本一致。

所以我想下面给大家提问的时间，尤其有不同观点的，可以提出来，作相应表达。

现场提问：

各位老师好，我是第二中级人民法院的法官，我现在想问欧法官一个问题。就是欧法官刚才提到，互联网可以类比为高速公路。消费者因为现在是免费的，没有权利基础。我就想到另外一个问题。如果现在的网站也有提供这种收费服务的，对于这种收费服务，消费者去除广告具有正当性，那么我提供这种软件，对于收费网站的广告，我提供过滤、快进的服务的话，因为消费者看收费网站有正当性，我提供这种软件可以认为不构成不正当竞争。欧法官怎么看这个问题？对于收费网站，如果另外有第三方提供一个什么软件，把收费网站的视频前面的广告过滤或者快进掉，这个时候网站有没有正当性的基础？谢谢。

欧修平：

我首先说一下我的感觉。收费和不看广告，与免费看广告，这肯定不应该是对立的。我们不能说把免费要看广告，收费就不看广告，它们不是对立的，也就是说不是利益面。问题在哪里？上网收费与不收费，与打与不打广告是两回事。我感觉是两回事。如果这个网站要收钱，你不一定有权主张不看广告，因为免费的目的在哪里？为什么互联网模式是免费让用户上网看呢？它要的是人气、要人多、免费就人多一些。现在整个网络，竞争的就是人气问题。至于广告问题，与这个没有关系，而是在于各自的领地不同。就是说不能因为免费上网就要看广告，反过来也不能因为上网要收钱就不看广告。

现场提问：

我是北京金诚同达律师事务所的一名律师，我讲一点我的想法。我觉得黄教授的问题，问得有点误导。我个人认为是这样，因为讲商业模式的正当性，其实这个没有什么问题，不值得去回答这个问题，我个人觉得，其实为难各位法官。首先，讲一个商业模式的正当性，它的核心实际上是怎样的商业经济行为，这种商业经济行为有没有违法。如果没有的话，按照法律的原则，在民事行为领域无明令禁止都可以做。其次，换一个角度看就不是问题了，黄老师把自己喻为消费者，他不喜欢这种视频网站前序的广告，看了很讨厌，如果出现了软件把它屏蔽掉，这样的消费体验更好，但是消费者多种多样，只要世界上存在一个消费者认为看这个广告也是一种享受就没有必要说这种免费的商业模式是违法的，有可能是在带进某一种消费者对另一种消费者权利的侵害，对他人正当的并不违法的商业行为的干扰。再次，不要预设自己就是消费者，判断自己对于商业模式和商业行为其实有法律原则和规定，所有的商业模式并没有强制用户去接受这种服务，用户完全可以不看，完全可以自己拿本书去看，跳过广告再来看视频内容。这种商业免费的广告加上后续的服务没有强制消费、没有强制交易。最后，整个的行为都是合法的，没有任何的强制性法律说它是非法的，也没有任何一个公序良俗说它是败诉的。

现场提问：

非常感谢各位。我简短一点，表达一个观点。我是来自上海海华永泰律师事务所的吴民平。我认为今天讨论的是非常开放的问题，这里提出一点点我的视角，也许可以抛砖引玉，引导大家也同时可以给大家一些我的想法和参考。我在想免费和广告这两个词，其实都是有针对性的。对什么免费，对谁来免费？其实是对互联网的网民是免费的。对于赞助商和供应商显然是要交钱的。广告对谁来说，它的广告的对象是谁？也是网民。所以一切讨论这两个问题的基础我想都是针对网民，我们都是用一个普通网民的身份去看待和分析这些问题。那么建立在这个基础上，我想首先需要考虑几个问题。我们在互联网上看广告的时候，其实有很多类型的广告，第一种就是我们今天讨论的问题，其实就是指视频播放前的广告。事实上除了这段广告之外，在点击暂停的时候会有暂停广告，在视频播放结束也会有一段广告，除了视频播放框，其实还有贴片广告、悬浮广告，各种各样的广告图示，当然还有文字植入式的广告。我想大家讨论的问题是不是针对于视频播放前和视频播放过程中直接的广告模式。

回到刚刚法官作的一个比方非常好。互联网其实是一个信息的高速公路。在这个高速公路上，如果允许播放广告的话，如果广告是放在开汽车的人前面，挡风玻璃前面，影响到大家驾驶过程中的安全甚至于心理感受的时候，这种广告正当性值得考虑。反之在信息高速公路两旁任意设置广告没有人在乎，因为不会影响到开车人的驾驶安全和他的心理感受。同样也不能在视频播放前后、过程中直接设置强制性的广告，而且这种广告超过一定的合理性，我觉得应该由有关部门来予以规制。我国对于广告的播放有前期的审查，包括广告时长、设置的位置和方式，以及广告的权利基础，比如说这段广告是侵权的视频能不能加入广告呢？我觉得这些值得讨论。

现场提问：

大家好，我是上海申浩事务所的律师。除了播放网站和用户以外，第三方是否有权力为网民提供一些排除这些广告的权利？我想是这样，首先要分清楚，看广告到底是网民的权利还是义务？假设这个网站必须是收费的，必须成为会员才能看，这个网民不付费通过第三方的软件直接看了，这毫无疑问就是侵权了。现在网站在播放正式视频前加一段广告，事实上可以选择看或者不看，用户可以看其他的东西，所以从这个角度来说我觉得前面这段广告，看与不看是网民的权利，不是义务。权利可以放弃，义务不能免除。

既然网民有这个权利选择看与不看，第三方软件公司只是帮助网民来行使他的权利，我想不构成侵权。

黄武双：

谢谢。下面的互动先到这里。我想还是继续往下推进。为什么会提出这么一个课题呢？不是空穴来风，因为近期发现越来越多的案件里面，都跟商业模式有关系。也就是说，商业模式成为一个主流的商业模式以后，其他的人跟它竞争，那个竞争者到底能不能去竞争它的商业模式？成了我们讨论这个话题非常重要的一个前提。如果说这个商业模式基本上不可动摇的，如果要动摇，因为人数在60%以上，我们大家都是在生活的，现在挑战这个模式可能会受到质疑。但在理论上真的是不是这么回事呢？我想我们可以把这个视野再打开一点。

举一个例子，我们的广告，我们的视频广告是怎么来做的？基本上大家应该有体会，不看完广告，基本上看不了正文，也就看不了那个视频。但如果我们去看一看，YouTube上面的广告，事实上已经有人在互联网上整理为四类广告，它们的广告有一个什么特点呢？在用户去点击那个视频的时候，基本上不影响看视频，为什么不影响呢？大家可以去看看，YouTube的广告几乎都是透明的广告，那个在放视频，也在放广告，如果感兴趣，把它点在那个广告上，喜欢看广告，比如说美容的、化妆的、养颜的，需要点一下边上就跳出来。不需要的话，该看视频就去看吧。所以我说技术是不是需要竞争？我想我们现在认为是合理的，是不是就不允许别人挑战？实际上现在有很多人提出来技术需要不断被挑战。所谓创新就是对既有规则、既有技术、既有模式的一种破坏，当然这个破坏是有限度的，要创新必须这样做。如果我们现在法院或者大家都这么认为，一个模式只要大多数人都这样用的，它就是不可去撼动的一个权，或是法保护的一个义。这会带来什么？有人担心是不是我们的技术没法发展了，我们的社会也无法发展了。所以很多人提出来了，如果是这样的话，传统门店营销的那些队伍，那些门店的小业主是坚决反对我们现在的网络销售的这种模式。网络销售模式出来以后，门店的生意一下子锐减。从历史上来看，技术的进步，我们这里有老师就举过这个例子。

比如说马车必然发展到火车，火车再往前发展，必然发展到飞机。听说飞机再往前发展，可以用管道到美国去了，5 分钟就到美国去了，将来有这样的技术，技术总归是不断往前推的。如果我们大家形成一个规则说，我们都是马车的所有人，我们不希望出现火车，我们更不希望看见飞机，我们甚至根本不希望看见将来可能的管道运输，用管道运输或者说其他的方式来运输。因为这个说法，我觉得好像有道理，为什么有道理呢？

因为它是被历史所验证的现象，历史就这么发展来的。我们如果把这个现象归纳一下，技术的发展、市场的前进，都是要靠自由竞争。所以在互联网下面，不管是商业模式也好，还是技术的发展也好，实际上，很多人提出来，我们是不是尽可能不要去干预它？因为干预，如果按照一种逻辑推演的方法，必然会你可以找你的理由，我也可以说出很多理由。逻辑的推演能不能靠得住呢？事实上社会的前进，不是可以靠逻辑推演预测得出来的。如果逻辑推演可以预测得出来，科学家就发大财的，他站在技术的最前沿，可以预料所有的技术将来什么走向，但他的推演也一定要经过实验的验证，才能成为现实。

我想归纳一下，技术的发展也好，市场的变化也好，竞争也好，实际上里面有一个大家称为"丛林法则"，"丛林法则"就是跟自由市场竞争配套的。如果这个归纳能够成立的话，那我们是不是要稍微地再讨论讨论。因为我们发现，现在用既有的力量去撼动它，确实是有难度的。但是从社会整体发展来说，到底应该采取什么样的方法呢？我觉得国外也有相关的判例。所以这里我稍微简要给大家讲一讲，这个判决是不是好。

比如说在美国 2009 年的时候，有一个判决，我们基本上把全文翻译出来了，就是卡巴斯基的案件。卡巴斯基所提供的软件里面也有一个屏蔽广告的功能，它也被诉了，但是法院在判决的时候最后说了一番理由，我觉得值得我们去考量。

什么理由呢？也就是说针对广告，卡巴斯基这个软件有这个功能，它能够去屏蔽广告，它提供这个软件本身只是向市场提供了具有这么一个功能的产品，至于消费者网络最终用户是不是一定要去屏蔽掉这个广告？就像我们前面王律师讲的，很多用户喜欢看广告，不是说这个广告一跳出来就直接屏蔽掉了，也是通过最终用户去点击启动这个功能的按钮，启动了就快进屏蔽了。这个完全由用户自己去选择，提供这个软件本身不必然导致不正当竞争，不直接冲着不正当竞争来，有理性的消费者自己会选择。

同样在德国，我有个博士研究生把这个电视精灵案也翻译出来了。大致的意思和美国这个案件是差不多的。这里充斥了什么理念呢？

也就是说我们经常会碰到一个新问题、一个新技术。当它刚刚出现的时候，我们大家一定会争论它的正当性，好还是不好，善良还是丑恶。在这个时候，法院采取了一个做法，让它自由发展，不管是技术还是市场，最好让它最充分地竞争。最充分地竞争，它就能够导致消费者最大的福利。所以在这种理念下面，这两个案件的法院，我相信它们应该没有讨论过。德国人也不一定会去看美国人这个案件。最终的审判结果是什么呢？两个禁令申请都没有获得支持。最后就让它们自己去自由竞争。

我想这个案件，当然也仅仅是美国法官的看法，也仅仅是德国法官的观念，但有很多学者提出来。确实，我们现在互联网竞争涉及广大最终用户的利益，如果让视频网站的经营者自断手腕、自己削减自己的收入有没有可能？没有可能。如果我们对它没有任何制约措施，把不准广告再变得稍微更长一点，是不是所有人都愿意看广告呢？我想理性分析肯定不是所有人都愿意看所有的广告。所以是不是可以在这个地方，兼顾一下。技术的发展、一个模式的出现，是不是到了不可调和的程度？我们在技术上、在商业模式上，能不能采取一种调和的模式？即要考虑经营者的利益，因为经营者的存在本身就是一种社会浮力，但仅仅靠它不可能，任何一个人无法对它进行他律，这就是一个自律和他律的关系。自律良心发现式的自律靠不住。一定要靠他律，如果有那么一个第三方采取技术的方式跟它博弈，如果它又没有跨得很远，又没有超过合适的界限，我想对社会整体发展来说，应该不是太坏的事情。

为什么提出来这个商业模式的问题呢？实际上在目前从各个阶层来说，从行业来说，都在讨论这个问题。为什么要讨论这个问题？因为直接涉及对它行为的正当性的判断。当然，我前面讲的这些也仅仅是我的归纳。当然也有人提出来了，大家也可以回应一下，讨论一下。

比如说，这个广告做得好好的，凭什么竞争者来屏蔽我的广告？竞争者来让我的广告快进掉？时间变少了？事实上是不是应该由相关部门这样来做？比如说国家工商行政管理总局下面有那么多的地方、地区都有工商局，正当不正当是工商局管的，是不是由机关来管管，是不是由公安来管管？我想从国际经验来说，基本上都是靠市场竞争者，跟你实施的竞争行为予以约束，这就是自律和他律之间的关系。当然这个观点也仅仅是学界提出来的观点而已，不知道各位法官能不能简短地回应一下。

李　臻：

我觉得，黄老师提出这个问题是纯粹软件设计的问题，涉及技术中立的问题，跟我刚才举的案件的情况可能还不一样。因为它是视频网站的话，可能是一个直接的竞争关系，可能考虑到更多的是不是违反了诚实信用原则，违反他人利益原则？如果仅仅是提供技术的角度来看，应该还存在探讨的空间。就是说它这个技术不是单纯的技术，比如说卡巴斯基最终还是给用户提供了一个选择机会。而不是说这个软件直接就屏蔽掉广告了，没有给用户任何的中间考量的过程。这种行为我觉得又有所区别。

欧修平：

我简要说一下，我觉得开发运用这种屏蔽别人广告的软件的趋势，肯定会继续下去，原因有两个。

第一个，人的本性就是创新。大家看，回首 50 年，多少新技术改变了我们的生活，但反观其他的动物，它们没有创新。所以说人的本性是创新，这种技术发展，不可阻挡。

第二个，互联网上的事情，不仅仅是网站、开发商，还有消费者网民，是大家说了算的，不是哪一家说了算的。有一句话是"历史潮流浩之荡荡，顺之昌逆之者亡"。洪流就是这样的，你说不允许出现是不太可能的，只能是已经形成大趋势了，所以我觉得这个东西肯定会出现。

丁文联：

市场和技术模式问题太大，我不能简要回答。但要比你简要。

第一个就是德国、美国法官做的案例。卡巴斯基有两点不同，第一个它没有损害到消费者的选择权，第二个它不是针对特定的竞争者，跟前面假设的情况不太一样。如果是卡巴斯基的案子，我想中国法官也会同样的理念作出同样的判决，像这样让技术自由竞争、让市场自由竞争的案子也非常多。第二个是关于商业模式的案件问题。我觉得屏蔽广告的技术也肯定会有，但不会成为主流。为什么呢？广告是人类社会几千年来从来没有中断过的事。我一直在拿网上和网下做比较，其实我们说互联网是平台经济，但是互联网之前，线下很多平台经济，做广告最多的就是报纸。一张报纸卖几分钱，稍微贵的一块钱，还是稍微低点的价钱，和它的销售成本、制造成本、编写成本这些相比起来，它绝对是赔钱的，它的收入来源就是广告，这份很好的报纸在机场也是一块钱，实际上它可以卖十块钱，为什么？到机场去的人是有消费能力的人，完全喜欢看这个报纸。为什么人人都卖一块钱？这个定价策略，实际上就是这个报纸行业大家通用的一个商业模式，不靠卖报纸来挣钱，而是靠广告。

很简单，如果是在线下，这个报纸的竞争对手去找广告主，发广告的企业，说别在报纸上发广告了。我能这样干吗？我想大家的结论非常清楚、非常清晰。换到了线上，这件事情就变得模糊了。用一种更方便的技术直接把广告去掉，不用跑到发广告的人那里，求求别发广告，直接就把广告给剔掉了，这个问题就变得模糊了。

我的感觉，好多原来在线下难做的事情，但是是非很清楚的事情，到了线上变得非常容易做，比如直接将我的网站直接嵌入你的网站，我直接覆盖掉你的网站，我直接把你的流量截过来等。这种事情在线下很难做，我直接截取一个客户很容易吗？可是到了互联网上，因为有了这个技术，我要干坏事变得更加容易了。我们在线下判断这些事情的时候，黑白非常清楚，为什么到了线上变得模糊不清呢？我倒是觉得，我前面讲的第一轮里面，我说了几个信息。

第一个信息，天下没有免费的午餐。天下真的没有免费的午餐，能够靠免费生存下去的商业，人类历史上没有出现过，不可能长久的，必须有收入来源的。

第二个信息，前面比较了，我们说腾讯诉奇虎360的案子里面，被告是以消费者的名义，替天行道，作了一些选择。这对不对？之前，最高人民法院已经有了定论。大家可以认真读这个判决。

至于说，技术这件事情。我想把这个判决的一段话读给大家听。

前面都是讲技术的事情，接下来就讲技术中立问题。是否符合互联网精神鼓励的自由竞争和创新，仍然需要以是否有利于建立平等公平的竞争秩序，是否符合消费者的一般利益和社会公共利益为标准来进行判断，而不仅仅为某些技术上的进步，认为属于自由竞争和创新，否则任何人都可以以技术进步为借口对他人的技术或者服务产生任意干涉，从而导致借技术进步之名而行丛林法则之实。

石必胜：

我刚才在走神，走神的时候我突然做了一个梦，梦到我获得了特殊的能力，这个能力是什么？就是说我只要意念一动，我就能够把今天所有的报纸上的广告可以去除掉，这是一种技术发展。现在我为了普通大众的利益，我把这个能力发挥一下，我说明天出的所有报纸，广告的部分全部变成空白或者是怎么样。我这样的行为，有没有正当性？我们反过来思考，报纸自己带有广告。比如要出一个报纸，然后这个报纸总是有几栏要打广告，行不行？正反两方面地说。

另外，我在想，竞争、自由的边界在什么地方？刚才说了一个其实很重要的问题。因为我有某种能力，或者我有某种技术，我怎么去使用这种能力，怎么样使用这种技术，这是我的一种自由。但我自由的边界在什么地方？我想在强调自由原则的时候，是不是还要强调一个所谓平等的原则。就是说这个手不要伸到别人的门里面来，这可能是一个值得思考的问题。

我还是要强调，之前一开始所说的两个看问题的角度。结论也许是不同的，第一个当我们要评价一个商事，从商事的思维、商法的思维来说，我们要评价一个商人的经营的方式、经营的模式、经营的手段对不对，是我评价完允许他做，还是他随意做只要没有违反强制性法律的规定，我就不应该管他。第二个角度是后果分析，如果允许刚才说到的屏蔽视频广告的这种行为存在的话，后果是什么？我的第一反应就是说后果可能是它只能收费了，或者它也不做广告也不收费了，直接让大家随便看的，当然还有一种可能就是变成了透明的广告了。我觉得这个时候就是历史唯物主义的观点来看，中国互联网产业发展，有它特定的历史条件，它一步一步到现在的阶段，到了这个时候了，可能这个产业的态势就是这样子的。能不能说通过技术发展的方式，由于新技术的应用，会不会有对这种往前推进一步还是往后倒退一步呢？会是什么样子？现在看起来还不太好说。我最直观的一个感受，我不知道大家怎么看。如果真的不允许，或者因为允许这个行为，实际上不允许，本质就是不允许它做广告了，这种后果是什么？后果就是还有没有人，能够去提供免费看一段广告，免费看片子，或者只能去收费。还有没有其他办法，让一个人、让一个商事主体给你提供看电影的机会。大家想一想，我觉得这个可以作为一个问题提出来。

肖文彪：

刚才讨论引到两个很重要的问题。一个是科技的创新，还有一个就是自由的竞争。

互联网的科技创新，实际上改变了我们很多生活，带给我们很多新的体验和享受，比如，腾讯微信就是典型的技术创新，它改变了我们交友的方式。阿里巴巴的淘宝网，这种商业模式的技术创新，它改变我们购物的方式。我们现在更多的年轻人喜欢在网上购物而不是到实体店去购物。这些都是技术创新带来的一些新的体验和享受，同时也带来了竞争。腾讯微信出来以后，有的网站开发易信；淘宝网这个技术开发以后，很多实体店要进行更有利的促销，例如上海新世界这个实体店，每年元旦之前，为了跟淘宝网竞争，搞通宵的促销。

技术的创新确实是带来了一种充分的、自由的竞争。同时，又带来了另外一个问题，所有技术创新的东西，都是好的吗？都是值得肯定和保护的吗？这又带来了一个思考。技术创新、自由竞争的边界在什么地方？哪些创新的技术，是能够获得保护的，哪些可能是不能得到保护的？

我想，刚才讲的这种屏蔽广告的技术，本身就是中立的，技术本身是中立的，关键看它在运用的时候、使用的时候，这种技术是否侵犯了他人的权益。也就是说技术创新和自由竞争的边界在于是否侵犯了他人的合法权益。如果这种技术创新，它侵犯了他人的合法权益，它在使用当中、在运用当中，侵犯了他人这种合法的利益的话，那么这个正当性就存在问题了。就结合刚才屏蔽广告的这个软件，这个软件、这个工具是中立的，但如果它用在屏蔽他人广告上面可能就有影响了。我觉得可能就会影响到这样一种商业模式的健康发展。刚才石法官也讲了，如果广泛应用这个工具的话，可能影响到网站企业的合法权益，会带来它的广告收益的下降，给它的生存造成影响。同样，也会给消费者，也会给我们的网络用户带来影响。有一种观点说，没有广告了，消费者是不是通过这个工具、软件，把这个广告屏蔽掉了，对消费者有好处。但是要想一想，后面生存的问题，如果这个软件大量广泛地应用的话，那么这个网站会为了生存改变它的商业模式，它就不采取这种免费加广告的模式，它可能就采用收费模式了，最终损害的可能还是消费者，最终损害的还是用户的体验和感受，影响最终用户的利益。

所以我觉得，技术创新和自由竞争的边界，关键在于是否侵犯他人的合法权益。

黄武双：

谢谢芮庭长。我们前半段对于商业模式的问题，进行了非常深入的沟通和讨论，实际上我把现在理论和实务界已有的不同观点抛出来了，只是希望大家一同来沟通和讨论这个问题。当然也许我们今天只是在这个问题上再往前走了一步，我想这个问题还值得继续去研究。

接下来我想过渡到另外一个话题。也是在互联网领域，我觉得也是一个创新，我们在法院判决的时候，出来一个原则，令大家觉得非常有新意，叫作"非公益必要不干扰原则"。可能在司法实践中，国外倒有一个合理原则，就是当一个技术导致的结果，只要一定比例范围内是合理的，通常是可以接受的。这就是跟我们原先讲的，比如说你有实质性侵权用途，这个把它区分开来了。现在法院创新了这么一个规则，也是理论和实务界大家非常关心的，我想在座的石必胜法官对这个问题非常有研究。能不能请石必胜法官先对这个规则作一个介绍。

石必胜：

谢谢黄教授。这几个字出现在什么地方？出现在2013年年底的百度诉奇虎360的插标和修改搜索框下拉提示词，二审判决书是我写进去的，很幸运最后能够被保留下来了，我说很幸运是因为它会引起我们的一些讨论。首先申明几点，第一点叫它为一个原则也许不准确，可能更准确的是一个规则；第二点对于这个规则我后来也写了一篇文章发在知识产权杂志上面，题目就是互联网的非公益必要不干扰原则。我们庭里说你这个怎么念的，简短地说，非公益不干扰，或者说不干扰，语言上可以这么说。如果三个字就是不干扰，如果六个字就是非公益不干扰，八个字非公益必要不干扰。

第一层意思就是说大家都是平等的，你做生意，我做生意，你不要干扰我，我也不干扰你，这就是不干扰。六个字非公益不干扰，有些情况下好像也可以干扰。就是你做生意的时候，你到广场上去，把客人使劲抢到你的店里面，把客人强制性地拉到店里面去消费，或者是派店员出去偷人家的腰包，比如说病毒的、木马的，这些我们就不商量了，就是允许其他人主动去打击这种行为，这是可以干扰。当然可以干扰还有一些其他的情况。比如说早些年的时候，就是一台笔记本电脑或者一台台式电脑只能装一种杀毒软件，为什么？因为是硬件的运载负荷，硬件资源不够只能选择一种杀毒软件，当然也可以选择这种或者选择另外一种。不能说装了杀毒软件，别的杀毒软件就装不进来，装上就给踢出去，这种是不允许的，这就是所谓的非公益不干扰。

必要是什么意思？当我们出现了纠纷的时候，出现了某一种软件、某一个互联网服务或者是产品对于另外一个产品进行了干扰，我们就要去看看，我们也不能说很机械地，只要你打开了我就说不对，有的时候也要看看什么原因，比如说它就是杀毒软件，把那个病毒杀了好像也可以的。当然有人说我就是为了保护其他人的利益，类似于紧急避险、正当防卫，我们要评价一下、考核一下干扰行为，到底是不是出于保护公共利益所必需和必要的。这就是我对这个原则最简要的说明。谢谢。

黄武双：

谢谢石法官，对这个原则，事实上，主要是他思考的，所以我替他作一个介绍。我想跟大家交流一下。我觉得一个新的东西出来以后，觉得非常好，是不是有赞同或者是稍微有一点自己观点的观众，可以发表一下。

现场发言：

谢谢主持人，我接着石法官的话说，非公益不干扰，这个里头，就是前面说的，一种技术开发的软件去屏蔽别人的广告。这个是公益行为吗？首先就分析这个。如果是公益行为，这个公益谁来给它作标准，说它是公益性的？这个标准在哪里？如果这个行为不是公益行为，那当然应当去制裁了。所以我觉得，公益怎么去判断。这应该是一个问题。简单地说，就是公益怎么去判断？谢谢。

石必胜：

谢谢。公益怎么去判断？

我不知道。我如果坦诚地回答我真的不知道。我只能是说，你把这个东西拿来我看一看我可能会有一个初步判断，就像早些年，我记得美国一个案子，美国联邦最高法院说那是不是色情，说我不知道，你拿来我看看就知道是不是色情了。大概那个道理应该是这样的。

但我认为这个案子里面不是公益的。还有屏蔽人家广告这个是不是公益的？我认为因为这是海淀法院一审的案件，肯定不是的。非常明确不是的。谢谢。

现场发言：

您好，我想问您三个问题，第一个干扰如何定义？这个干扰的程度。您所指的干扰的程度是什么？是阻止发售，阻止研发，阻止什么？为什么说这种行为是干扰？

石必胜：

干扰一定是多种多样的，我见到的干扰就是影响一个程序或者一个软件，或者是一个服务的正常运行，如果没有别人来阻止它，它该怎么样就怎么样，如果有了其他因素了，它运行的状态就不一样了。

现场发言：

市场中的竞争者，他们相互经营势必会有一定空间和程度上的冲突，是否市场中所有竞争中的行为都可以定义为干扰呢？

石必胜：

正常的竞争当然不是干扰了。中国现在出现一个网站，这个网站视频前面的广告是透明的，然后其他网站不是透明的。这个要说是干扰，如果把干扰上位概念提炼到那么高，当然也是一种干扰，我说的干扰肯定不是指这个意思。

现场发言：

第二个问题，不受干扰是一种权利还是一种法益，它的法律根据在哪里？和第三个问题联系在一起，我国传统的侵权行为有三个要件。一个要件是行为与损害直接因果关系，因为人是有行为自由的，经营者也有竞争自由的。如果要限制他自由竞争原则必须要符合三个要件。您提出的干扰原则是否与我国传统的侵权行为有违背呢？

石必胜：

我在路上走得好好的，我的店开得好好的，你现在跑到我店里来要影响我的店的正常经营，你的行为正当性在什么地方？因为这个问题恰恰可能不太像你说的侵权责任法里面的侵权行为构成要素，那个也是一个分析问题的视角，先不说。另外一个视角就是我们所推崇的市场经济自由竞争是什么？各做各的生意，相互不要干扰，我觉得应该是这样。如果要对我做出采取某些措施影响到自由经营的话，应该提供合理的理由，而不是我提供合理的理由。

现场发言：

但是事实上每个人的行为空间肯定会有碰撞的，法律首先推崇的是行为自由，结果是你的行为干扰到别人的利益，并且你的行为与他的利益受损有直接的因果关系，且你的行为有可责性就限制你的自由。我有开发软件的自由，使你的利益受到法律保护，而且我的行为具有可责性才要限制我的行为，不可能因为你受到以上任何一个要件限制，为什么要来干涉我的经营行为呢？我是站在广告屏蔽软件开发角度来问您这个问题。

石必胜：

这个问题问得很好。脑子反应太快了，我跟不上。你看所有问题就是这样的，我们在逻辑行为上讨论一下，这就是辩证法。就是一个方面，你要自由，另一个方面你要平等，这个时候，我们解决不了任何问题。真正法官要解决问题的时候，就是当我们面临一个具体行为的时候，我们来评价它的正当性与否的时候，其实很多时候不是从所谓自由平等的抽象原则来说的，而是回归到常识来说，常识就是当我们允许还是不允许这个行为的时候，我们要考虑它的后果是什么样子的。我觉得这个问题，我刚刚所说到的两个案件，一个是海淀法院的案件，就是屏蔽视频广告的案件，还有我自己办的那个案件。当我们讨论这个行为正当性的时候，我们是从它后果的角度来考虑的。我不知道回答你的问题没有。

现场发言：

因为我觉得，法官在恰当案子中似乎更站在被恰当一方考虑他有自由，事实上作为插标方，我也有经营自由，插标行为中给被插标方带来了什么样的结果？只要是我插标就带来了侵权不正当行为吗？

石必胜：

我在判决书中，在《电子知识产权》发表的文章中也提到了，可能另外有两个角度来思考这个问题，第一个角度，当我们允许插标时，不管怎么样，都是通过修改它显示页面源代码的手段来实现的，也就意味着它的手伸到别人的门缝中去了，我们评价这个行为正当性的时候，考虑的基本性是允许不允许把手伸到人家的门缝中去。因为如果允许的话，谁来评价你插的标对还是不对呢？这是一个。另外一个角度，当允许你可以插标，可以把手伸到人家门缝里的时候，有没有可能引发这种行为滥用的可能？所以干脆还不如说这也是法官思考问题的方式，干脆你就不要把手伸到人家的门缝里面去了，因为我观察到的，绝大多数现存的杀毒软件，都可以不通过插标就完全能够使用户基本的安全得到保障，所以我们认为从最基本的原则上面来说，除非有合理的理由，除非这是为了保护用户安全的必要手段。那么，除此之外，你就不要把手伸到人家的门缝。

现场发言：

房子是有产权的，您在问题上是否有绝对权呢？或者我们站在同一辆公交车上，我的手肘碰到了你的手肘，但没有对你的肌体造成损害，我这样做为什么不可以呢？

石必胜：

你的比喻跟我讲的案子的情况不一样。这个案子的情况是他修改了人家显示页面的源代码，跟你的比喻是不一样的，这个是说我这里围了一个围墙，他跑到围墙里面来了，所以这跟你说的公交车上我的手碰到你的手是不一样的。

黄武双：

非公益必要不干扰原则。看看其他法官有没有什么补充的？

丁文联：

首先我非常赞同石法官的原则，其实可能只要是民事领域、商事领域，这都是共通的，我们回想一下合同在什么情况下无效，过去对于合同效力的认识是相当混乱的，后面合同法修改把合同无效的理由改成违反强制性规定、违反公共利益。其实所谓的强制性规定，一定是涉及公共利益才成为强制性的规定。所以背后的依据都是除非公共利益的事情，涉及公共利益不能干扰往往是以国家公权来干预，私人领域是不能随便干预的。

刚才的问题非常好，刨根问底。我觉得思考问题的角度，和你的角度不一样，她实际上是在考虑，这是不是一个权利？我只认权利，法律规定下的权利才有基础，别人不能够来侵犯你。法律规定下来这是你的屋子，别人不能进来。法律没有规定，对不起，这不是你的屋子。因为你是在学校里面，从来没有经过市场实践。等到进入司法实践的时候，你会发现太多没有法律规定的东西，需要你用你对生活的体悟、生活的智慧去办，这是不是你的屋子，是你的屋子还是公共空间，主要是这么一个事。

石必胜：

补充一句话，因为这个案件，确实是一个不正当竞争的案件，不是侵权的案件，所以这就是不正当竞争的特点，很多时候它保护的是兜底性的，不能列为法定权利的东西，而是法益性的东西。

丁文联：

我的理解，商业秘密有没有被规定为一种权利？没有。这仍然是一个学术上有争议的问题。法律上没有规定它是一种权利，但是侵犯肯定是不正当竞争行为。因为有法条，所以能够接受它。但有很多类似于商业秘密的东西，因为没有法条规定，我们对这种行为就不管了吗？不可能的。我们还是要基于一个维护公平、公正的竞争秩序，我们必须作出一些裁判。

欧修平：

对这个原则非公益必要不干扰，我的第一个建议就是对这八个字的建议，我觉得是不是首先可以简化一下，改成非公益不干扰。实质上就是公益可干扰，用五个字也可以。非公益不干扰，再简化就是公益可干扰。我觉得这八个字，非公益必要不干扰，"必要"二字是不是有点多余？

石必胜：

没必要。

欧修平：

我第一个建议是这样。要么是非公益不干扰。大家读起来顺口，也工整，要么是公益可干扰。作为一个探讨。

第二个我对这个原则的适用，刚才那位同学反复问的问题，我感觉我们法官跟同学们交流的时候，是有一点点障碍。在哪里？因为同学们的想法是什么？他们看问题的逻辑思维是两种方式，一种是归纳推理。就是说从这个特殊的可以按一般的原则来，他们有的时候想法是这样的方式，还有一种是演绎推理，特殊到一般推理。好像多数是用这两种方式。我们法官得出这样的结论是不是不干扰。这一类型是不干扰，或者这类是干扰，希望我们得出这样的结论。

而法官的思维，我可以告诉大家，我们法官判案，不是归纳也不是演绎，既不是特殊到一般，也不是一般到特殊。大家知道我们是什么思维？它有另外一个名词，我们是从特殊到特殊，我们的推理是从特殊到特殊。即不是一般到特殊，也不是特殊到一般。所以我们的方式不一样。我们从特定的事实出发得出一个特定的结论来。我们的结论并不是放之四海而皆准。就像刚刚问到的插标是不是都是干扰还是不干扰，我们自己的结论是特殊的问题。法官的观点跟同学们的观点所以是不一致的。我们是从特殊到特殊的一种思维方式。谢谢大家。

黄武双：

谢谢欧法官对于院校和法官判案思维模式事实上作了一个高度的概括，这个非常好。非常感谢。

由这个话题再往下面引出一个话题。比如说非公益必要不干扰，有人就提出来了，这个"必要"是一个技术上的判断，那么既然涉及很多技术上的判断，包括在很多不正当竞争案件中，实际上要对一个事实进行判断，在英美法中，这个模式是比较清楚的。就是有陪审员去判断，以一般的生活常识的理性的人去判断一个事实的对与错，甚至推定一个事实出来。尤其中国审判的结构就是这样，所以是不是事实问题和法律的价值判断问题，都由法官直接去判断呢？我们法官在判断一个事实问题和一个价值问题的时候，有没有采取一个不同的思维方式或者是一个程序？或者说一个规则，或者脑子中固有的经验，这个是司法实践和我们在高校作研究的人非常感兴趣的。就法官在判断事实的时候，是不是也在用特殊到特殊或演绎的方法，推理的方法还是用什么方法，那么在判断价值的时候是不是也是用这个方法。

在座的 5 位都是在审判一线直接操刀的法官，就这个问题，请你们分享一下经验。其实在座各位都非常想知道你们的做法。

李 臻：

这个问题黄老师问得很好，但我们法官其实不可能对所有的问题都清楚的，在判断的时候，对于这个技术问题的查明，其实还是比较重要的环节，怎么样弥补法官专业知识不足的缺陷？在浙江是这样做的，首先，我们是引入一个专业型的人民陪审员的制度。我们跟知识产权行政部门联手，在版权、商标、专利等知识产权的行政部门中，选取一些比较有经验的知识产权行政人员，来参与司法审判中，使他们经过人民陪审员的程序，作为我们一名人民陪审员参与到案件的审理中。目前为止，我们已经选出了 116 名专业的人民陪审员参与我们知识产权案件的审判。在案件具体的审判中，对于专业型的人民陪审员，我们是一案一选的制度来进行的。在立案之后，根据案件具体类型，由审判长从陪审员的人员名单中选取相应技术背景的人民陪审员进行相应案件的审理。专业人民陪审员进行审理的制度也帮助法官更好地查明案件的事实。

在案件统计中，专业性人民陪审员的参审率达到 70% 以上，对于案件的事实查明起到了非常大的作用。

其次，我们建立了知识产权的技术专家库制度，这个与人民陪审员不同，不是从知识产权行政管理部门中来选任，而是从科研人员中选任，有一些可能是各个领域的专家教授，从专业性比较强的人员中，聘任他们作为法院的知识产权技术专家来协助法官审理相关的案件事实，这和当事人邀请专家证人和民事诉讼法上的专家有所不同，这是法院主动聘请的，也可以解决专家意见的技术中立性的问题。特别对于互联网技术案件，比如说前一阵审理一个关于源代码的甄别的案件中，法官因为不可能了解到整个互联网，比如说程序编写过程的具体技术问题。但是通过专家的咨询，向专家了解相关情况，可以了解到整个行业大概的规则，从而作出有利于事实准确的判断。

最后，还是通过一些企业的走访，特别是淘宝案件比较多的情况下，加强跟阿里巴巴企业的座谈来了解一下相关的互联网案件事实相关情况。谢谢。

黄武双：

我把问题再说一下，我们实际上想直接了解的问题是什么呢？当法官既在判断法庭问题又在判断事实问题，没有把事实问题交由第三方去判断的时候，在这个时候，法官在裁决的过程中，对这两个对象的思路有没有什么不一样？我们非常想了解这个问题。如果已经借助于第三方了，这个比较好理解。比如刚刚讲的在互联网领域里面，有些东西开发出来了，到底是好还是坏，到底对将来的技术是一个什么样的态势？我们对它将来的趋势的判断，可能很多情况下，法官就把这个事实给判断掉了，完全有可能。那么我想，在现有的制度下是可以的。这个判断，究竟有没有什么不同的方法？

欧修平：

关于互联网领域的技术事实，实际上目前在中国来讲，由于没有陪审团，这个事就落到法官头上了，成了法官的责任了。

我们所以很少去探究它是一个技术问题还是一个法律问题。就像在互联网领域有很多专利，等同与否，侵权与否？侵权与否是法律问题，等同与否是技术问题还是法律问题，在中国责任就是在法官身上，我们一定去判断它。黄教授说没有找第三方判断的时候，我们怎么判断的？前提是，法官不懂技术，我们几位在这儿是知识产权庭的法官，真正有理工科背景的没有，这也是被当事人诟病的地方，不懂技术，我也可以说没有哪个技术人员能懂所有技术。那就更不可能要求法官懂所有的技术，即便我是学理工的，我也不可能懂得所有的技术。所以说这个问题，我们是怎么判断的呢？

我们所掌握的武器是什么？比如说要做一张桌子，我要有磨光的斧子，我找到了工具，我现在找到的工具是什么？法律的工具。法律里面的过错、责任、义务就是我的工具了，我常常是用这个来看的。对于互联网的一些技术问题，很多案件判不了，不是因为法律工具不够，是因为我没有掌握，这是什么技术？比如说爬虫技术，前两天的今日头条，人家究竟用的什么技术，这也让我们很痛苦，因为没掌握这是什么工具，这个时候我们有两个途径，首先是自己看看背景知识。我要理解它是什么东西。然后可以借助一下别人。在我有足够自信的时候，我不会借助别人的，为什么？专家建言、专家鉴定，最终也是我怎么说这个事情呢？应该说是专家对于这个事实的看法，作鉴定不就是这样的吗？它并不是事实的本身，专家的鉴定也就是专家对于这个事实的看法，所以人家会问法院，法院判案以事实为依据，法律为依据，怎么会以人家的观点、人家的看法为依据呢？不管请不请第三方，我要通过自己学习了解，重新拔到另外的高度，从法律的价值来判断它。

我还是把法律放在第一位。技术这个东西，不知道这个比方是不是对，不能让技术"强奸"了法律，也不能放纵技术。

大家想想在法律领域，如果过于相信了技术，过于把技术拔高以后，法律等于不存在。我打一个比方，沉默权的问题，现在有人说沉默权可以用测谎仪，用眼睛装一个什么东西，要把那个测谎仪等高科技的手段用到极致把你眼睛里脑子里的东西提取出来，法律上的沉默权还有没有？那就是技术完全践踏了法律，我在看这个问题的时候。最终我一定要用法律的价值来判断它。毕竟我们解决的问题是什么？我们不是解决了一个技术多新多好，我们要解决这个技术对人类的贡献。所以从这点来看，主要是依赖于我自己。

黄武双：

谢谢欧法官，观点非常明确，就是说事实问题，哪怕第三方介入，还是法官最后眼睛要非常雪亮作出判断。

丁文联：

你预设的两种比较，一种是有陪审团的，一种是没有陪审团的。如果从事实发现机制来讲，我没有看到这方面的证据表明，没有陪审团的审判机制在发现事实的能力上面，低于有陪审团的审判机制，我不知道有没有这方面的研究。这倒是很有趣的话题，如果有这方面的研究，都是可以关注的。

事实证明，就像你说的，可能这个事实判断和价值判断，有的时候很清楚，有的时候会搅和在一起。黄教授所担心的就是法官们会感情用事，在判断事实的时候，会有点偏差。如果换一个老百姓，换陪审团可能会中立一些。

第一，我没看到实证分析的结果表明确实存在这种差异；第二，我倒是很怀疑，陪审团解决事实问题比法官解决事实问题来得准确。陪审团是经过短暂的训练召集在一起，然后就作那么一个裁判，最为人诟病的就是辛普森杀人案。法官是经过长期的职业训练，看了那么多的故事，看了那么多人。我感觉比一个普通的公民更有经验。从事实发现的角度来讲，从经验角度来讲，我倒是觉得法官更有经验。之所以有陪审团，美国宪法的规定可能还是要保持司法民主，防止法官的独断。

老百姓在判断这个问题的时候，会不会把事实问题和价值问题搅和在一起？这是我最担心的，我倒是觉得没有经过长期司法训练的人，不在这个司法语境下面，他不知道中立是多么重要。他不知道判断一个问题的小细节，他对未来判断走向有大影响的时候，这个时候，我特别担心，陪审团能不能做到事实问题和价值问题判断区分得很清。我倒是担心他们搅和在一起，只要是法官清正廉洁的，我宁愿相信法官是一个发现事实的人。就是没有陪审团的时候其实更好。

黄武双：

谢谢丁庭长。其实也有不同的观点，他们认为，法官对于事实问题判断，就像欧庭长所讲，很多领域里面，我们也缺乏相关的经验，因为事实的判定要对相关领域比较熟悉，法官不借助一个合理的发现机制，如果事实的确定出现了问题，后面的法律价值判断，通常可能就会偏了，这也是实践界和理论界关注的，经过对美国法、德国法的研究以后，发现很多基础的问题非常重要。比如再举一个例子，什么叫混淆？我们发现美国有8个要素，其中有一个，比如第一，有没有真实混淆的例子？第二，有没有市场调查报告？市场调查报告、调查的相关公众、相关的消费者是不是选取的对象合理？把这些东西拿出来以后，法官一看，举的这些证据本身合理不合理，法官是直接来看这些证据本身。法官通常不直接介入发现这个事实，而是借助于一个机制让这个事实要么从被告那里来，要么从原告那里来，就是这么一个机制。我们提出这个问题，希望我们国家法官，尤其是在座各位都是非常前沿的法官，都是办了非常多吸引眼球、非常好的案件。我们确实想听听你们的建议，因为在座也有很多学生，他们也在作研究。下面有请石法官。

石必胜：

先说说陪审团的事。其实他们说的时候，我是很有一些想法的，陪审团一定是有好处也有坏处。这个我不赘述了。

从我个人来讲，包括我和同事开玩笑的时候，因为陪审团有一个成本问题，有很多问题，包括政治的问题，非常的复杂，不是一两句话说得清楚的。如果说，中国有陪审团的话，中国的法官可能没有现在这么悲催，不管是一审还是二审法官，因为最高人民法院还在那儿审事实问题，倒来倒去都是在查事实问题。这就是缺少一个程序来过滤和固定事实，从而让其不再成为一个问题。这里面有很多可以思考的问题。这个程序是什么？陪审团是一个机制，这个筛子筛下来没有对错，它就是结论，接受不接受都是它了。二审的人也就不再谈这个问题了，除非法官给陪审团的指示程序上有错误。我在CAFC❶听它们开庭，最长时间40分钟，每个律师，每次发言5分钟。我说我们也是二审法官，我们怎么没有这么幸福，因为我们绝大多数的时间都是在审事实问题。

另外大家注意没有，陪审团替法官分担这么一个非常重要的责任。找谁信访？找谁投诉去？

我认为现在案件审理过程中，黄老师说的这个，有一个很重要的问题，其实不是法官的问题，很多时候是律师的问题，就是让事实能够客观地呈现，让法律事实能够更加接近客观事实。这其中有法官的因素，也有律师的因素。当然也有这个制度给律师很多的手段和机制去发现事实，提供证据的支撑，这也是一个方面。但在现有制度之下，黄老师想说的意思我不知道理解对不对，当法官作

---

❶ 美国联邦巡回上诉法院（United States Court of appeals for the federal Curcuits）。——编辑注

价值判断的时候，作裁判的规则确定的时候，其实是要混合思考一些事实问题的。

比如我刚才说视频过滤广告这个手段允许还是不允许呢？这是规则判断。这个时候，法官就会想，允许它会产生一些什么样的后果呢？好的结果有哪些呢？不好的结果有哪些呢？这里面实际上有一些是事实问题，除了价值判断以外还有事实判断。但是法官在这个问题上，有的时候信心不是那么充分的，因为对于这个问题，也许各方没有展开充分的辩论，也没有提供相应的充分的证据。这就让我想起来霍布斯曾经说过的，法学的未来是属于统计学和经济学的，道理就在这里，这个允许和不允许的规则，其实某种程度上不应该交与法官判断，应该交由统计学和经济学来判断。现在法官掌握的信息很有限，只能按照自己认为的规则确定，坏处比好处多，不允许它，当然对不对还可以进一步商榷。谢谢。

芮文彪：

实际上陪审团制度，跟我国的制度，各有利弊。这是两大法系，它们有陪审团，我们有合议庭，法院主要由合议庭来判断事实。我们虽然没有陪审团，但我们有人民陪审员。一种是刚才讲的专家型的人民陪审员，还有一种是一般型的人民陪审员，我们法院一审的知识产权案件，陪审员都是没有技术背景知识的，就是由一般的教师，一般职业的人来担任。他们和法官共同组成一个合议庭来审案件，来发现事实。

我想，怎么发现事实？我们怎么来发现事实呢？这个可能主要靠法官，所以说中国的法官，承担了非常多的责任，不但要对事实予以查明，而且查明事实时还会遇到各种干扰，会遇到各种困惑。我觉得这与当前的举证责任，当事人的举证责任，都有关系。在有些知识产权案件，有些当事人都没有请律师，当事人自己来打一场知识产权的案件。提供的证据也是非常零碎的，怎么办呢？法官不能就这样把它驳回去了，我们可能还要把一些事实予以查明。所以说我们法官可能还要有一个申明的作用，更多地要对于没有举证责任，或者举证能力不是那么强的人进行申明，就是解释法律，解释需要提供的一些证据。我们要有这样的责任，通过启发式的申明，希望当事人能够提供他应该掌握的证据。通过这样的证据交换、通过充分展示证据，法官主要是在证据的基础上来判断一个事实。在双方充分举证的基础上，来判断事实。同样，还会碰到这个问题。有些证据确实通过举证以后还是不充分，怎么办？我们有一个工具——证据规则，如果确实提供的证据让法官难以查明相关的事实、不能证明相关的事实，我们不能拒绝判决，我们也要判决，这个时候就根据证据规则来进行判决。

刚才黄老师讲的，能不能引入这种技术调查报告形式的问题。我觉得有这种技术调查报告，那是非常幸福的事情，法官如果能够拿到当事人提供的基础技术调查报告，则降低很多查明事实的难度。但就目前中国当事人的举证能力，还是很难做到，目前在中国特色的司法制度下，作为中国特色的法官，我们可能更多地要承担主动地去查明事实的责任。我们还不能过多寄希望于当事人的举证，我们要主动查明客观事实，而且我们查明的事实，查明的法律事实，要更接近于客观的事实。我们现在是做这样的工作。有时候为了查明一个事实，也会感到非常艰难。这也是目前的实际情况。

我想以后随着当事人举证责任的能力增强，随着他们更多地请一些专业的律师介入诉讼，特别是知识产权案件，比如互联网，还有一些技术性比较强的知识产权案件，如果有更多的专业的律师能够介入的话，我想法官能将事实查得更明，案件判断得更准确。

黄武双：

谢谢芮法官，事实调查问题，确实是案件审理的一个基础，所以我们也研究过一些判决，如果发现事实的方法不是非常科学，可能导致后面的价值判断会偏离轨道，所以我们非常关心。非常感谢 5 位法官，他们都是在一线审判的，他们谈了他们的体会，让我们更加深入了解到法官在判断事实或者法律问题的时候所采取的方法有何不同。我们提出来的陪审团也只是一个简单的形式上的对比，我们更多的是法官刚刚说出来的，他们在实际操作过程中如何解决实际问题。

如果大家有问题可以现在提问。

现场提问：

谢谢主持人给我这个机会。听了刚才几位法官讲的情况，我对石法官特别有认同感，我觉得中国的法官特别悲催，做法官的风险太大了，在没有一个陪审团制度下要让法官作事实的认定再作法律的判断，确实挑战非常非常大，中国的法官往往成为审判里面矛头对准的焦点。

我的问题还是一开始提出的问题，就是所谓屏蔽广告的合法性或者是正当性的问题。我还要感谢石法官说出了一个词，在第二段里面针对那个学生提出的问题，即涉及滥用的问题。这也是一开始听各位考虑的时候想到的一个词就是权利滥用的问题。作为一个网站广告的发布，它的权利界限在哪里？如果它的广告时长一分钟是不是滥用了？黄老师说经常看到十几秒的广告，其实我看到往往是50秒、60秒的广告，就像原来中央电视台里面出现的笑话，总是在广告期间出现一些正当的节目了，这就是广告已经太多了，已经让大家很麻烦，这些广告商、这些广告的插播者滥用它的权利了。而作为屏蔽者，它也滥用了它的竞争的权利。正当的竞争方式就是设立一个免费网站，不设广告让大家来作选择，如果是这样竞争的话，这是正当的。

举一个生活中的例子。我们从厦门去鼓浪屿，一般的交通工具是坐船，坐船每个人是6元钱的船费，如果出来一个竞争者自己设一个通道，或者自己设一个桥免费通过。如果他能够免费通过了，不收取乘客费用的话，我觉得这是正当的竞争。如果做不到这样，比如说他设了一个桥或者一个通道，用另外的方式把这个权利收回来，例如收购之前的船公司，它的正当的权利，实际上是一个不那么正当的竞争方式。

我回应黄老师所说的马车的经营者。如果是马车的经营者，别的经营者比如说汽车，它封闭了马车道是不正当竞争，但我开辟一个马路，作为汽车的使用者，专门设立一个自己的马路进行竞争，大家自然选择了汽车不会再选择马车，这是正当的竞争。我是这么一个观点。谢谢。

现场提问：

我是一号店的法务。我提一个评论，就是关于广告过滤实际上发生的行为，都是在消费者电脑上，或者是终端设备上面，正常行为其实已经不能完全等同于竞争者的行为，也可以认为是一个消费者的行为。我觉得评论正当性的前提下，这个标准是不是要增加消费者的意愿？因为实际上现在广告投放从某种程度上不是特别正当，比如说投放广告之前会从消费者的电脑、个人历史数据中抓取隐私信息，基于隐私信息再投放广告。我认为站在消费者的角度，这些行为都有不正当的行为，特别是广告行为。如果提供一个技术可以屏蔽这些广告的话，某种程度上对于消费者也是一个保护。

黄武双：

谢谢。我们实际上在场外还有很多人在关心我们场内的讨论。我们有请智合东方代表代表场外的提一两个问题，还有场外蛮多人在关心我们现在的讨论。

现场提问：

我们进行了会场的宣传，很多智友对互联网竞争这块的内容非常感兴趣，他们有一个问题，希望各位法官谈谈：当前中国的法律是否已经足够判断互联网领域不正当竞争的问题，然后《反不正当竞争法》第2条的适用在互联网领域具体是如何进行适用的？这是第一个问题。

丁文联：

现在的法律够不够用，能不能处理现在的纠纷？然后是《反不正当竞争法》第2条在互联网领域的适用问题？

现场提问：

对。具体是怎么适用的？

丁文联：

我知道，《反不正当竞争法》正在修改，因为这部法律也有20年了，当然不仅仅是互联网领域，在其他领域，有很多这样的不正当竞争的行为都需要《反不正当竞争法》规定。所以说该法律够用不够用，显然是不够用。这是第一句话。

但要说《反不正当竞争法》第2条的问题，我也可以说现在的法律够用。因为现在很多的案子，我们都用了《反不正当竞争法》第2条去判定，包括奇虎360的案子也是用《反不正当竞争法》第2条。这是从法律基本原则出发。包括我们很多案子用了《民法通则》诚实信用原则，用了《合同法》的诚实信用原则。适用《反不正当竞争法》的原则是大陆法系一个特点。在具体条文不够的时候，用原则性条款去适用。应该说这种适用状况是比较普遍，比较多见的。

当然我们期望《反不正当竞争法》能够修改，使用原则性条款的话，毕竟会产生一些法官自由裁判权过大的问题，确实会产生一些质疑。什么行为都动不动适用原则性条款的话，跟我们法制基本精神是相对的，我们希望赶紧修改《反不正当竞争法》。

现场提问：

互联网竞争这块还是主要适用这条原则进行审理吗？

丁文联：

我没有统计，这个很难说。这个没法说了，凭感觉应该是有很多。

现场提问：

还有第二个问题，我想问一下欧法官。刚才提到了今日头条的问题，今日头条也非常有争议，这种商业模式对传统商业媒体和普通作者产生什么样的影响，如何看待它作为一种新兴商业模式？

欧修平：

首先，对今日头条这个事情的原委，我还不是太明白。我只是初步了解了一下，在广州，广州日报有一个今日头条，现在北京有家公司在网上有一个今日头条。我看好像是有点像深层链接，具体没搞懂究竟是怎么回事。因为我只是看到报纸的报道，我对它无法评论，没有评论的基础，现在没法作一个判断，没法作一个空对空的看法。不好意思。

《反不正当竞争法》好像没用，《反不正当竞争法》肯定是落后了，法律和现实相比总是滞后的。再一个，现在办案就是这样，法官还是有法官的能力，法官的本事就是旧瓶子倒新酒出来。我们是这样做的。

现场提问：

我是大成律师事务所上海分所杨宇宙。我想问问石法官关于非公益必要不干扰的问题，这里面有几个限定？我想确认一下这几个限定，从北京市高级人民法院写判决书出于公益目的的情况下，如果是公益的话，必要性和公益孰轻孰重？关于公益，你是从目的出发还是从结果出发，还是两个都必须兼备考虑才可以算是公益性的，才符合这样的原则？

石必胜：

公益和必要的关系。首先理解是公益的，不是公益的那就不要谈必要了，肯定是不必要了。只有公益才有可能谈得上必要不必要。

即使是公益，比如说为了治病，这些人有流感，在我的井里面弄一点药水，把流感病毒杀死，我加药水的时候，本来加5毫升够了，我加10毫升，结果人吃了拉肚子，这就是不必要的，这是一个限度问题，限度问题就是指那个必要的问题。我不知道我有没有回答您的问题。

现场提问：

如果是出于公益的目的产生了公益的结果，必要是不是有一定的笼统性？

石必胜：

确实是这样。又是出于公益的目的，又产生了公益的结果。衡量必要的时候是不是要有一定的容忍，这个"必要"不是拿秤称的东西，不是定量分析的东西，一定是定性分析的，而且有一定空间的。同样一个东西，在符合的前提之下，又是出于公益的目的，又达到了公益的后果，但在必要性这块，有可能不同法官不同裁判主体，会有不同的判断结论，这是正常的，这就是司法的特点。有些地方是有所谓的裁量空间，不同裁判主体之间会有差异的。

黄武双：

我补充一下，好像前段时间，有人提出这个问题，就是对非公益必要不干扰原则非常感兴趣，把必要理解为唯一的选择，还是理解为只是个选择，只要合理，不是唯一？因为要有的时候判断是唯一的选择，这个要求可能太高了一点，所以在美国，比如有60%、70%、80%的可能性，在概念上觉得这样做大致是合理的。不知道您对这个问题怎么理解？

石必胜：

对，这个非常值得深入研究。回到我刚才说的问题，还是一个度的问题。另外，必要问题，在我裁判的时候，我没想到是另外一种情形，就是指为了保护用户不受病毒干扰，可能有几种手段都可以实现相同的目的的时候，我觉得，最好选择使用对别人不会产生影响的那种手段，或者是影响最小的那种手段，大概是在这个语境里面会出现这个词的。

黄武双:

谢谢。汪涌律师有需要发表的观点。

汪 涌:

我觉得今天互联网的行为正当性的判断标准还是蛮重要的，因为在座来了很多关注这个问题的人，都是行业内的竞争者，或者是行业内的从业者。我有两个观点，第一个就是司法的裁判还是要慎重，不是说一个特殊的案件就产生一个特殊案件的讲法，总体来说法官裁判的思路从特殊到特殊，但对于所有生活在社会里的人，尤其是从业者来说，看待这个判决是从里面找到他的行为指引，他要通过这个判决看出，当今的司法实践或者裁判者对哪些行为是肯定的，对哪些行为是否定的。

第二个我想问的问题，但没有时间了，刚开始那个问题问完我感觉气氛不是太好，没问。实际上这里面的公益性、必要性和干扰三个概念都有非常大的解读空间。比如说刚刚那个女孩子讲的干扰，实际上不正当行为本质上是侵权行为，干扰一定要达到法律上侵害的程度，否则没有法律制裁它，一般意义上的干扰行为，比如说公车上的干扰行为，这种干扰不是法律所制裁的，法律制裁的侵权行为一定要有侵害性，这是侵权责任法里基本的法理，干扰用在这里有很大的解读空间。

第二个公益性到底是事实判断还是价值判断？这点也是所有人都需要通过判决或者未来的手法知道法官怎么判，到底从价值来判断还是事实来判断，这也非常重要。如果事实判断，刚才说的统计学和经济学就能解决。统计学和经济学解决什么问题？只是解决一个事实问题。但是价值判断，要引入社会学的概念，我们法律到底是干什么的？法律要鼓励什么行为，禁止什么行为？司法裁决的思路，要把商业行为、人们的行为引到什么方向上，这是价值判断。

围绕着石法官确立的这个标准很不容易，我们一直在探讨，美国有很多的锁定原则，都是谈美国的标准拿到中国解读和适用。我觉得现在非常好，中国法官非常有创造性，也跟这么多年丰富的司法实践有关，这会产生很伟大的法官，我觉得这个判断很值得呵护，但有必要把刚刚的问题进一步澄清，因为它成为一个规则一定有普适性的适用范围，千万不能说这个规则只是在个案中适用，否则这个判决对整个社会的意义不大。大家都是说这是特殊环境下特殊的判决，对人们任何的行为没有任何的指引性，但是法律规范性就是指引性，通过一个个的鲜活法律适用来给大家传递一种确定性。大家都有知识、有文化，很明白法条，但并不知道哪些事情该做，哪些事情不该做。那么多的互联网公司请了那么多的法务，也不可能很清晰知道哪些事情能做哪些不能做。尤其要对这个规则有确定性的分析。我今天很想听的是这个。

黄武双：

谢谢汪涌律师，汪涌律师的博士论文也是写这方面的，所以他的研究成果很值得分享。

我最后一两分钟概括一下。竞争必然导致竞争者的损害，所以前面汪涌讲的一定要达到损害的程度，毫无疑问，绝大多数的情况下只要竞争，就是抢对手的市场份额，就是要把对手的技术干掉，竞争就是导致损害，这是毋庸置疑的事实。但这个损害什么程度可以接受，什么程度不可以接受？建议我们深入思考，还是要引入经济学上基本的东西再结合法律上的原理。比如说互联网，事实上跟传统的财产保护不一样。它的互联互通，导致了它必然具有更多的公共属性，所以对于自由竞争这种方式，我个人觉得应该多为自由竞争创造条件。自由竞争必然带来技术的进步。如果竞争不自由，商业模式不大会变，技术也不大会更新得那么快，我们在座各位也不大可能去享受更新的技术、更好的商业模式所带来的福利。所以事实上我们今天请法官也只是作一个沟通交流。因为我们原来通常不请法官，很多沙龙直接讨论的是案件，所以我们不请法官。这次我们把很多问题抽象出来，类型化出来，不直接针对案件，哪怕是有些涉及的案件也不直接说谁办的案件。我们的初衷是，尽管法院有了判决，还是有值得研究的余地。尽管各位法官已经非常有经验了，我想我们做学术研究的，如果对每个案件都唱赞歌，这不是学术研究。学术研究当然一定要对判得好的案件唱赞歌，这就是中国台湾著名法学家讲的，好的判决一定要去唱赞歌，当然有些可能需要修正的地方，也一定要提出一些商榷的观点，这就是我们本次沙龙的直接目的。其实刚刚我们双方达成合意以后，我把这个题目抛到网上，腾讯作为承办方开始，立刻有人跳出来了，以一个企业承办，它的中立性何在？所以大家在网上，在微博上也作一个解释。我说腾讯虽然是合作方，但是不能影响我们在座法官的思维，也不能影响我提问的思路。所以事实上有很多观点是直接冲突的。就作这么一个交代。

感觉法官参与的讨论，跟我们平常请的学者参与讨论的风格不一样。尤其我们今天把桌子拿了以后，我自己也很拘谨地坐在这里，看来我们还是要恢复这个桌子，隔一层人还舒服一点。坐在这里，接近3个小时很受约束。非常感谢5位法官，因为我们华东政法大学也是高校，研究法律的教学和研究单位，在座的学生和老师，包括一些实务界从事实务工作的朋友，他们也有兴趣研究和讨论等，作为非常有经验的各位法官可以拿起麦克风奉献一点，从学习、从研究、从实务方面提一两点建议。

苪文彪：

今天实际上作为法官有这样的机会和在座的学术界、产业界，还有司法界的同仁们交流，也是开拓了法官的视野。也为我们今后能够办理更加高质量的、经得起推敲的案件，提供了很好的平台，我非常有收获。谢谢各位给我的启迪，谢谢。

希望大家能够更多地理解我们法官在审判过程当中的艰难、辛苦。希望法院的判决能够更多地得到社会各界的认同，也希望你们多提出你们的观点，提供给法官进行参考。谢谢。

石必胜：

谢谢黄老师、谢谢何院长、在座各位给我提供这样的机会。我有一点建议，因为有很多案件里面涉及的问题，有些是在现有法律规则里面能够找到现成的答案，但有些不是，互联网不正当竞争恰恰就是这类，不太容易在现成的规则和书本里面找到答案。对于这些问题我们建议要跳出这些规则之外去思考，回归到常识，回归到其他的学科。尤其是我现在还要讲一点，在座的都尝试从后果分析的角度来思考，应该确立一个什么样的规则。因为刚才有人就说到，法院裁判不仅仅要解决这一个案件，也要对其他人、案件裁判员起到引导的作用。要引导他朝着这条路走好，还是朝着那条路走好？这个时候其实法官承担了很多的责任，所以需要把那个后果，或者是说把后果作为非常重要的因素来考量。希望大家能够从这个角度来思考互联网竞争的很多问题。谢谢大家。

丁文联：

我附和一句，就是结果导向的这种思维方式是我们法官最普遍的思维方式。今天的话题是互联网，我们用黄老师的说法，多用情景分析，互联网是我看到的外部效应最强的事物。无论是外部正效应还是外部负效应，都是最强的。这是我们应当关注的一点。

如果要提供什么建议的话，无论我们是做事情、做人、做学问，还是法官判案子，都是希望把我们的外部正效应弄得大大的，外部负效应弄得小小的。这是我们共同的价值。

黄武双：

做法官做到这个程度，可以跟大家的思维，尤其学生不一样。学生拿着案情以后，在那里推理，法官直接拿上来整体判断，应当是这个结果，这个有很大的差距，这需要各位同学去修炼。

欧修平：

由于职业的习惯，我今天所说的一些恐怕是结论太单一。因为我们的判决只能出一个结果。所以，我希望你们理解我，针对问题我可能会有法官的思维。第二个我希望大家忘记我今天讲的这些话。为什么呢？我愿你们有独立的精神、自由的思考，等待你们有新的成果，忘掉我们的想法，我们可能不正确。谢谢。

李　臻：

谢谢大家，今天的讨论也让我受益良多，也没有什么建议的地方。就是大家在思考问题的时候，不只是从一个角度出发，比如说只是从消费者、用户的角度来考量，更多地希望考虑到社会各个利益平衡的问题，包括整个行业竞争秩序规则，还有其他的问题。谢谢。

黄武双：

即将结束，我谈一点感想。好像在座的很多是律师，但是律师今天很不活跃。这个跟美国不一样，如果在美国一个这样的场合讨论，那律师不得了，全部跳起来了。可能有的时候需要更多的互动，我们本来请5位法官来就是希望有更多的时间来互动。非常感谢。

尽管今天互联网竞争行为正当性判断标准的讨论即将结束，但是对这个问题的思考，我想在5年之内不会有一个终了的时候。因为有很多问题，我觉得需要进一步论证，尤其是我们在高校作研究的老师、学生，包括在座的律师，需要进一步去研究。其实5位法官提出了非常好的研究方向，因为这个问题事关重大，一般的话题我们也不拿到这个地方来讨论，因为它确实不仅仅关系在座各位，关系到拳打脚踢的竞争者，还关系到社会整体的重视，这就是社会公众的利益问题。我们选择这个话题就是在我们所有的类型案件中，它的分量是非常非常重的。非常感谢各位参与，也非常感谢5位法官积极的智慧奉献，也非常感谢腾讯互联网与社会研究院的合作，以及其他相关单位的支持。谢谢！

网络技术创新、用户权益维护与
不正当竞争的边界

【主　持　人】　黄武双　华东政法大学教授、博士生导师
【与会嘉宾】　傅鼎生　华东政法大学教授、博士生导师
　　　　　　　谢晓尧　中山大学法学院教授、博士生导师
　　　　　　　罗　莉　中国人民大学法学院副教授
　　　　　　　邹晓晨　上海市律师协会信息网络与高新技术委员会委员
　　　　　　　兰　磊　华东政法大学博士后
　　　　　　　李　哲　资深互联网技术专家
【沙龙日期】　2014 年 3 月 15 日

黄武双：

　　各位下午好。今天是 3 月 15 日，消费者权益保护日。我们今天研讨的话题
涉及"网络用户"。非常欢迎各位朋友和嘉宾到来。我们在持续举办头脑风暴式
的与知识产权保护有关的沙龙活动，本次是第 19 期。

　　本次活动由华东政法大学知识产权研究中心和上海市律师协会知识产权业务
研究委员会和信息网络与高新技术业务研究委员会共同主办，由华东政法大学东
方知识产权研究会和 Johnson & Johnson 协办。

　　今天，我们邀请到了华东政法大学傅鼎生教授、中山大学法学院谢晓尧教

授、中国人民大学法学院罗莉副教授、上海瀛泰律师事务所邹晓晨律师、华东政法大学兰磊博士后、资深互联网技术专家李哲先生，本人来自华东政法大学知识产权学院。

本次研讨想借助于几个热点事件。2013年12月，北京市海淀区人民法院判决认定猎豹浏览器拦截优酷视频贴片广告的行为构成不正当竞争，猎豹移动公司应赔偿损失及各种费用30万元人民币。近日，又有傲游浏览器推出"马上看"功能，用户可以选择快进跳过广告内容直接观看视频内容，使得一些视频网站不满，因为此举降低了它们的广告收入。2013年12月，北京市高级人民法院判决认定，虽然360浏览器作为安全软件以某种手段予以识别并进行警示具有一定公益性，但360浏览器直接标注百度搜索结果中的恶意网址构成不正当竞争。

业内人士称，60%以上的互联网公司的生存模式为"免费＋广告"，即对网络用户免费，而收入源于其他商家的广告。请各位专家待会儿回应一下，"免费＋广告"是不是大多数互联网公司唯一或主要的生存模式。如果是唯一或主要生存模式，是否在维护竞争秩序时为它们留下生存之路？因为互联网公司不能生存对社会公众也可能没有益处。

为了让大家更加直观地理解有关问题，下面请技术专家李哲解释一下恶意网址插标和视频广告屏蔽与快进涉及的技术问题。

李　哲：

各位朋友大家好！以下简要介绍有关技术原理。

第一，傲游浏览器。写字楼内的分众传媒说"一马当先快进快进"，就是指视频广告的快进。当鼠标放在视频上播放广告，就会弹出小红马，本来90秒的广告10秒内就跳过去了，然后开始正式播放视频。

简而言之，网页中存在很多元素，包括Logo、某个嵌入框和Flash播放器等，网页源代码中直接表现的是URL地址。要在优酷网页播放一段视频，首先要到优酷服务器调一个URL地址，开始调的URL地址是广告视频，视频播放完毕再播放正式视频。傲游浏览器怎么做到广告快进呢？（1）按住小红马，整个系统读秒原子钟开始加速，假如系统默认真实1秒钟分为1000毫秒，按住的时候，Flash控件让它以为已走了3秒，这样就加速了3倍；同样可以做到加速9倍等，这是第一技术点。（2）系统时间更改。很多游戏外挂的原理，类似傲游浏览器的行为。如Windows函数，它是机器从通电到调取时很长很长的数字，傲游浏览器帮助进行技术分析，在按住一瞬间整个时间都给快进了，Flash控件或浏览器进程都以快进方式推进了。

ADSafe 的 ALSP 数据流动过滤功能也起到了差不多的效果。ADSafe 广告管家界面可以让使用者定义规则。打开新浪网，开始运行的是 Logo，再往下就是一个横的广告位，再往下小豆腐广告块，它有 Tag、ID、Classname，它决定某个元素放在哪个位置。ADSafe 通过 ASP 层的 Stream 过滤，将广告移除。既有强制性，也有滞后性。当网页已经调取到电脑后，有一个 Name 需要隐藏掉，就告诉你 ADSafe 帮我把它隐藏掉，ADSafe 就帮你隐藏掉，这是从前端走到后端的技术过滤。

ADSafe 使用后的表现形式与傲游浏览器不太一样，它是直接跳过了。要直接跳过，就必须更改整个通信流程，比如优酷服务器端要读本地是否已经播放过广告了。ADSafe 则会模拟通知优酷服务器已经播了，再往下播吧。整个真实视频往下播，以"欺骗"手段告诉服务器，已播了广告，现在可以链接真实的视频地址了。傲游浏览器其实没有更改任何的软体和服务器端的通信本身，它所改的是本地的运行环境。用户要求加快，它就加快，给用户带来便利，但同时将广告价值降低了。从前后对比图大家可以看到，使用 ADSafe 以后直接播放视频了。

第二，恶意网址标注。所有浏览器都没有即时发现功能，所有标注都基于数据库，大部分基于本地数据库，有一些杀毒软件基于云数据库。360 浏览器可以更改百度搜索结果。在百度搜索结果里，假设发现链接的 www.abc.com 网址有挂码，本地数据库就会将 abc.com 判断为恶意网址，并予以插标。

360 浏览器读取百度搜索结果页后，分析其中所有链接，提取出域名，将其与自己的特征数据库对比，认为某链接可能属于恶意网址的，将在链接后面用插入 STML 的形式加一个本地图表，就是大家发现的那个"√"或"×"。以 360SCE：//的网址而不是 HTTP 进行标注，这是后端注入的过程。它可以对搜索引擎结果进行标注，也可以对其他一些钓鱼网站、木马网站、可疑网站进行分类，因为它的数据库已经很全了。360 数据库有数据云库、第三方组织提供的爆发性的恶意数据库等，360 浏览器、猎豹浏览器、傲游浏览器用的是一个库，只不过处理的规则不一样而已。

网站的身份标注可以归纳为：对所有网站身份进行标注，标注人要有自己庞大的数据库。标注分为两类，一种是通过后端发现再注入的，另一种是可以将诸如华东政法大学这样的官方网址直接标注为安全网址，表现形式为"华东政法大学"6 个汉字＋www. …….com，进入了 360 安全卫士。使用 360 浏览器的时候，地址栏左边有百姓网，右边也是百姓网，左边标了安全盾牌，它把整个浏览放到前面做了，即还没有到达网站时就检索了一下。使用 360 浏览器或傲游浏览器时，有时它们会告诉你用一个先赔服务，以表明这是正常的银行或者网站的网址。以上就是所涉的两个基本技术原理，希望大家对事实的理解有帮助。

黄武双：

感谢李哲，他的介绍很精准。下面，我们请大家就 3 个问题举手回答。（1）认为屏蔽广告行为构成不正当竞争的请举手；（2）认为快进构成不正当竞争的请举手；（3）认为恶意网址标注构成不正当竞争的请举手。以上 3 个问题，大多数人认为构成不正当竞争。

下面请将视线聚焦给主席台上的诸位专家，也请各位专家对前面的 3 个问题进行表态。

邹晓晨：

简单屏蔽视频网站的广告构成不正当竞争，对视频网站的前贴片广告进行快进处理不构成不正当竞争，单纯对恶意网站进行标注本身不构成不正当竞争。

罗　莉：

我的意见不太一样。如果屏蔽针对所有视频网站，那么不构成不正当竞争，只针对某个特定视频网站则构成。快进功能，如果修改视频提供者的代码，则侵犯著作权。恶意标注本身有可能构成不正当竞争，李哲提到的加绿色盾牌的那种不构成不正当竞争。

黄武双：

归纳起来，罗莉教授认为标注为非恶意网址的不构成不正当竞争，标注为恶意网址的则构成不正当竞争。

谢晓尧：

原则上我认为都不构成不正当竞争，但是不同案件情况确实很特殊，所以除非我有确凿的证据，整体上采取开放态度，即不构成不正当竞争。

兰　磊：

很难笼统地说屏蔽、快进和恶意网站标注构不构成不正当竞争，需具体问题具体分析。屏蔽诸如黄色网站的不构成不正当竞争，屏蔽正当商业广告的可能会存在一些问题。对于快进和恶意网站标注，也持同样观点。

傅鼎生：

3 种情况都不构成。要区分提供软件的行为和实施软件操作的行为。提供屏蔽软件和加快软件都不构成不正当竞争，亲自标注恶意网址错误可能侵犯名誉权，所以说都不构成不正当竞争。

黄武双：

在沙龙结束时，我会再请大家举手表决，看看经过一番论证以后诸位的立场是否会改变。有些学届和实务界人士关注屏蔽、快进广告是否侵犯软件著作权，请李哲从技术角度予以解读。

李　哲：

在屏蔽过程中几乎不修改服务端的软件。比如，优酷这类网站的所有代码，快进是完全不会被修改，而标注则是修改本地的原始呈现。

黄武双：

依据您的理解，是否侵犯复制权、演绎权，抑或修改权？

李　哲：

我觉得都不侵犯。从技术角度来讲，有时除了本身有恶意之外，对单独软件可以进行预置性处理，傲游浏览器只是提供修改工具而已。我认为没有侵犯著作权。有一种情况可能涉嫌侵权，即屏蔽某个网站时，将该网站记录在本地数据库，而不是屏蔽针对用户产生恶意的网址，这是侵权的。我们所看到的屏蔽、快进广告和对网址的正常标注都不侵权。

黄武双：

也就是说，为了业务竞争而恶意标注对方网址是侵权或构成不正当竞争的。某网址并非恶意网址但硬给他插一个恶意的标签就是有问题的。

从李哲的技术分析来看，只改变软件运行环境，没有触及软件本身，即便存在非常短暂的临时复制，也不侵犯复制权，更与演绎权和修改权无关。

黄武双：

在解释了技术问题之后，我们继续来讨论法律问题。

反不正当竞争法、相关司法解释以及有些案件的判决，在处理竞争关系时，非常关注两个竞争者之间的利益平衡，诸如百度与奇虎360、优酷和猎豹之间的纠纷，甚至傲游也可能与他人产生的纠纷，即关注竞争者的行为是不是越界了，是不是插足了我的地盘。

其实，这些纠纷都让网络用户成了旁观者，且被动卷入其中。假设针对广告快进让大家举手表态是赞成还是反对，可以预测绝大多数人会举手支持快进功能的。这就给我们的裁判者提出一个问题，在裁决此类行为是否正当时，是否应当考虑用户的需求？20世纪60年代开始，美国和欧洲就将消费者利益维护作为判断竞争行为正当性的一个至关重要的标准。也就是说，在调整竞争关系时，不能忘记"上帝"的存在。冰岛将反不正当竞争法和消费者权益保护法融合为一个法，更可以窥见这个道理。

此外，技术总是在发展和反制中不断进步的，在竞争对手之间的不断攀比中，技术不断往前发展，那么整个社会都会从中受益。

技术发展总是超前于法律规则的制定，在尚未看清技术进步走向时，是否有必要急着来判断它的对错？我们必须考虑其中的风险，因为错误的定性将对整个产业造成不良影响，直至有害于整个社会；发达国家的判断标准是否可以借鉴；对技术发展造成利益暂时的失衡，是以法律直接介入调控还是将这些问题留给技术或市场本身来调节？请各位专家予以回应。

谢晓尧：

法院必须谨慎对待这个事情。我推荐一本书，美国学者和互联网精神领袖写的《免费》一书。现在，互联网给消费者带来的免费福利，不是某个互联网公司带来的，而是技术进步所推动的。未来社会生产成本，随着互联网时代的到来，边际成本越来越低，甚至趋向于零。这是科技进步带来的成果，消费者有权利享受它，不是网站带给我们的。

为什么在知识产权领域，视频网站问题会显得突出？这与知识物品属性有关，知识跟别的东西不同，其复制成本、使用成本基本上为零。在知识产权领域，免费品越来越多，就是因为一旦产生知识，其复制成本趋近零。

实证经验表明，越是趋于免费，企业越能成长；定价越高越没有竞争力。免费商业模式是复杂的经济学和管理学问题，而不是单纯的法律问题。对待它要持宽容态度，对待免费带来的问题，要践行技术问题技术解决、市场问题市场解决的思路。现代社会的免费文化与工业化时代的免费，内涵和外延已发生很大改变。谢谢！

罗莉：

立法可以不急着表态，但司法要直面现实。既然已经发生纠纷，法院就要判决，无法绕着走。当然，有些案件的判决采用了迂回的方法，回避某些难以说清不便表态的法律问题。

邹晓晨：

司法是社会矛盾最终的解决途径，法院应当受理并判决。对技术创新带来的利益失衡，尤其是小公司的技术创新给大公司带来的利益失衡，法院如何裁判，在保障权利人利益的基础上促进科技创新是一个问题。

傲游浏览器快进广告，构成一项新技术的应用。创新的往往是一些中小企业，利益受损的往往是一些大企业，大企业往往拥有丰富的诉讼资源，法官在审理案件过程中，或多或少会考虑大企业利益免于受损，这对小企业和创新都不利。

判决类似案件，法官应当深刻认识互联网技术，本着促进科技进步的理念予以判决。傲游浏览器的快进技术值得鼓励，本身不构成侵权。但是，傲游浏览器对技术的宣传存在不恰当之处，不能在广告中使用倾向性的语言。广告是视频网络公司的主要收入来源且广告本身不违法，应当把这个选择权交给用户，用户自行选择是不是快进，傲游浏览器不能诱导客户。

兰磊：

案件诉至法院，司法无法回避裁判，应该积极介入调整，但法院需持谨慎态度。与英美国家不同，我国不采用先例拘束原则，但是最高人民法院对下级法院的判决影响是相当大的。有些高级法院非常愿意在判决书中写一些宏观的宣誓性内容，后案法院遇到类似案件时，这可能很难避免适用前案确立的司法政策，这可能对市场发展产生不利影响。

傅鼎生：

法院判决是不是过急？我觉得不着急，法院判决应当着急。法院做错可以改，有些案子像翻烧饼一样，如齐玉苓受教育权案，最高人民法院作出批复，宪法条文可以作依据，后来法院作出司法解释，原来司法解释不能用，该案经过反复讨论给大家一个共识，齐玉苓受侵害的不是一个权利而是利益，故意侵害他人利益也构成侵权。反复讨论是有积极意义的，理越辩越清，越辩越明。

反不正当竞争法不仅关注竞争者双方，因为反不正当竞争法不是商法，商法是商人之间的法，可以不考虑其他人；反不正当竞争法是社会法，不能仅考虑竞争者之间的利益，还要考虑整个社会的利益。诚实信用原则就是从社会角度考量的，而非仅有双方利益。

罗莉：

判决不应该注重技术本身，技术本身没有对与错之分。司法判决和立法不能针对技术本身，而应针对技术带来的后果，针对技术对人与人关系的影响。技术是中立的，技术取决于使用技术的人，但不排除某些极端的技术，如只服务于某种非法目的。比如，某种装置让使用人服食鸦片的效果更好，这种技术不可能授予专利。具有非法目的的技术不受法律保护。傲游浏览器或猎豹浏览器并不提供内容，并不提供屏蔽了或快进的内容本身，只对广告进行屏蔽，使用户可以快进或后退，只提供这种工具并不违法，提供工具的人没有责任。

我国有很宽泛的合理使用制度，为了个人学习、欣赏和研究，可以使用作品。用户在自己电脑里，对下载的视频进行修改，不论访问、复制、修改，只要不是为了商业目的，只要没有商业价值都是可以的。技术提供者没有问题，应该是合法的。

黄武双：

谢谢罗老师。行为的正当性是个系统问题，其中无法回避对技术的理解。恶意网址标注与经营模式有关系，即"用户＋免费"模式。除了游戏和特殊经营手段的网站之外，大多数网站都是靠"免费 + 广告"这种模式生存的。假如该生存模式是唯一的或主要的模式，离开这种经营模式绝大多数互联网平台就没有办法生存了。互联网公司无法生存，也将损害社会公众的利益。请李哲对此作一个技术层面的解释，即"免费 + 广告"是否为互联网唯一或主要的生存模式。

李 哲：

除了两类网站，即诸如 51wan、91wan 等网站或者单独分类的门户网站，诸如 360 安全平台等之外，我们所看到的新浪、优酷、土豆、新浪微博等门户网站或者软件本身，游戏或广告收入肯定占 60% 以上。这一点可以从大量财报信息得到印证。现在这一代互联网形态，仍在免费提供服务，要求接受植入的广告。

现在也有一些新类型的模式，诸如使用分层类型、游戏联运、CPA 模式、CPC 模式，还有返利模式。用户到返利网站会看到满屏的推荐位，这也是广告，有时被类似第三方如 ADSafe 软件给屏蔽了。如果这种模式被打破，即没有广告，网站无法生存。

黄武双：

归纳李哲的观点就是，除了专门有盈利渠道的网站，大多数网站的生存模式就是"免费 + 广告"。

李 哲：

至少 60% 以上。

黄武双：

一个人基本生存手段能否被干扰，互联网商业模式可否作为互联网环境下竞争行为正当性考量因素，值得讨论。有业界和法律界专家提出，应当尊重商业模式，要让相关经营者在这种商业模式下生存甚至体面地生存；应该将经营者的生存与自然人的生存同等对待。

各位专家已提及，在一个技术出现以后，如果尚把握不准法律直接干预的对与错，应该谨慎。立法干预可以慢一点，但法官无法回避，必须有个交代，法院必须进行及时裁判。然而，法院的裁决要么是合理，要么不合理。不合理的裁决将对技术发展造成负面影响。理论上，可能不影响个人的技术研发，但如果研发不能得到回报，又将挫伤研发的积极性。

这对矛盾对法院而言很是棘手，因为法院必须及时裁决。美国某法院在裁判卡巴斯基案件时，另辟蹊径。卡巴斯基的屏蔽功能与 360 软件屏蔽功能类似，某公司告卡巴斯基侵权，请求法院颁发诉前禁令。法院裁决称，应该赋予消费者选择权，如果消费者觉得屏蔽掉的内容对自己有好处，他会选择不使用卡巴斯基软件或者屏蔽功能，并有可能去选择其他软件。这是个技术问题，法院不作过多干预，并驳回了诉前禁令申请。美国法官在这个问题上后退了一步。谢晓尧也提及，在德国，技术问题交给技术专家探讨，市场问题还原给市场选择。

下面回到核心话题。"免费＋广告"是大部分网站的生存之道，如果屏蔽网站的全部广告，互联网经营者无法生存。然而，也有人认为应兼顾用户利益。时长为1~2分钟的视频，也要用户容忍15~20秒甚至更长时间的广告吗？即便承认"免费＋广告"为生存法则，能不能兼顾互联网公司的营利和用户的便利？例如，用户不想看广告时可以快进一下，直接跳过？请各位专家就此发表观点。在类似技术发展的大趋势下，竞争者之间利益的调节是不是也要兼顾用户利益，如何兼顾？

谢晓尧：

消费者利益保护恰好来自竞争。60%~70%企业的商业模式选择了"广告＋免费"。这是初级做法，竞争下的商业模式是多种多样的。这种初级的互联网经营模式，如果不注入竞争就会损害消费者利益。有两方利益需要考虑。第一，更多广告意味着更少隐私，消费者隐私少了，大数据库内可以发现你的信息并被商业运用，这在国外已经出现了。

第二，更多广告导致消费者更高决策成本。互联网所谓的免费必须采取累进的方式，看上去免费，但商家获得了注意力，即口碑；所谓的回头客就是点击，刺激了商品开发。用户得到了免费的东西，经营者就在开发收费的内容。互联网降低了消费者的决策成本，使信息处理边际成本为零，这才是真正的免费品。

从这个角度出发，不同技术切入其中，提高了竞争强度，加快互联网的洗牌，保障了消费者利益。不允许这种现象存在，广告将会越来越长，档次越来越低。用户快进也得付出成本，因为提供快进软件的企业同样是一种商业模式，你不选择它就没有市场。能从12秒快进到4秒，为什么不只提供4秒的广告。好的广告满足消费者的需要，未必要通过损失消费者利益的方式来实现盈利。充分的市场竞争是消费者乐意见到的。

罗莉：

竞争法要不要考虑消费者的利益？如果有充分竞争，消费者利益就可以得到更好保护。商业模式要不要受到保护呢？我个人认为不受法律保护。互联网的"免费＋广告"模式不是一成不变的，以前就不是这样的，以后也并不一定是这样。有好几种商业模式，很多广告不收费。有些网站把广告费用提高了，消费者体验也提高。也有一些情况下，消费者的较好体验以支付一定费用为基础。就像现在有的免费公路和高速公路一样，可以给消费者多种选择。

什么情况下让法律介入呢？第一，商业模式本身违法，违背公共利益时，如传销作为一种商业模式，被很多国家定性为非法。第二，对公共利益及更长远的利益造成损坏的情形。第三，还有采用非法手段破坏现存商业模式的情形，如倾销。Google 有些服务也是免费的，因为它支撑得住，用其他收入来弥补损失，用非法手段破坏商业模式时需要法律介入调整。

邹晓晨：

中国互联网企业大致上分为两类。一种为平台型企业，诸如百度；另一种为内容企业，搜狐视频都是自由采购的，属于比较典型的内容企业。

在知识产权保护意识相对较弱的情况下，付费观看节目的模式是比较困难的，大多数内容类企业采取"免费＋广告"模式，必须指出的是，视频前贴片广告不是所有视频企业唯一的广告来源。互联网广告有多种，除了前贴片，还有对联广告、弹窗广告、外链广告、播放当中暂停广告。不能从屏蔽前贴片广告推断就断绝了视频类企业的所有来源，前贴片广告只是视频网站一部分的收入来源。

从 2010 年到现在，互联网行业严重泡沫化。影视剧信息网络传播权的采购价格节节攀升，以《中国好声音》为例，第二季搜狐花了 1 亿元人民币购买，第三季腾讯花了 2.5 亿元人民币购买。中国几亿网民在网站看一遍，广告收入才弥补成本。

2.5 亿元对综艺节目的信息网络传播权来说，严重不对称，不值这么多钱。几大家视频企业不断加大投入，完全背离了实际价值，这种情况下向用户收费，广告不得不变得越来越长，用户体验越来越差。有些广告长到快 1 分钟，你要花 1 分钟的时间看 2 分钟的视频，用户已经忍无可忍了。不管猎豹浏览器屏蔽广告还是傲游浏览器快进广告，都是针对用户的迫切需求应运而生的。可以大胆设想，如果视频网站广告时长为 5 秒，还有猎豹浏览器和傲游浏览器的市场吗？

YouTube 广告也是最多 10 秒，不会有 1 分钟的广告。目前视频企业对类似的屏蔽技术、快进技术都进行围追堵截。视频企业要反思一下，就算没有猎豹浏览器和傲游浏览器，只要网络用户有需求，一定会有其他技术出现。技术产品被打掉，但是相应的市场需求没有消失。

技术不断升级和出现反制措施，不能根本解决目前视频行业存在的问题。解决类似问题，应减少广告时长，且几大视频企业之间要避免盲目地追剧、抢剧，让影视剧作品回归合理价格。只有这种方式才能根本上解决无序竞争问题。

判断傲游浏览器和猎豹浏览器的行为是否合法，是否构成不正当竞争，不能只考虑相对方利益是否受损。互联网本身是新技术，新技术出现会使某些既得利益受到损失，既然互联网是革命，就有革命和被革命。

兰　磊：

并不是说某个人的利益受损，就必然得到保护。商业模式总是在演进的，有一些商业模式必然会淘汰。社会就是在各种各样的创新过程中进步的。创新本身就是一种创造性破坏，一个新商业模式的出现，必然危及原先的商业模式。比如，计算机出现以后，教算盘的老师就失业了；火车出现以后，马车运输业务也会减少；网购出现以后，传统零售业也大大削减，因此并不是商业模式受到损害就一定应该保护。同时，也不存在生存权问题，商业模式是"商业"，跟个人不一样，如果剥夺个人基本生存技能，可能没有办法生存了，但某个商业模式不行了，可以转到另外一个模式去。如果通过法律手段来保护既有的商业模式，社会不可能有进步的机会了。

如何保护消费者利益？并不是用反垄断法保护消费者利益，而是通过维护竞争秩序加以实现的。如果竞争得到了保护，消费者利益就会得到保护。企业为了争取消费者，必然争相创新，提高用户体验，在这个过程当中，消费者就受益了。

竞争是什么？就是一种约束。企业之间相互约束，才有动力去创新。如果中石油、中石化、中国电信垄断市场，没有任何人约束它们，它们就不可能去创新，因为创新就是破坏，就是给自己挖掘坟墓。

约束，一方面来自竞争者，如浏览器，竞争者就会推出更好的浏览器替代它。如果要生存，就会推出更好的浏览器。另一方面来自代表消费者利益的集团，这是一个反制力量，一个企业卖一种产品，它的市场势力非常大，因为没有竞争对手约束它；下一个采购商可以成立联合采购机构，通过联合采购提高自己的溢价利益，从而反制下游的溢价力量。

在反不正当竞争法语境下，下游市场或者其他企业进行技术反制措施，如果合理就应该得到保护，并不是对现有商业模式造成损坏就是违法的。

傅鼎生：

首先要为网络用户定位，网络用户就是网络消费者。至少多数网络用户是消费者。

视频广告越来越多、越来越长、越来越烂，这是一种现象。说明聪明的经营者会想到怎么来满足消费者，或者说网络用户对这种现象已经不满。

"免费＋广告"经营模式不是网络经营者发明的。有出版物的时候，就有"免费＋广告"模式。《新民晚报》很大篇幅就是广告，而且越来越厚，当然《新民晚报》并不免费。但从"成本＋利润"计算，绝不是现在的价格，几乎也是采用"免费＋广告"经营模式。经营者把作品送给消费者，同时把消费者注意力卖给广告商。网络用户越来越多，读者群越来越多，广告商给的钱越来越多，消费者不知不觉被"卖"了。

请大家认识这么一个现状：经营者把作品送给了读者，同时又把读者卖给广告商。广告商制作的广告越来越多、越来越长、越来越烂，这种情况下出现了这么一个工具。现在要讨论这样一个软件到底是维权工具呢，还是损人利器？如果是损人利器应当取缔，如果是维权工具就不应当取缔。

让我们解读一下《反不正当竞争法》。首先要明确如何认定不正当竞争行为。该法列举了 11 种情形，请关注一般条款，即第 2 条。不正当竞争行为是指，经营者违反法律规定（本法规定），损害其他经营者合法权益，扰乱社会经济秩序的行为。不正当竞争有 4 个条件：第一，他是经营者；第二，违反本法规定；第三，损害其他竞争者的合法权益；第四，扰乱社会经济秩序。

违反本法规定所称的"本法"是怎么样的法？市场交易主体应遵循自愿、平等、公平、诚实信用和公认商业道德。

诚实信用原则含义如何？首先，不是老实守信，而是指在法律关系中当事人利益的平衡。新的软件提供者和视频提供者，它们也构成法律关系，要求它们之间平衡。其次，是法律关系当事人和社会利益的平衡。所以反不正当竞争法不是简单的商人之间的法律，还包括社会利益平衡，其中要考虑到消费者利益维护。解决是否违反诚实信用原则，一定要把消费者利益是否受损列为考量标准。

"商业道德"是抽象的，其实还应回归诚实信用原则。如果将屏蔽软件和快进软件的提供（而不是使用）认定为违反诚信原则或公认道德，就违反了反不正当竞争法。难就难在这两个原则非常有弹性。各位专家从政策层谈及这两个原则，我请大家关注以下几个关键点。

第一，假设网络消费者或称用户是理性群体，提供该产品未必构成不正当竞争。使用该产品是来维权的，如果没有必要维权就不会用这个产品。广告如果为 3～5 秒而不是过长，网络用户就不会去用这个产品。正是由于广告太长了，我才用这个产品，是拿该产品来维权的。这是理性消费者或者理性用户采取的做法，不能把广告说得一无是处。中央电视台公益广告是绝对漂亮的，我有时专门看中央电视台的公益广告。不是所有商业广告都一塌糊涂，商业广告也有很好的。如果《来自星星的你》之都教授来做广告，在座女同志都会去看，可能只看广告了。理性的网络消费者是不会排斥广告的，既然不会排斥广告，那这个软件有什么用呢？屏蔽或者快进软件是排斥越来越长、越来越多、越来越烂的广告。这是一个好现象还是坏现象呢？

我们知道，为了限制 PM2.5 必须铲除一些小企业，这也是经营模式，尽管可能暂时无法生存了，但可以催生高新技术。治理苏州河，搬走了很多企业。苏州河旁边的工厂全部搬掉或关掉了，并造成很多工人下岗。正因为消灭了它们的生存模式，上海环境好了。不能说消灭这种模式一定带来什么后果。假设网络消费者足够理性，就不构成不正当竞争；假设网络消费者非理性，那一定构成侵害。因为网络消费者看到广告就屏蔽，给这种消费者这个武器不是维权而是铲除广告了，使这种形态彻底消灭，1 秒钟广告也不能存在。

怎么给消费者定位呢？消费者就一定不理性吗？举个例子，在麦当劳当高管的一个朋友被问及，你们麦当劳是不是太傻了。将咖啡分为中杯、大杯、小杯，且价格不一样，无论买中杯还是大杯都可以无限量续杯。作为理性消费者，应该不会去买大杯，因为买一个小杯就可以无限续杯了，续到满足为止。

然而，经营者的解释出乎意料。他说，麦当劳把消费群设定的模式不是这种心态的消费者。观察一下便知，喜欢咖啡的一般都会买中杯或大杯的，而不会买小杯再续杯。由于每个人对咖啡的容忍量不一样，对咖啡接受度也不一样，有的人大杯才能满足，中杯的朋友们会选择中杯，根据自身需要而不是从省钱角度考虑，这就是中国的消费者。麦当劳并没有把中国消费者定成无赖，而且这个模式下生存下来了，没有亏本。

第二，网络用户或者网络消费者使用别人提供的这两个软件的行为，是否构成违法，或者是否构成违约？现在没有法律规定，用这个软件屏蔽掉广告或加快广告是违法的。软件可以把电视剧也屏蔽掉，电视剧看着拖沓，我也可以加快。我只想看一个结论，过程就不看了。是否违约呢？谈不上违约。网络用户没有义务把广告看完。现在将两种假设结合起来讨论。

把不违法的东西给理性消费者，不构成不正当竞争；给非理性消费者，可能涉嫌不正当竞争。消费者，应该定性为理性的。向一个理性消费者提供维权软件显然不构成不正当竞争，如果还要说构成不正当竞争，显然是从商业模式角度考虑的。商业模式就是客观现状、客观状态，需要评价某种做法是否侵害该习惯，如果侵害了，就涉嫌不正当竞争。提供快进和屏蔽软件是否打倒"免费＋广告"商业模式？不会打倒，只是影响。结论是，屏蔽和快进不是量或质的问题，不能说屏蔽不好，快进就可以了。

恶意网址插标不是工具而是使用工具，如果使用者插错了对象，当然要承担责任，没有插错凭什么让他承担责任？

谢晓尧：

消费者的第三种模式值得注意。人们的理性既非强也非弱，而是半强，这是第三种模式，都是机会主义者，都是奔着利益来的。视频网站如果竞争失败了，不是技术的结果而是竞争的结果，是消费者选择权的结果。整个反不正当竞争法，在很大意义上，通过保护竞争来保护终极意义上的消费者，这才是社会上最有价值的东西。我们所作的一切努力，都是为消费者谋福利，反不正当竞争法重要的考量标准就是消费者利益。

目前对这个商业模式的复杂性、多样性估计不足。把"广告＋免费"当作唯一模式意味着，没有了这个模式企业就荡然无存了。如果维护这种落后的模式，商业模式又如何创新呢？商业模式应当多样化，尤其信息经济学对知识不用通过界定产权来保护。产权化标准或去产权化标准都存在，众多利益无需经过法律设定保护。

李　哲：

是否属于新技术？我认为不属于新技术，而是对原有技术再组合或新的应用。

从国内外实践来看，如 Google 提供了开放架构平台，用户可以安装 AdBlock 或者 AdBlock Plus；很多国外浏览器软件使用扩展或者通过插件形式提供给用户，然后由用户决定是否安装去广告功能。功能和插件是完全不同的概念，国内多数广告以一种功能形式存在，经营者主动使用或者引导用户使用。

对"免费＋广告"模式，我有不同看法，视频行业有很大特殊性。竞争推动行业不断进步，但有时要分开来看，区分为同业竞争和异业竞争。例如，火车替代马车，属于同业竞争，交通工具进步了。

浏览器开发者屏蔽视频广告其实不属于同业竞争，优酷属于内容提供平台或网站。我曾经看过优酷每天付出 350 万元左右成本。还有正版版权购买费用，也是非常昂贵的，不要忽略行业本身运营特性，应该考虑运营成本的高低。它不具备不断代替性，最重要的广告部分收入被短时间扼杀，企业是承受不了的。非同业竞争不是竞争而是扼杀。

前面傅老师提及的苏州河的例子，我看法不同。苏州河治理最后受益广大民众，因为环境好了。非同业竞争采用扼杀行业的方式，由于没有代替品，很多视频网站由于版权费的原因就会从此消失。

黄武双：

分享一点资料，美国麻省理工学院有位教授的一项研究显示，视频广告加载时长每增加 1 秒，就会有 6% 的人放弃观看，加载时间达到 5 秒将有 20% 的用户放弃观看，15 秒时几乎全部放弃观看。这个调查结果提醒我们，是否应当考虑消费者心态和容忍限度。

YouTube 是怎么做广告的，与国内视频广告有何不同？也许对大家有所启发。

第一，透明广告，目的是尽可能减少广告对用户的影响，减少逃逸用户的数量。从画面来看，这个人胸前有一些文字，这个文字如果你不想看你就让它过去了，对观看视频几乎没有影响，那些对广告感兴趣的人把鼠标放进去后，广告就跳出来了，变得很明显。这种广告方式非常有意思。

第二，跳过广告，广告 5 秒后用户可以选择跳过。看来 YouTube 对自己还是蛮自律的。

第三，不可以跳过的广告，比例很小且时长也有限制。YouTube 尽管是美国的视频网站，它的做法是否值得借鉴大家可以讨论。

发达国家的经营者注重消费者利益维护。它们也知道广告是无法回避的，但对自己有节制，尽可能减少对消费者的影响。

在有些判决中，法官曾认为，将广告缩短为 5 秒、10 秒没有关系，并未完全堵死生存渠道。当然，把广告做得更美一点，用户就可能像看视频一样欣赏广告。对广告时长作出适当限制，其实也是激励措施，要吸引用户 5 秒后继续收看，就必须提高广告质量，或者作一些技术创新。

针对市场问题，市场自然有解决办法；针对技术问题，让竞争者充分竞争好了。竞争者如同拳击比赛，竞争者在表演的同时不能伤害观众（消费者），否则没有人看表演，表演者又如何生存呢？

美国有法院认为，应该让消费者自己选择，觉得不好的广告就跳过，YouTube 的广告设计就是一个典型，透明广告有益于用户，或者提高广告质量，在承认生存模式的同时，提升了广告质量。

在涉及技术或市场问题时，如何做到不违背技术或市场规律，值得研究。市场问题让市场自己解决；技术问题，遵循技术自身的发展轨迹。案件诉至法院，法院肯定要裁判，美国法院采取的迂回做法，给市场留下了空间，给技术留下了足够想象力，顾及了社会公众的利益。法院没有直接裁判技术或市场问题的对与错，只说禁令不予支持。用户是留下还是离开，让用户自己选择，法院就不具体裁判这些问题了。原告的诉求被驳回了，然而事实上又没有裁判技术和市场问题。这种裁决效果很好。

邹晓晨：

傲游浏览器快进技术被转用了一个新用途，仍构成一项新技术。专利审查指南规定，如果一项技术是现有技术，但被转用到一项前所未有的领域，并且取得积极效果的，应当认定具有新颖性和创造性。傲游浏览器快进技术，在互联网领域同样具有新颖性和创造性，既然是一项新技术就应当得到鼓励和保护。

软件开发者，如猎豹和傲游是否具有足够理性和善意？对广告进行屏蔽，没有考虑到视频企业，可能存在不足，所以法院判定构成不正当竞争。而傲游只是加速广告，非常妥当，既维护了消费者利益，又建立在消费者绝大部分是善意理性基础上，维护了互联网企业即视频企业的利益。傲游提供的技术，在现有市场环境下，是一种最佳解决方案。技术是中立的，从这个角度看，猎豹构成不正当竞争的，傲游则不构成。

罗 莉：

我不认为这与消费者理性有多大关系，还是取决于这个行为是不是受法律保护，如果法律禁止，哪怕是很短的广告也是非法的；如果法律允许，不论消费者容忍 15 秒还是容忍 1 秒，都是违法的。

兰 磊：

我非常同意，互联网企业依赖的带宽费用特别高，购进视频网站成本也特别高，但商业模式可以有很多种，"免费＋广告"并非唯一模式。免费与收费是两个极端模式，此外还可以有各种各样的组合。市场分为单边市场和双边市场，单边市场是传统的一人买一人卖，只有两方，一方交钱一方交货属于单边市场。双边市场，有三方在里面，如酒吧，女士进酒吧免费，男士要交费，因为女士可以吸引男士进入酒吧，表面上女士没有付钱，实际上给酒吧带来了利益，真正付钱的是男士。互联网的广告商要向互联网平台付费，用户免费得到服务，但同时出卖了注意力。在美国，电视有不同付费方式。最基本的频道，比如说每个月付 50 美元，提供 20～30 个频道的节目，里面是有广告的；每个月交 60～70 美元，广告稍微短一点，频道也增加了一些；每个月付 100 美元，完全不用看广告，你想看什么节目，直接去看那个节目就行了，而且节目量非常多，质量也非常好。

商业模式有各种各样的组合，具体到互联网广告也一样，YouTube 也是一种双边市场，但与我国的双边市场有所不同，同样商业模式也有不同形态。

黄武双：

恶意网址标注行为是否合理？如何规范恶意网址标注行为？请各位专家阐述观点。

谢晓尧：

恶意网址标注应视为一种商业言论，地位尽管不同于政治言论，但商业言论自由在一定限度内同样必须保护。商业言论是否构成商业诋毁，要以评价谁为中心？商业言论，本质上具有不公正性，其目的是改变消费者评价，消费者会不会基于标注危险标志的强与弱而改变选择？网络上有很多流氓软件，不安全网站很多。即便标注了搜寻结果，其中仍有危险。我个人认为，通常不会改变人们对搜索引擎服务商的评价，此争论的对象是谁？商业行为就是要通过改变消费者的评价进而转向。搜你的有红色标志，搜别人没有，不足以达到这一步，对待商业言论要慎重评价。透明广告很有道理，符合经济学原理。广告既不是好东西也不是坏东西，是好是坏取决于消费者的评判，广告影响注意力，不同消费者有不同感觉，自由选择才是最好的结果。

黄武双：

针对恶意网址标注以及如何规范的问题，其他专家有没有补充？

邹晓晨：

百度公司认为，奇虎360没有必要在搜索结果里面对恶意网站进行标注，因为如果是恶意网站，在浏览器打开网站内容的时候，就可以对它进行拦截，因此这种标注缺乏足够必要性支持。北京市高级人民法院采纳了该观点，同时把举证责任转移给奇虎360，要求奇虎360对必要性予以举证。这个观点值得商榷。

互联网上的攻击手段不断更新，相当一部分就是恶意的木马代码。在初始传播阶段可能未被安全厂商掌握，在不知情的情况下打开了这个网站，通过浏览器就可以植入用户的系统内。对于任何恶意软件，包括病毒软件，都是先有病毒，先有木马，然后被安全厂商发现，继而分析特征并拦截的。对多次提供恶意代码的网站进行必要标识，在用户打开之前进行拦截，这是非常有利于网络安全的。

不仅奇虎360在标注，打开百度网站时，发现它自己也标注，比如搜索盛大文学去点看书，会在起点中文网前面标注"官网"，表示这个是网址官网，而其他的不是，这也是一个有利的尝试。问题不在于是否有必要，而在于用什么标准标注，我认为应该由国家权威机构标注，应当由理想的权威机构认定，用公众可查询的数据库标注。在权威机构提供这种服务之前，安全厂商根据自己标准进行恶意网站标注的标准和算法，应当向公众公开，至少公开认定标准，给被标注网站异议的途径。

恶意网站标注有利于社会，但容易被滥用，容易成为大型互联网企业给自己导入流量，甚至打击竞争对手的工具。因此不能说，对一个厂商有流量、有市场、有权利就进行安全标注，而应当提供公众公认的判断标准。

傅鼎生：

应当区分标注行为本身和所标注的内容。不要把内容和行为混淆，民法讲究平等，平等就是为了自由。每个人都有言论自由，我可以评价A的做法对错，可以评价B的做法对错。评价侵权了，我就承担责任。互联网上标注也是这个意思，任何人可以用它的技术对互联网进行标注，但只能用自己的名义，标注出了问题，标注者就承担责任，不能去限制某人的标注行为。如果限制标注行为，讲到底自由都没有了。

兰　磊：

从百度与奇虎360的恶意网址标注纠纷判决可以看出，使用了大陆法系的比例原则，这是公法上的原则，从行政法上发展而来，后来引入了宪法领域，现在竞争法领域也被广泛应用。美国反不正当竞争法和反垄断法都用比例原则来判断竞争者是不是损害市场竞争。比例原则有三个子原则：（1）侵害别人时应该有正当目的；（2）选择对利益损害最小的手段或方式；（3）比例性，如果这个方式带来的好处要小于对另一方造成的损害。

要求奇虎360证明标注行为是唯一确保用户安全的手段，即对必要性采取了排除一切其他可选手段，超出了正常比例原则。在判断必要性时，应当为当事人即被告留下合理空间，只有存在明显对其他人损害更小方式时，才有义务选择这种损害更小的方式，而非只要有其他可选方式，就不应采取现在的手段。

黄武双：

归纳起来，兰磊认为插标可能不是唯一途径，但是一种合理方式。

恶意网址标注，是否要由权威机构如公安局或行业协会实施？互联网经营者自己标，也就是自己监管，可信吗？如果没有竞争者，经营者会自己去标吗？竞争者的标准行为是否推动服务的提升？

就互联网技术惯用的方法，请李哲老师予以解释。一般是由自己标注，还是第三方标注，抑或自己和第三方都标注。标注行为是否属于常用的为用户提供福利的手段？

李　哲：

标注行为和标注结果是两件事情。以浏览器和搜索引擎为例，一种是由搜索引擎去标注的，还有以插入形式标注其他网站的，大部分情况下是由第三方安全机构标注的。国外网站可以下载很多安全机构的规则，如安全机构称发现A网站今天下午2点挂码了，国内数据库就采取措施，提供相应安全软件使用。

恶意网址有多种。一种是木马网站，里面有病毒木马。恶意网址要分类处理，分为事实性标注和评价性标注。事实性评价，如称某网站非常危险，可能会感染木马。还有评价性标注，会告诉你该网站出现假死情况，体验不好，你不要去访问了。打个比方，可能不断弹窗，弹到你基本上没法忍受；还有一种进入页面以后假死了，这个标签不动了，其他标签没有问题，Google就提供类似服务，会告诉你某网站运行体验不好，或有挂码红色标记。

国内网站曾出现的被挂为一星、两星或者三星，就属于评价性标注。对事实性标注有利于用户安全防护，评价性标注很容易导致不正当竞争。

刚才列举的标注从开始到结束的全过程，发现标注不一定是及时的。例如，新浪网没有木马，但今天下午 5 点，新浪首页被挂码了，而其中的新闻频道没有挂码，这是安全吗？新浪工程师可能 2 分钟就解决这个问题了，但标注者没有采集已经解决问题的信息，仍标注为木马网站，在技术延时性上要有一定的包容性。标注在国外应用广泛，对错误标记有一定的容忍度。

黄武双：

从各国来看，第三方标注是通常手段，这可能也是一种商业模式，这个标注最好是事实性的标注，不是评价性的标注。从技术或者市场角度分析，我国应该没有什么特殊之处，是否也应遵循这些规则？

归纳起来，恶意网址标注应该允许存在，而且大多数专家应对标注行为一定的容忍度。要允许错标结果的出现，主要取决于错误率的高低，不能对技术要求太苛刻，只要该技术对社会公众的利益有好处。互联网经营者或者软件经营者应设法提高标注的准确率，政府不可能做这件事，行业协会也不可能，因为需要大量资金投入，需要既有数据库支撑。只有企业可能投这么多钱。

下面是提问与对话时间，请直接提问，并指明要求哪位专家回答问题。

现场提问：

视频网站提供"免费视频＋广告"模式是否属于附条件赠与合同关系？比如我给你免费看视频，但条件是你应当看我的广告。

傅鼎生：

不属于附条件的赠与。附条件赠与应以双方合议为前提。你去问问网络用户，你打开视频有没有义务看广告？大多数显然不会这样认为。也就是说。用户和发布视频广告人未达成一致意思表示。假设提供视频的人说，把东西送给你但附义务，你必须看这个广告，这就是附条件的义务，消费者没有这个合议。

所称附条件义务中的条件没有对价。如果我把钱送给你，你用它去支持希望工程，没有对价性。我送一个视频给你，你要给我看广告，这就有对价了。有这个对价就不是附条件的赠与，是一个有偿合同。如果把视频打开一看就认定为一个买卖合同成立了，那有点过分了。

现场提问：

我认为任何一位观众，进入广告视频网站就已经接受预期了。我要看一段《纸牌屋》第一季的视频，就必须接受这个预期。进入视频网站，我内心就承认了这种商业模式，进入点击模式时，每个人都要忍受，双方以实际行动达成了合议，我觉得属于一种合同关系。

所附的条件，只要不违法即可。如果土豆网提供 50 分钟的电视剧但要求看 1

分钟广告，优酷网只提供20～30秒广告让你看50分钟同样的视频，这就是有序竞争了。傲游浏览器现在开发出一个技术，让你选择，如果不想看广告，然后你就可以直接看视频了。尽管广告的消费体验不是那么愉快，但商家有权利进行商业拓展。

视频网站提供有偿广告和免费视频模式，我认为遵循了《反不正当竞争法》第2条第1款中的自愿平等、诚实信用原则。作为观众，我进入网站是自愿的，没有人强迫我；优酷体验不好，土豆体验好，我就进入土豆。平等也一样，我可以选择优酷也可以选择土豆，这个商业模式实际上建立在自愿平等基础之上。多少秒合适，广告多么难看应该由市场决定。

谢晓尧：

反不正当竞争法目的之一，除了保护竞争对手的利益，还要保护消费者利益。第2条如果从知识产权角度出发理解，我将免费的视频广告视为公共物品，放到公共领域来考量。按照合同对待也不要紧，消费者选择不看，那就去起诉消费者呀，跟软件公司有大关系？始终怀疑，为什么不影响你商业模式反而刺激了改良，它就成为一种妨碍了？

不是说"广告＋免费"模式不能做，而是要考虑如何盈利，如何才能为消费者接纳。这点是保持平衡的理由所在，从来没有说不能做，而是做了后消费者能不能接受，消费者选择最为关键。

傅鼎生：

如果把它认为是一个附条件的赠与，结果就是，你不看广告，就把视频返还，适用可能性有多大呢？

《反不正当竞争法》第2条的平等，不是宽泛的平等，自愿也不是宽泛的自愿，是建立在合同基础上的平等和自愿，而且还涉及前面存在一个什么合同关系。

现场提问：

关于恶意网址标注，民法提供了救济途径，标错了应承担侵权赔偿责任，如果以名誉权侵权为由起诉，标准怎么评判？

傅鼎生：

任何不正当竞争都是侵权行为，但侵权行为不一定属于不正当竞争行为。这样一来就明确了，涉及企业行为是符合不正当竞争，标注错了又构成不正当竞争的行为，依据反不正当竞争法判决。如果有明确损失，按照明确损失赔偿；如果没有明确损失，依据法定赔偿标准裁决。

黄武双：

非常感谢各位和专家的积极参与，今天的沙龙活动到此结束。周末愉快！

"Robots 协议" 与公平竞争之辩

【主 持 人】 黄武双 华东政法大学知识产权学院副院长、教授、博士生导师

【与会嘉宾】 郑友德 华中科技大学法学院副院长、教授、博士生导师

谢晓尧 中山大学法学院教授、博士生导师

杨华权 北京理工大学法学院硕士生导师

胡 钢 中国互联网协会研究中心秘书长

傅 钢 上海市协力律师事务所合伙人

吴民平 上海市海华永泰律师事务所合伙人

李 哲 资深互联网技术专家

【沙龙日期】 2013 年 12 月 28 日

编者按

    2013 年 10 月 16 日，百度诉奇虎 360 不正当竞争案在北京第一中级人民法院开庭审理。百度称奇虎 360 违反"Robots 协议"抓取其网站内容，索赔金额 1 亿元人民币。奇虎 360 对百度恶意"强制转跳"等不正当竞争行为也提起了诉讼。学界和实务界对"Robots 协议"与公平竞争话题进行了激烈讨论。"Robots 协议"也称为爬虫协议、机器人协议等，网站通过"Robots 协议"告诉搜索引擎哪些页面可以抓取，哪些页面不能抓取。"Robots 协议"的本质是网站和搜索引擎爬虫的沟通方式，用来指导搜索引擎更好地抓取网站内容，而非搜索引擎之间互相限制和不正当竞争的工具。百度认为，奇虎 360 搜索引擎通过隐蔽访问来源等技

术绕开百度设置的保护措施，未经许可加以抓取，涉及不正当竞争。奇虎360辩称，百度的白名单滥用了"Robots协议"，是为了保住其在搜索市场的垄断地位，利用技术手段设置壁垒，打击搜索引擎市场的有序竞争。本次论坛就有关"Robots协议"与公平竞争一系列问题展开了讨论，希望对学界和实务界有所启迪。

一、背景介绍

黄武双：

各位来宾，下午好。我代表主办方对各位的到来表示热烈欢迎！欢迎来参加本次东方知识产权沙龙活动。今天我们一起来讨论知识产权与竞争法交叉的话题。有些学者对这个问题已经作了研究，不少法官也很感兴趣。华东政法大学东方知识产权沙龙所选择的话题，都是司法实践中具有挑战性的话题。

本次沙龙主办方是上海市律师协会知识产权业务研究委员会和信息网络与高新技术业务研究委员会。

如海报所述，2013年10月16日，百度诉奇虎360快照侵权、索赔1亿案正式开庭审理。百度诉称，奇虎360搜索在未获得百度允许的情况下，违反业内公认的"Robots协议"，抓取百度旗下的百度知道、百度百科、百度贴吧等网站的内容，直接以快照形式向网民提供，严重侵害了百度的合法权益，构成了不正当竞争。奇虎360辩称，百度以附加白名单的方式滥用"Robots协议"，目的是保住其在搜索市场的垄断地位，利用技术手段设置壁垒，打击搜索引擎市场的有序竞争。双方唇枪舌剑、争执不下，将有关"Robots协议"与公平竞争的一系列问题推向了公众的视野，时下引起热议。

今天将讨论的话题包括：（1）"Robots协议"旨在推动尊重信息提供者意愿、保护网站及其使用者的信息和隐私。百度以"Robots协议"白名单方式将360搜索引擎排除在百度知道、百度贴吧、百度文库等访问权限之外，是否超出了合理限度？（2）"Robots协议"在规范网络自动爬行行为的同时，如何保障互联网的互联互通功能的实现？（3）有观点认为，百度对百度知道、百度贴吧、百度文库中的内容拥有私权，对是否允许他人爬行，允许何人爬行拥有完全的决定权。那么百度对以上内容拥有何种程度的权利，是否有权禁止他人爬行？（4）有观点认为，百度知道、百度贴吧、百度文库是百度的核心竞争力之一，要求百度允许360爬行，无疑是要求百度"扶植"一个自己的掘墓人，显然是不人道的、不合理性的。您的观点如何？

李　哲：

我一直从事搜索引擎研发工作。作为开发人员，我对诸如 Google、百度、奇虎 360 等搜索引擎很熟悉，接下来我将站在技术中立的立场上，为大家解读"Robots 协议"是如何工作的，以及在实际抓取信息时是如何交互的。

第一，"Robots 协议"是一个网络爬虫的排他协议。从其本身命名来看，协议是针对爬虫。

第二，协议是放在根目录下使用的。以淘宝为例，其表现形式就是 taobao. com/robots. txt。协议编写好以后，就期待爬虫在抓取时先读取该协议，以获知哪些允许抓取哪些不允许抓取。下面我将介绍一些主要参数。User－agent 是指爬虫来源，或者是表明接下来的参数命令是指向谁的。以京东为例，User－agent 后有"＊"，Disallow 后面有"＊"，后面还有很多"＊"。最后还有特别指向的 Etaospider。学知识产权的都知道，京东与一淘网是有矛盾的。我分别解释一下。第一，User－agent 中"＊"的意思是通用规则，针对所有爬虫。Disallow 只限定什么不能抓取，除此以外都能拿。以第二行为例，Disallow：/pop/＊. html，这意味着京东不允许所有搜索引擎抓取 jingdong. com/pop/目录下所有以. html 结尾的页面，其后的"＊"代表所有可能性。再以 Disallow：/pinpai/＊. html？＊为例，这意味着不允许所有搜索引擎抓取 pinpai 后所有有问号的，或是问号后面有"＊"的内容。协议还可以针对特定来源的爬虫，User－agent：EtaoSpider Disallow：/，其中 Disallow：/代表所有内容一淘网都不能抓取。除此以外，爬虫还分版本，由于"Robots 协议"分大小写，所以一个网站可能有几个爬虫。

为什么要运用"Robots 协议"呢？除了保护隐私之外，是否还有其他目的？我先对搜索引擎原理作个解释。搜索引擎的工作分为三个阶段：第一，释放蜘蛛，将所有能抓取的网站内容收集起来，其为信息收集阶段；第二，入库、分析、做词表、建立索引；第三，响应用户请求。用户通常只感知到第三个阶段。耗时最长的是第一个阶段，占总耗时 80% 左右。另两个阶段主要在于技术高度，在竞争中占有更重要的位置。如果竞争对手直接抓取我的信息，他只要有足够的财力和人力，前期可以把我的信息都爬完。

从技术角度来看，如果不遵守这个协议会有什么后果。在这一点上，技术人员往往具有两面性：一方面不愿意遵守"Robots 协议"，另一方面不遵守协议可能造成以下危害。（1）分流目标网站流量。当网站不够大时，是欢迎爬虫的；但当网站足够大时，入口的重要性就显现出来了。当网站不是该网站所有信息的唯一入口时，会降低网站的展示率。以携程网为例，订酒店时，一般遵循"看评价、选择区域、选择酒店、下单"的顺序。假如被爬虫抓取，那么携程网就不是唯一入口，会对信息的展示率造成影响。再以一淘网为例，该网站会对消费信息提供比较一件商品，从京东买8600元，从其他网站买8200元，这样用户就不会去点击京东了。(2) 安全。"Robots 协议"一般不允许索引管理者网页，如果不遵守"Robots 协议"，会危害网站安全。我将引擎分为三种：检索引擎（检索数据库），类百度、谷歌搜索引擎（用爬虫收集信息），垂直搜索引擎（去哪儿网，80%不是用爬虫抓取信息的）。第二类搜索引擎即类百度、搜狗搜索引擎，其工作原理是蜘蛛网结构，先访问网站域名首页，比如 jingdong.com，然后再一层一层深入。

二、专家意见

郑友德：

非常感谢主办方的邀请。"Robots 协议"在法律上如何定性很重要。是自律性的公约，是行为准则，是同业工会的规则？我国法律对此没有规定，但德国竞争法 2008 年修改时作了明确界定，专门纳入规范范畴。自律公约是恶规还是良规，在德国法上，要以是否违反善良风俗加以判断。

谢晓尧：

感谢主办方给我这么一个机会。这个案件很复杂，涉及不同的法律层面。我个人比较保守，互联网时代对待这么一个道德标准问题，我们尚缺乏足够的长度来思考。反不正当竞争法适用一个条款，不是简单的价值判断，更不是意识形态好与坏、对与错的判断，同样涉及法律技术问题，涉及道德的求证，这个道德求证很复杂。我认为这个案件涉及著作权技术措施，也可能涉及反不正当竞争法一般条款的适用。我认为需要更强的理由和需要更多的证据，需要更多不同层面的证明方式，因此设为道德规范可能不完整。我比较审慎地对待这个事情。

杨华权：

各位老师、各位同学、各位律师下午好！我花了半年多时间，研究了"论爬虫协议对互联网竞争关系的影响"的课题。我研究课题时，看到了奇虎360跟百度之间的所有证据和所有诉求，所以相对来说，我比大家在证据和资料把握方面有一点优势，我将作一些分享。

百度的诉求一开始包括了著作权侵权和不正当竞争行为两个方面，但后来放弃了著作权侵权诉请。虽然放弃了著作权侵权诉请，然而诉讼请求没有变更。百度的诉求其实主要还是从网页快照，或者强制网页快照角度提出的。这究竟是著作权问题，还是不正当竞争问题？百度把著作权诉求撤掉之后是不正当竞争，诉求主要提到著作权，存在一个著作权法和反不正当竞争法的协调问题。

我们讨论爬虫协议时，要区分 1994 年互联网公开邮件组里面讨论的爬虫协议，和依据爬虫协议制定具体的 Robots . txt 文件。这是两个不同层次的概念。

第一，从 1994 年开始为爬虫协议制定了强调搜索引擎需要遵循的规则。不管是称作习惯法还是什么法，或者叫作"惯例"。它是搜索引擎都要遵循的惯例，访问网站时，先要去看网站允许抓什么内容，不允许抓什么内容。

第二，爬虫协议确定了每一个网站要编写 Robots. txt 的语法规则。就像我们看到 Google. txt 写的是"."，对所有搜索引擎都是一样的；第二种写法，百度是分别针对不同的搜索引擎，比如对百度、对搜狗、对谷歌允许抓什么，不允许抓什么，其他都不允许抓，这也是黑白名单问题。

第三，爬虫协议要注意确定信息交流、信息沟通的原则。搜索引擎本身是促进信息流动。2012 年 11 月中国互联网协会制定了《互联网搜索引擎服务自律公约》，对爬虫协议有定性。

如何处理专门法与反不正当竞争法的关系？比如百度知道、百度贴吧、百度旅游、百度百科等是否具有版权，每个页面是否构成作品都需要判断。比如说，360 搜索引擎强行抓取而忽略了 Robots. txt 禁止性规定，且以强制快照方式提供，是否侵犯某种权利？我们注意到百度贴吧、百度知道等页面，可能是计算机自己生成的，有一定框架。这种情况下，百度贴吧能否体现独创性？是资料收集过程，还是资料编排选择过程？是不是存在不正当竞争行为？在"Robots 协议"限制下，360 搜索引擎抓的不是百度搜索的内容，而是百度百科、百度贴吧、百度知道的内容，这种情况下百度不是以搜索引擎出现，而是以内容提供商出现。二者是否具有竞争关系？

胡　钢：

中国互联网协会研究中心也研究了相关课题，我搜查过全部有关文献内容。中国有关"Robots 协议"的法学、经济学、计算机学文章，都认可这是一个行业惯例。2012 年经过多轮协商，达成了《互联网搜索引擎服务自律公约》。该案当事人两方都是中国互联网协会的重要成员。在研究方面，中国司法判决对"Robots 协议"比国外还早，国外法律对该协议的法律性质认定也比较一致。美国、欧洲设置的协议大多针对内容，而中国则更多针对主体。这两者有很大区别，无法说哪个更合理，至少都是事实。2012 年 8 月之前，中国这种情况普遍存在，业界也一般认同。中国互联网协会的立场是，协议的制定要经过当事人协商，协商不成的要进行票决，但这个票决规定还没有实施。

傅　钢：

本次议题分两个层面。第一，"Robots 协议"的地位。从根本上来说，协议是基于经济学考虑而设定的，旨在加强信息快速流通，是促进信息流通便利的协定。第二，具体到该案，不能静态局部观察百度排除奇虎 360 抓取的行为，要在互联网的大框架下审视该案事实；要从主观意图、客观效果、因果关系等角度来审视这个问题。我认为，百度针对部分搜索引擎实施了歧视性待遇，是出于限制竞争目的，客观上限制了竞争、阻碍了信息传播、妨碍了大众自由获取信息，因而不具有合理性。

吴民平：

我的观点是，百度与奇虎 360 的行为都不对。百度设置白名单的行为不正当，百度设立协议的行为超出了权利界限。

三、百度"白名单"的竞争法考量

黄武双：

从 1994 年制定"Robots 协议"以来，设定了两个原则。第一，搜索技术应服务于人类，同时应尊重信息提供者的意愿，并维护其隐私。第二，网站有义务保护使用者个人信息及其隐私。搜索国内和美国系列网站协议后发现，如李哲所言，表现为对根目录下的某些内容限制抓取。美国十大网站极少禁止某个特定爬虫来抓取；绝大多数网站设置的协议只是禁止抓取一些可能涉及用户隐私和网站经营者隐私的内容。而中国的网站运用"黑白名单"比例远远超过美国网站。竞争法只保护竞争而非竞争者，规制不正当竞争行为而不限制竞争者。请各位专家就百度设计的针对特定竞争者的"黑白名单"行为是否符合竞争法基本理念发表意见。

郑友德：

技术专家的解读启发良多。协议与协议禁止访问的内容，是两个概念。百度既然设计了白名单，就意味着有相应黑名单，即把奇虎 360 排除出去。这一行为是否涉及反不正当竞争法某个条文？我觉得很难说。除非适用《反不正当竞争法》第 2 条的一般条款。这让我联想到傅律师提出的歧视行为。这个行为是不是歧视行为呢？所谓歧视，是没有正当理由对条件相同的交易相对人在交易价格等交易条件上实行差别待遇。我认为，这是一种单方拒绝交易的行为。白名单包含的都是愿意与之交易的伙伴，黑名单属于拒绝交易的伙伴。

谢晓尧：

我谈三点。第一，"Robots 协议"的性质必须从多个维度去考量。其一，协议是一种计算机语言；其二，是一种自力性救济手段；其三，是行业内的经验性做法。第二，使用协议本身并不违法，有其合理性。判断不正当竞争，不以公民道德为标准，而以经济人为标准。反不正当竞争法一般条款判断的主体是经济人。如亚当·斯密所说的"追求自身利益最大化"。在追求私利过程中无意地触及公共利益，从经济人伦理角度考虑，黑白名单的设置完全符合私利的价值追求。但是，绕开这一技术手段或者措施，究竟侵犯了什么，这个技术措施是否合理，要看所侵犯的对象。第三，具体到本案，尽管这个措施有其合理正当性，也并不表示百度以反不正当竞争法的一般条款进行诉讼是正确的。一般条款寻求竞争法的支持需要更多理由。从一般商业伦理规范走向一个具体判决，需要做的事情更多。刚才说到绕开协议可能只是侵犯一种技术措施，但如果要构成一个不正当竞争行为，从目前我国法律来看，它所侵犯的法益必须危及公共竞争秩序。这一点在我国司法实践中一直被忽略。

黄武双：

有人说，"Robots 协议"相当于在自家别墅门上贴上一张"禁止入内"的标签，违反协议的人就好比无视标签强行闯入的人。当然，这个比喻与互联网环境下的"Robots 协议"是有区别。将信息放在互联网上，就是希望分享这些内容，互联网在某种程度上属于公共平台，这与自家别墅不一样，别墅属于完全私有的领域。互联网是一个公共领域，要满足互联互通功能的实现。请李哲老师解释一下，奇虎 360 绕开"Robots 协议"的行为是否侵犯百度的著作权，是否以奇虎 360 的网页替代了百度的形象。

李　哲：

我个人认为是不影响的。以百度百科的某个页面为例，360 百科对某一个词汇的理解与百度是不一样的。是否将百度百科的内容直接拿过来用了，我的回答是不可能的。通过本身切词再组合，特别是汉语，是非常困难的。我的结论是不侵权。据我所知，奇虎 360 投入了人力物力进行研发；前期可能有一些链接到百度百科，但后期已经没有了。

黄武双：

从技术解读来看，奇虎 360 的行为没有侵犯著作权，但会导致用户分流。分流会对百度造成影响，但对互联网整体行业和整个社会是否有坏处，值得考虑。

现场观众：

快照是否构成侵权？

李　哲：

我认为快照不构成侵权。

杨华权：

我想呼应一下快照问题。双方争议的实际上是强制网页快照，与正常搜索引擎索引下的快照不同。设置白名单是否合理，需要分为三种情况。第一，互联网是公开互动的环境，设立爬虫协议不能仅局限在1994年的情况，应结合当今情况。爬虫协议是动态发展的，应该考虑当今社会该协议是否起到促进信息公开的作用。第二，我与谢教授有不同意见，这里并不存在互联网条约提及的技术措施。"Robots协议"不是一个技术协议，设置"Robots协议"后，用户可以访问网页，而搜索引擎不能抓取，因而这只是一个便利性措施，如果不想别人访问，只要采取加密措施就可以了，因而它不是一个有效的技术措施。第三，谢老师引用"海带配额"案的商业伦理，亚当·斯密除了写《国富论》外，还写了《道德情操论》，其中有关伦理的标准也被最高院在该案中提及。纯粹经济人理论是不合适的，对白名单的考虑要结合个案，尤其是当主体具有垄断地位时，要特别分析其对信息流动的影响。具体到百度的白名单，我认为不符合商业道德。

胡　钢：

在中国环境下来说，我认为白名单和黑名单都是合理的。我认为，第一，不能以欧美的标准为标准，中国有中国的做法；第二，互联网精神是开放、自由、流动，黑名单制度是否符合开放、流动原则应该让市场说话。

傅　钢：

我谈两个观点。第一，"Robots协议"构成了互联网行业的商业道德；第二，"Robots协议"的适用是有条件的。我倾向针对内容设定白名单。假如内容具有强烈的私权性质，协议应当认可，但对本身就有公开性质的内容来说，要以同创共享原则为主。尤其UGC网站主要内容源于网民或其他网站。百度的行为与同创共享的初衷相违背。除了"Robots协议"外，还有互联网行业必须遵守的其他公序良俗。假如百度只是为了打击竞争对手，其效力不应认可。

吴民平：

白名单的设置是不合理的。第一，百度的内容不涉及隐私与网络安全；第二，其主张的内容都来源于网民。从检索到的用户协议来看，用户同意百度享有网民内容的非排他性权利，并不限制他人的访问。

郑友德：

我看了《互联网搜索引擎服务自律公约》第8条，限制搜索引擎抓取应当有合理的正当理由，不得利用协议进行不正当竞争。其行为是否是属于拒绝交易呢？第一，百度在搜索引擎市场上占有支配地位，反垄断法中规定没有正当理由不能拒绝与交易相对人交易。当然，在适用该条款之前要特别研究双方之间是否具有交易关系。第二，1994 年"Robots 协议"一个原则是，要尊重内容提供者的意愿。有的权利人没有设置"Robots 协议"，他希望自己的信息能够自由传播使用。设置"Robots 协议"明显违背信息提供者意愿，这一点违背了协议的基本原则。

谢晓尧：

我作一些补充。第一，技术措施在法律上是一种自力救济。知识通过产权化保护，成本异常高昂。技术问题技术解决，市场问题市场解决。所以在市场经济中，自力救济是一种值得尊重的行为。第二，垄断应当慎重对待。有学者撰文说反垄断是错误的，反的实际是创新。尽管有些夸张，但该文给我们的提示是，垄断要慎重对待，尤其是在新兴行业。我不同意以不正当竞争来考量该案，也不同意说百度构成了垄断。我直观的感觉是，在百度如此强大的情况下，奇虎 360 搜索还能开展业务，说明没有进入障碍，垄断不是一个问题，真正的竞争就在于催生垄断、优胜劣汰。分流的问题应当辩证看待。有些是基于奇虎 360 过往的竞争而导致的分流，而不是说形成以后导致的再分流。所以应当将此进行区分。不能说绕开协议就必然导致分流，而是在这之前已经分流了。

四、百度"白名单"的经济考量

黄武双：

互联网本身是为了实现互联互通，也催生了传统知识产权领域不会有的默示规则。假如奇虎 360 的行为不侵犯著作权，也不带来其他绝对权侵害，对整个社会而言既保障了互联互通也促进了竞争。竞争环境中，在缺乏具体技术规则时，应当回归到诸如商业道德等基本原则判断标准。商业道德是所有经营者不可回避的标准。对比中美两国数据，美国网站很少出现"黑白名单"。中美两国商业道德标准应当不存在如此大的区别。这些数据似乎给我一些提示。请各位专家对此作简要评论。

郑友德：

尽管有人认为百度扶持奇虎 360 可能就是在培植掘墓人。从消费者角度来看，百度允许抓取对消费者利益必然更大。如果让百度一手遮天的局面持续下去，我想反垄断法的手也将伸向百度。反不正当竞争法和反垄断法的关系到底如何？传统意义上两法的立法宗旨是不同的，两者是互补的。是反垄断法上的自由竞争还是反不正当竞争法上的公平秩序，需要回归到两法的宗旨和功能来考量。诚信原则涵盖了包含商业道德在内的内容。德国 2008 年修改反不正当竞争法时，将行业规则专门适用于一般条款之下。这是一种中性规则，不是良规也不是恶规。是否违背德国法上的善良风俗条款才是根本所在。德国判例显示，有的行为违反了商业惯例但是却没有违反善良风俗。百度设置黑白名单的行为，其规则在执行时，是否遵循了商业道德，是否遵循了善良风俗？希望大家思考。

谢晓尧：

我谈三点。第一，美国很少通过联邦贸易委员会来解决这个问题。我反对通过反不正当竞争法解决这个问题，这不符合反不正当竞争法的本意。美国现在允许私人诉讼，以实现保护消费者法益目的，中国未来也是这个趋势。贴上道德标签，会有不尽的诉讼，这对行业冲击巨大。所以我认为要通过私权法来解决，即著作权。

第二，道德问题，国家越是面临重要转型问题，越是没有公认的道德标准。在中国，商业道德具有多样性，这是由利益多元化决定的，不同道德观通常发生冲突。互联网行业希望协议存在，但消费者却不希望存在。我们需要时间长度来检验，不宜在目前情况下过多谈论道德的正当性。再者，道德会产生流变。在互联网初期，可能会采取资本逻辑，发展到一定阶段之后，可能会将消费者利益看得更重。所以，中国是否产生了充分共识，我表示怀疑。在审理案件时，要将道德转换为法律语言。同样，绕开协议，究竟涉及哪些具体法律？是否侵犯著作权，构不构成复制？在反不正当竞争法中不仅仅是违反道德，违反道德不足以违反反不正当竞争法。

第三，我想找条处理途径。双方的竞争最终还是要通过竞争来磨平。奇虎360不再使用百度内容，对百度未必是好事。如果奇虎360构成侵权，我甚至建议不采取禁令，仅赔偿。财产法寻求禁止，交易法注重成本赔偿。我们应当想出好的对策，我始终认为要相信市场的力量，不要过早贴上竞争的标签。双方目前的纠纷一定意义上是竞争的表象，不要看得过重。

杨华权：

我赞同，在当今互联网时代要为创新保留一定容忍度。允许奇虎360抓取是否培养了掘墓人？百度在该案中不是以搜索服务提供商面目出现，百度可能是最大的内容提供商。第一，如果说，在内容服务上百度具有垄断地位，那么除了是否构成反垄断法上的拒绝交易，我认为还需考虑一个问题，是否会构成歧视对待？对于拒绝交易，关键设施是需要考虑的。如果论证是拒绝交易，那么就需要论证是否构成关键设施。从反不正当竞争法角度来说，从诚实信用或当今互联网的动态发展来说，应该考虑是否会妨碍信息流动。第二，在判定诚实信用问题上，也要考虑动态发展。在判定过程中，用户体验也要加以考虑。

胡　钢：

垄断上的概念是否能够适用在互联网中？反垄断法和反不正当竞争法都有一个目的，即保护消费者利益。互联网强调创新，这些案件都对权限界定有助益。我建议关注一下 2012 年的决定❶。2014 年上海"3·15"就有提起公益诉讼的机会。这些诉讼，将决定性地改变整个互联网的格局。

傅　钢：

第一，我认为协议本身是中性的，因此对其本身无法作概括判断。第二，我仍认为，就该案而言应当从宏观过程来看。先有奇虎 360 做搜索，才有白名单的设置。在白名单设置之前，奇虎 360 并没有越界。从这个角度来审视百度，其行为不具有正当性。百度从搜索起家，纠纷不断，百度一直以促进"互联互通"为抗辩，但其行为与其一直标榜的核心价值观相背离。第三，百度所依据的内容，都是 UGC 用户生成的东西，大部分产品都是模仿的产品，其独创性产品比率很低。UGC 最大理念就是促进信息传播。百度的行为，不仅违背了其一直声称的核心价值观，也违背了用户利益。百度在本身是被告时称自己是平台，以此抗辩；在其自己为原告时，声称自己是内容提供商，以此主张权利。我认为，奇虎 360 适时提出反垄断之诉是非常正确的。该案中，奇虎 360 居于的不利地位可能在另一个案件被化解。反垄断法颁布以来，成功案件很少，我觉得这个案件是形成重要案件的很好机会。

吴民平：

该案中，我们需要明确分清百度和奇虎 360 是怎样的服务提供者。我认为认定百度和奇虎 360 的竞争关系，值得商榷。百度设置白名单是限制竞争的行为，从奇虎 360 角度讲，绕开"Robots 协议"的行为是不文明的行为。

谢晓尧：

我补充一点，即便侵犯百度权利，一定构成不正当竞争吗？效能竞争是司法演变的基本路线，这不单是经济学问题，也是法律问题。反不正当竞争法第 2 条与最高人民法院规定，反不正当竞争法中的经营者解释很宽泛。有时不但不侵犯竞争者，还带来好处，侵犯的是消费者。对于利益考量，仅有受损是否能构成不正当竞争？我个人觉得，不能离开法律，也不能离开解释法律的工具，经济分析很重要。我大胆提出，侵犯又怎么了？如果侵犯有利于技术创新，有利于增进消费者福利，这不是好事吗？从法律规定、司法解释和经济学分析来看，我乐见不寻求答案的讨论。

---

❶　参见《全国人民代表大会常务委员会关于加强网络信息保护的决定》。——编辑注

郑友德：

百度的所有内容、产品可以分为几类：版权类作品、欧盟保护指令里的数据库。我国著作权法没有保护数据库的指令。作品要求独创性，百度很难举证独创性。我估计这是百度放弃著作权诉由的原因。技术专家李哲说，协议要反对竞争者的不正当使用，以搜索引擎为例，将搜索引擎分为三个部分，他特别提到爬虫收集信息阶段财物投入巨大，并且耗时巨大，假如直接爬取竞争对手内容，并以索引的内容进行不正当竞争，可以节省大量时间、物力、人力。著作权法里讲智力投入，而这里投入的时间、物力、人力的成本是否值得保护？大家不妨看一下2013年《电子知识产权》杂志有一篇介绍德国2013年著作权法修改的论文。这次修改中增加的唯一一条"新闻传播者的邻接权保护"。新闻传播者的邻接权保护，除了版权以外的内容，只要花了时间、人力、财力编辑出来的内容，就属于邻接权的保护客体，只要未经允许擅自抓取，就侵犯了邻接权。站在这个角度，假如我国也加入这种条款，那么像百度这种没有版权的内容，只要投入了时间、精力就受到保护，那么奇虎360的行为就可能侵犯邻接权。

黄武双：

我同意谢教授观点，竞争的问题还是要靠竞争本身来解决。让我们考虑以一下，奇虎360是抓取百度百科、百度贴吧的行为，是否会扼杀百度的相关产品呢？我相信"一步领先、步步领先"的市场规则。依靠抓取行为，奇虎360是不可能替代百度的，不会导致所谓的"百度扶持了一个掘墓人"的结果。然而，奇虎360的抓取行为便利了用户，对整体社会有利，也无损于互联网行业整体。百度设置白名单的行为是否符合"公序良俗"，是否符合"商业道德"，值得怀疑。

《人再囧途之泰囧》与《人在囧途》之争

【主 持 人】　黄武双　华东政法大学知识产权学院副院长、教授、博士生
　　　　　　　　　　导师
【与会嘉宾】　林燕萍　华东政法大学副校长、教授、博士生导师
　　　　　　　高富平　原华东政法大学知识产权学院院长、教授、博士生
　　　　　　　　　　导师
　　　　　　　陶鑫良　上海大学知识产权学院院长、教授、博士生导师
　　　　　　　徐士英　华东政法大学经济法学院教授、博士生导师
　　　　　　　孙维飞　华东政法大学法律学院教师
【沙龙日期】　2013 年 3 月 30 日

黄武双：

日前，已有一些单位组织了《人在囧途》和《人再囧途之泰囧》纷争的研讨会，希望我们举办的本次沙龙能够从不同视角对该法律纷争进行观察，更希望各位嘉宾和与会的学者、律师、同学碰撞出新观点。

2013 年 3 月 2 日，《人在囧途》的制作人华旗影视状告《人再囧途之泰囧》制作人光线传媒等 4 家公司，索赔 1 亿元人民币。原告认为，被告故意进行引人误解的虚假宣传，使观众误以为《人再囧途之泰囧》是《人在囧途》原班人马制作，且两部电影具有关联性，《人再囧途之泰囧》的电影名称、构思、情节、故事、主题、台词等要素上抄袭了《人在囧途》，两部影片构成实质性相似，被告的行为构成不正当竞争并侵犯原告著作权。

2011 年 12 月，北京市第二中级人民法院认定，《神探狄仁杰》构成《反不

正当竞争法》第5条所规定的知名商品特有名称，《神断狄仁杰》侵犯前者的合法权益，构成不正当竞争。但在更早的《五朵金花》案中，法院没有支持原告的著作权侵权和反不正当竞争诉求。

这次纷争必须直面解决的话题是，《人在囧途》电影名称是否可作为著作权法客体受到保护？影片名称是否属于未注册商标？影片名称通过著作权法还是反不正当竞争法进行保护，哪个比较合适？推而广之，杂志或者小说的名称能否受著作权法和反不正当竞争法的保护？

陶鑫良：

从著作权法角度看，"人在囧途"四字难以构成作品。字数多少并不是能否受到著作权法保护的标准，只要表达达到了著作权法对作品要求的独创性高度，就应该受保护。而"人在囧途"四字的句式比较常见、属于通用表达，没有达到著作权法要求的保护高度，因而很难作为作品受著作权法保护。

一般情况下，知名商品的一个名称对应多种商品，但该案中"人在囧途"名称只对应一部影片，需要讨论是否可受《反不正当竞争法》第5条保护。之前的《神探狄仁杰》案认定电影名称可以作为知名商品特有名称受到保护。但该案中的电影名称是否达到这样的状态值得思考，法院的判决理由也可以进一步讨论。

知名商品特有名称不是一种类型化的权利。从反不正当竞争法的构架来说，知名商品的特有名称、包装和装潢属于非类型化的权利还是非类型化的利益需要通盘考虑。不能僵化地将知名商标特有名称作为未注册商标保护。知名商品特有名称的理论能否适用于该案是需要关注的问题。两部影片是否引起消费者的混淆也值得讨论。另外，就损害而言，《人再囧途之泰囧》可能并没有使前一部影片遭受损失。

《反不正当竞争法》第2条是一般性条款，我们现在简单地将该案与《反不正当竞争法》第5条规定的知名商品特有名称对号入座，那么需要讨论在不适用第5条的情况下能否适用《反不正当竞争法》第2条。目前没有看到两张诉状，所以只能假设，如果二者在电影名称、构思、情节、故事、主题、台词等要素上相似，则后者在整体上构成了不诚信的竞争行为，有可能适用《反不正当竞争法》第2条。而也只有达到反不正当竞争法规定的"仿"的程度，才会受到规制。

电影名称作为著作权法上的作品受到保护的空间不大；能否适用反不正当竞争法进行保护，有待进一步的事实证据。调整的法律依据包括《反不正当竞争法》第5条，这值得商榷；前者不适用的话，需讨论能否适用《反不正当竞争法》第2条。

林燕萍：

著作权法没有对该案情形予以规定，因而不能适用著作权法保护，《反不正当竞争法》第5条对该案亦不能适用。"人在囧途"四字恐怕无法被界定为知名商品的特有名称，尤其是是否属于特有名称值得考量。适用《反不正当竞争法》第2条也有问题，过于原则性的规定加大了侵权举证难度，特别是在可以通过规则解决纠纷的情况下，适用《反不正当竞争法》第2条存在使规则无效的较大风险。因此适用著作权法保护不太可能，只能适用反不正当竞争法保护，但法律规则存在漏洞，需要进一步地完善。

高富平：

电影名称的保护涉及定性。《人在囧途》首先是作品名称，任何一部电影作品都会被商业化以寻求价值回报，这是将作品变为商品的商品化的过程。所以电影是商品，电影名称是商品名称，类似于有形产品的名称，只是应当关注其作为文化产品的特性。商品名称不应当受法律保护，因为属于公共资源。

《反不正当竞争法》第5条对知名商品的特有名称进行保护，法理基础是当某人的行为超过了一定界限，存在搭便车的嫌疑，法律应当对此进行规制，打击不正当竞争的行为。对第一个问题的理解，我同意陶老师观点，即从著作权法角度讲，影片名称无法作为作品受到保护；从反不正当竞争法的角度讲，其可以作为知名商品的特有名称受到保护。

徐士英：

电影应当是产品，可以复制，也可以广泛地输出，既然是商品，就对应一个名称。从狭义的角度讲，就是电影名称。既然是商品名称，就具有价值，而法律应该为有价值的内容提供保护。所以电影名称应当受到保护。

如何保护是一个相对比较复杂的问题。著作权法和反不正当竞争法应当从两个不同的角度讨论。著作权法是保护作品免受侵权的法律，如果作品被侵权了，那么侵权人应当承担侵权责任。反不正当竞争法不能同侵权责任法作简单的比较。考察反不正当竞争法的立法背景，在侵权责任法比较完备的情形下，制定反不正当竞争法讨论侵权问题是因为有些内容是侵权责任法无法覆盖和保护的，比如没有注册登记的有特色的颜色、宣传口号等。反不正当竞争法带有公法性质，注重保护市场秩序。所以两部法律在性质上有些不同，知识产权法是维权的法律，竞争法是维持竞争秩序的法律。《反不正当竞争法》第5条等条款已经对不正当的竞争行为作了列举，无法明确罗列的，就归类到第2条的一般条款中。

知识产权法和反不正当竞争法的立法宗旨、保护对象、处理方式有所不同。

该案涉及文化产品商业化的保护问题，如果著作权法的保护方式无法有效实现目标，可以适用《反不正当竞争法》第5条，其实质上是禁止仿冒、搭便车的行为。

适用《反不正当竞争法》主要是基于维护市场秩序的考虑。构成第5条规定的搭便车的行为需要从以下方面进行权衡：首先是主体，影片的制片方以营利为目的，构成经营者没有问题；其次从行为角度讲，需要满足三个要素：商品名称、知名商品、特有的知名商品名称。知名比较难界定，"人在囧途"在某一个领域内可能构成知名，但在其他的领域并不知名，因而认定知名需要比较判断。工商执法部门在实践中对知名判断的一个做法便是认定凡被仿冒的便是知名的。

侵权责任法中判断侵权时主观故意是重要的要件，但在反不正当竞争法中这一点被淡化了。最关键在于手段的正当与否，而不在于是否具有主观故意，因为仿冒的人一般都会有主观故意。反不正当竞争法主要以行为结果来认定，即是否导致消费者混淆并扰乱了市场秩序。

孙维飞：

假定构成侵权则涉及赔偿问题，《人再囧途之泰囧》已经下线，其是否影响《人在囧途》上座率，抑或提升了《人在囧途》光盘的销售？这一问题反映了著作权法和反不正当竞争法中的不当得利问题，证明起来比较困难。"人在囧途"四字不能构成作品，"囧"字的加入并无特别，这四个字并不具有创新。

《人在囧途》电影是著作权保护对象，但是尽管《人再囧途之泰囧》与《人在囧途》的故事情节都是草根最后感动了精英，但"人再囧途之泰囧"并不侵权。

从民法的视角来看，物品的名称无论起得多好都不会受到民法保护，姓名权、名称权主要是针对人和企业而非物品。该案涉及商品名称的特有问题，容易产生误导，如果商品名称使得观众认为二者存在联系，进而去观看《人再囧途之泰囧》影片是判断该案是否侵权的关键。

适用《反不正当竞争法》第5条必须证明构成知名商品的特有名称，假设不是知名商品，但也有名称，潜在的消费者也可能会产生混淆，则可否抛开第5条，直接适用第2条，因为适用此条的好处在于无需证明知名商品，而只需证明《人再囧途之泰囧》有违诚实信用原则。此条路径是否可行有待商讨。因为第2条的适用范围太宽，会使得第5条和第9条的界限变得模糊，建议不适用此条。

如果《人再囧途之泰囧》在宣传发行时有意无意地使得观众认为两部影片存在关联，此时可以不适用第5条，而适用第2条，这样便没有破坏第5条。正如之前老师所说，适用第2条的杀伤力太大，其一般是对其他条款的补充和兜底。反不正当竞争法中能否直接适用还有待商榷。

黄武双：

各位专家在讨论时都提及了《反不正当竞争法》第 2 条和第 5 条，这里涉及知名商品特有名称的界定，电影是否是商品？或者说能否被反不正当竞争法确定的商品定义所涵盖？举个例子，《人再囧途之泰囧》的光盘是商品，但是电影本身是否是商品？如果不是，如何保护？

陶鑫良：

以前我们讨论过商品能否适用于服务，最后的结论是服务也是商品。商标法的尼斯分类表中与电影有关的涉及多种可能分类，并不能排除电影是商品的可能，此时不必谈论电影是否是商品，只要它具有商业价值并且可以交易，满足了商品的本质属性，则是商品。"人在囧途"这一特定电影的名称能否作为商品名称需要进一步思考。

"知名商品的特有名称"包括四个部分，名称、特有、知名、名誉，再加上混淆构成知名商品特有名称被损害的权益，其不是一种类型化的权利，而是在竞争法构架下讨论行为的正当与否。一方面不能将其和注册商标、未注册商标等类型化的权利比较；另一方面从竞争法的角度讲，基于行为是否正当的考虑，反不正当竞争法保护的是市场秩序。

高富平：

电影属于商品。电影的名称都是特有的，不存在不特有的电影名称。每部电影的名称都是特有的。同意徐老师的观点，即被仿冒商品的几乎都是知名的。

徐士英：

凡是进入流通领域，用于交换的产品都是商品，这是商品的本质属性，但是套用商标法上的概念可能存在局限。上海曾经发生过"天府之国火锅城"的案件，原告的店名叫"天府之国"，被告聘请了它的厨师，在宣传中使用了"天府之国厨师"字样，并突出显示了"天府之国"四个字。原告起诉被告侵权（当时还没有反不正当竞争法），被告认为自己服务员的服装样式、菜单等都和原告不一样，法院最后综合认定被告借用了原告"天府之国"的声誉，构成侵权。从这个案件来看，尽管"天府之国"四个字使用在餐饮服务上，但仍旧可以将其作为商品对待，以反不正当竞争法的路径保护。商标法中对商品的分类是为了适应实际中的情况。

林燕萍：

商品不一定局限于商标法上的分类。影视作品应该是商品，不能说影片名称没有注册就不是商品名称了，影片名称也可以从未注册商品商标的角度考虑加以保护，如同美国商标法对未注册商标进行保护一样，这里只是存在证明的问题。

陶鑫良：

因为没有看到具体的诉状，但是侵犯著作权和构成不正当竞争可以作为合并在一起的诉由吗？对于侵犯商标权和不正当竞争，法院以往不认同两者可以共同提起，但现在一并提起已成为常态。但是侵权著作权和不正当竞争能否联系在一起，各地法院做法不一样。第一点，侵犯商标权与不正当竞争放在一起作为诉由具有天然的联系，商标是开放市场，商誉随时发生变化，但著作权法是一个封闭的系统，并且有可能出现包含侵犯著作权的不正当竞争行为。在确定案由时还有待讨论。

第二点，《人在囧途》电影是商品，但"人再囧途之泰囧"并不构成侵犯知名商品的特有名称。因为只看这两部影片的事实对照，是不构成侵权的。

另外，徐老师和高老师的观点值得商榷，1993年《反不正当竞争法》出台之后，工商部门的决定中的确规定只要凡被仿冒的就是知名的，但目前的行政和司法实践中已不这么认定。因为知名不知名是一个客观事实，应当依据时间、空间、案情的三维坐标进行综合认定，单单比较名字可能尚不构成知名。

第三点，被告的行为是否达到应受反不正当竞争法制裁的程度？使用片名只是行为的一部分，确实有搭便车的嫌疑，但即使有，仍应当是法律允许的。认定不正当竞争应当综合一系列的行为来认定，并进而适用第2条作出裁定。需要明确的是，只有在不满足第5条适用要件的情形下才可适用第2条。

黄武双：

现在在司法实践中的基本倾向是不拘泥于到底是侵犯著作权还是不正当竞争，可以将涉及的案由都归到一起，抛开形式，注重实际问题的解决。而且放在一起审理，也可以避免当事人针对同一事实多次起诉。

《反不正当竞争法》第5条对知名商品的特有名称提供保护的立法旨意是为了解决未注册商标如何保护的问题，这与商标法对注册商标进行保护相对应，差异在于保护的界限和程度。但目前公认商标法保护有形物或者服务，那么电影名称在构不成未注册商标的情况下还能否受到保护？根据美国法的实践，电影并不能归类到商品中。在国外有另一套体系对电影名称予以保护，但在我国没有，所以法院在《神探狄仁杰》案中适用《反不正当竞争法》第5条对电影名称提供保护的做法并不准确。尽管反不正当竞争法的保护路径存在问题，但电影名称作为一种标识，仍然可以通过其他的一些条款得到保护。

侵权责任法解决侵害法益的行为，而法益是没有归类为权利的利益。侵权责任法和反不正当竞争法保护的不同在于，反不正当竞争法将一些权益半法定化的，侵权责任法则是将没有明文规定的法益都纳入保护体系中。反不正当竞争法注重市场秩序的维护，侵权责任法侧重权和益的保护，两者之间有界限，也存在重叠部分。

从著作权角度讲，《人再囧途之泰囧》并不侵权，其与《人在囧途》至多构成风格上的相似，而风格是不受法律保护的。但到底是《人再囧途之泰囧》搭了《人在囧途》的便车，还是提升了《人在囧途》的人气，请各位专家给出自己的判断。

陶鑫良：

从著作权角度讲，并不构成侵权。是否构成不正当竞争有待事实的进一步佐证。在法律适用上，我更倾向于该案适用《反不正当竞争法》第2条而非第5条。

《人再囧途之泰囧》在宣传过程中，除了使用相似的片名外，是否有意将其宣传为《人在囧途》的续集等，综合上述事实可能会认定其构成不正当竞争，适用《反不正当竞争法》第2条。即使在事实和证据认定构成侵权的情况下，在赔偿额上最多也是少赔以及改变影片名称。

从商业的角度讲，案件的背后是商业，商业的背后是利益，案件已经为《人再囧途之泰囧》和《人在囧途》提升了商誉，增加了两者的商业价值，诉讼的输赢已并非那么重要。

林燕萍：

我倾向于《人再囧途之泰囧》构成对《人在囧途》的侵权，是搭便车的行为。《人再囧途之泰囧》在主角的人选上、故事主线、影片风格上与前部影片基本相似，因而很难排除其在拍摄时有搭《人在囧途》影片便车的嫌疑。

高富平：

我倾向于《人再囧途之泰囧》搭了《人在囧途》的便车。之前提出电影名称都是特有的，主要想强调消费者可能不会对电影名称造成混淆。而适用《反不正当竞争法》第5条的关键在于是否构成混淆。《人再囧途之泰囧》电影片头给人的感觉是突出了"人再囧途"，其只是将"在"字改成"再"字，这会造成影片是《人在囧途》续集的印象。尽管《人再囧途之泰囧》后期取得了超出12亿元的票房收入，然而起初拍摄时其并不会预期以后的票房收入会达到这样一个高度。因而，《人再囧途之泰囧》影片在最初拍摄时存在搭便车的嫌疑。而判断是否搭便车，应当从影片制作时的行为而非后期的效果来看。

另外，新闻报道徐峥当时找华旗公司谈拍续集，华旗公司不同意，然后徐峥找到了光线传媒公司。影片之所以获得成功，在于利用了原班人马的明星效应，主角演员在影片推广过程中做了很多活动，这些显然利用了原电影的效应。综合以上事实可以看出，《人再囧途之泰囧》在搭《人在囧途》的便车。但是如果仅凭两部电影的名称相似，没有这些细节，则不可以适用《反不正当竞争法》第 5 条，但可以适用第 2 条。因为一般条款调整的是不正当行为，虽然原告的损失可能比较小，但不代表被告行为正当，被告的行为违反了商业道德，《巴黎公约》对不正当竞争的规定就是禁止商业上不道德的行为，因而可以适用第 2 条。

黄武双：

暂且不考虑其名称归属，刚才也有老师提到不正当竞争行为，对此，我们需要考虑搭便车的行为在合理范围内便没有损害，如果在合理范围内，可否认为不侵权？美国判例法中就认为合理范围内的搭便车的行为不侵权。故如果该案中存在不正当竞争，产生侵权行为，我们需要考虑到底侵犯了什么权利，什么利益？《人再囧途之泰囧》即使真的与《人在囧途》产生联系，存在搭便车的嫌疑，但是否存在损害，是否反而使《人在囧途》因之获益，是否可能存在不当得利之诉？对于这样的行为，法律上应当如何规制？

孙维飞：

两部电影我都看过，从不正当竞争的角度看，我认为构成侵权。不当得利的诉求在知识产权法上很少使用。该案即使认可不当得利，需要解决因果关系问题。这部片子获得高票房收入部分也是因为第三主角黄渤的加入，是否一定是因为搭了前者的便车存在争议。法官可能不会认可使用他人的影片名称的行为，但赔偿的额度不会太高。

高富平：

反不正当竞争法本质上是不当得利在商业领域的制度化。反不正当竞争法是行为法而非赋权法，民法中的不当得利制度延伸到商事领域就是靠反不正当竞争法保护。反不正当竞争法保护法益，与侵权制度不同，侵权构成需要证明存在在先权利且该权利受到侵害，反不正当竞争法无需证明是否享有权利而只需证明行为不正当。一般通过条文规定认定不正当的行为，如果没有具体条文，则需适用《反不正当竞争法》第 2 条、第 3 条的规定判断。在认定行为不正当后，若存在损害，就需要进行侵权救济。首先考虑的是停止行为，其次是损害赔偿。事实上反不正当竞争法中的侵权救济援用民法理论，适用反不正当竞争法的关键在于判断行为是否正当，若行为不正当则按侵权救济，若行为正当，则可按不当得利救济。

林燕萍：

侵权责任法救济要求存在损害，但该案应当从不正当竞争角度思考。如果

《人再囧途之泰囧》12 亿元的票房收入部分是由于通过分流《人在囧途》的观影市场取得，那就毫无疑问存在侵权，需要损害赔偿。然而，对于没有损害后果的不正当行为，仍然可以适用反不正当竞争法规制以维护正常的市场秩序、促进公平竞争。法院的审理可能倾向于从这个角度出发。另外，我也认可陶老师所提的调解结果方式。之前的《神断狄仁杰》案也是这样，从 2000 万元到 80 万元的判决，双方都不太满意，但从法院角度来看，需要借此判决规制不正当竞争的行为，因而 80 万元的判决也合情合理。

陶鑫良：

该案主要是在反不正当竞争法的视角下讨论。反不正当竞争法侧重对行为的规制，附带保护权利和权益。我附条件地认为被告的行为构成侵权，这有待于原告进一步的事实和证据，只有形成一个完整的可受反不正当竞争法制裁的证据链，才能适用《反不正当竞争法》，但最好是第 2 条或者第 9 条。实际上待考量的要素包括演员相同（除增加了黄渤外），名称、主题、故事情节构思、台词等导致人们对两部影片产生的联想。反不正当竞争法规制的焦点在于影片名称与推销。当时在定名拍片时，在很大程度上可以推定《人再囧途之泰囧》有搭便车的故意，但从法律上讲，正如黄老师所说，这种"仿"是否过限值得考虑。毕竟人类的发展进步都是站在前人的肩膀上实现的，法律应当允许一定限度范围内的仿冒行为。电影宣传初期尚未形成 12.88 亿元的票房，这时应当存在搭便车的故意。因而，从反不正当竞争法的角度认定侵权有待进一步的事实与证据。

黄武双：

为了使大家对这个问题有更好的认识，这里介绍下美国法上的实践做法，帮助大家开阔视野。美国法对于电影名称的保护存在两个路径。第一种是商品化权（形象权）的保护路径，商品化权主要保护角色的形象或者虚拟人物的形象，如常见的米老鼠，以及真实人物和事物的名称等，包括影片名称等，如果这些内容具有商业上的价值，都可以纳入商品化权的保护范畴中。尽管国内很多学者在介绍这一制度时将其翻译成"商品化权"，但是在美国其尚未达到"权"的高度，仍然是作为权益受到保护。

美国有很多这样的判决，比较有名的是，原告名为《可爱的虫子会咬你哦》的歌曲在美国非常有名，后来有人以这作为名称拍摄了电影，法院认定被告构成不正当竞争，该案在美国相关领域的引用最高。但在美国以商品化权益来保护电影名称的观点并非主流意见，更多地倾向于通过第二种标识进行保护。只要影片名称非常有名，具有第二含义（second meaning），就可以作为标识受到保护。具体到我国法上，类似于反不正当竞争法对知名商品特有名称的保护。因而美国对于电影名称的保护一是以商品化权来保护，二是作为具有第二含义的标识来保护。由此可以看出，我国和美国面临的问题、解决的思路差异并不大，只不过由于我国立法上的局限，故目前似乎只能通过现有法律体系中原则性的条款进行保护。

徐士英：

反不正当竞争法既保护竞争者，也保护竞争秩序。从保护竞争者角度看，需对没有明文规定的权益进行保护；从公益角度看，反不正当竞争法的核心在于规制不正当行为，故我不赞同将其简单地归于侵权责任法或其他私法。具体到该案的法律适用，应该注重法律的实施效果，较好地规制傍名牌的不良现象。然而，电影能否构成商品尚有争议，因而适用《反不正当竞争法》第 5 条比较困难，但可以适用第 2 条。《反不正当竞争法》正在修改，使得第 2 条能成为真正的一般性条款加以适用，如对标识进行保护，这是一种立法趋势。就现有法律而言，可以通过商品名称进行保护。

陶鑫良：

该案最开始由《人在囧途》引向《人再囧途之泰囧》，具有搭便车的故意，这之中包括使用名称、进行广告宣传等，但到后期，从正向混淆逐渐演变成双向混淆，最后引起反向混淆。不正当竞争行为是否侵犯某种权益，非类型化的权益是否已经开始接近类型化值得考虑。商业标识的混淆动态地联动消费者的变化，前期正向混淆，中期双向混淆，后期反向混淆。在这中间，有没有可能存在一个拐点，使得不正当竞争行为演变成正当竞争行为？

黄武双：

美国很少有电影重名引发诉讼的案件，其做法值得借鉴，这当中主要是美国电影协会在发挥作用。新电影的拍摄需要向电影协会备案，电影协会将影片名称等进行公示，当发生有关电影名称的诉争时，协会会进行调解，通过这样的方式将大量的问题解决了，我国没有这样的解决路径，相关行业协会没有起到这种作用，从而使得诉讼进入法院。可能我们的裁判会更加严格、走得更远，但有时这不代表司法的进步。

现场提问：

在适用反不正当竞争法的时候，是否需要根据所属行业判断两者构成竞争的关系？电影的上映有相应的档期，两者档期不一样，后部电影是否对前部电影造成损害？

林燕萍：

行业的要素需要考虑的。档期相不相同也是需要考虑的因素之一。但不在同一市场，不在同一档期也可能会被认定为构成不正当竞争。美国有一个关于《壮志凌云》电影的案子，某个娱乐场所使用了"壮志凌云"四个字，权利人提出诉讼，认为这可能导致其他人认为两者间存在关联，法院最后认定构成不正当竞争。

徐士英：

我同意林老师的看法，很多情形下不是直接的、同时的竞争者也会构成不正当竞争。因为当竞争者从他人那里获得了本不属于自身的利益，这将被视为不正当和不公平，进而会受到反不正当竞争法的规制。

董美根：

首先，电影是通过许可影院播放的方式进行流通，这与日常的商品通过转移所有权交易的方式并不一样。基于这一点我并不认可电影可以作为商品对待。

其次，在该案中，《人再囧途之泰囧》并不会导致消费者对《人在囧途》的混淆，因为消费者能够意识到这是两部不同的片子，实际上可能的结果是消费者认为两部片子之间存在联系。

最后，能否以著作权和不正当竞争的案由同时起诉，需要考虑民事诉讼法"一诉一权"的基本原则。因为侵犯商标权和不正当竞争的权利指向对象一样，因而两者一并起诉没有问题。但是侵犯著作权和不正当竞争的权利指向对象并不一致，因而不能共同提起诉讼。

现场提问：

电影公司推出作品时，应当如何进行知识产权的战略布局以避免将来产生诉争？

林燕萍：

可以从事先和事后两个层面保护。事先的保护是指企业要有知识产权的策略意识，当电影作品推出后，应当考虑根据商标法、专利法和著作权法等对相关的衍生品如图书、广告、游戏等进行登记、申请注册获得相关权利。

事后的保护则是加强行业协会的作用，当有诉争发生后，可以通过行业协会加以解决，我国在这方面有待向美国等国家学习。

高富平：

我觉得制作方可以利用合同保护相关的权益，即在电影拍摄伊始，就与相关的演员、导演等通过合同作出约定，将使用电影名称、拍摄续集等权利归属于自己。

现场提问：

刚才老师们提到是否构成不正当竞争需要从行为发生时判断，那么消费者混淆在反不正当竞争法中应当具有怎样的地位？

高富平：

反不正当竞争法中只有少数几条涉及混淆的问题，从案件本身来看，其更多涉及对关联的误认，而非消费者混淆。消费者混淆并不是反不正当竞争法中普遍存在的。

陶鑫良：

《反不正当竞争法》第4~5条包括了行为和结果，消费者混淆是结果。反不正当竞争法需要对这样的不当后果作出规制。故意不故意并不重要，主要是看有没有造成消费者混淆的结果，而《反不正当竞争法》第5条保护的基石是落脚在消费者混淆上的。

现场提问：

反不正当竞争法中是否允许一定程度的搭便车的行为？

徐士英：

搭便车本质上讲是利用别人优势为自己谋取利益，因为对别人优势的利用存在一个度的问题，如果完全是商业性的，为了获得利益利用别人的优势应当是不正当的。

但是如果原告被搭了便车，但却没有损失，甚至由于被告搭便车的行为使原告获得了利益，那么可以用经济学上的外部性理论解释，其与反不正当竞争法上的搭便车的行为并不相同。

陶鑫良：

行为的故意与否对于搭便车行为的判断并不重要，主要是看某种行为有没有违反强制性的法律规定，有没有与公序良俗相违背，有没有损害其他人的利益，如果某行为没有落入上述三类当中，那么此种程度搭便车的行为便是合法的。知识产权即不能太强也不能太弱，从制度本身讲，我们现在引用前人的智慧、引用现代人的资源，应当得到法律的允许。